단독으로 교회개척 자립하도록 안내하는 책

교회개척 이렇게 자립해요

강요셉 지음

성령께서 친히 목회하셔야 개척교회가 자립한다.
개척교회의 자립은 차별성있는 목회를 해야 된다 .

유형교회는 성도들을 영육간에 축복받게 하는 곳이다.
성도들은 유형교회를 통하여 자신의 심령교회를 살린다.

자립하려면 주님께서 원하시는 목회를 해야 한다.

성령

교회개척 이렇게
자립해요.

성령

들어가는 말

    교회개척은 하나님의 뜻입니다. 하나님은 이 땅의 많은 교회들이 개척되어 자립하기를 소원하십니다. 필자가 이 책을 써서 출간하는 것은 주님의 깊은 뜻을 알고 개척하여 개척되는 교회마다 자립성장하기를 소원하는 마음에서 발원하였습니다. 필자가 교회를 개척해보니 개척보다도 자립이 더욱 힘들었습니다. 개척이야 기도하여 응답받고 이사람저사람의 도움을 받아 할 수 있습니다. 그런데 요즈음 개척교회에 대한 인식이 그렇게 좋지 못한 고로 자립이 무척 힘듭니다. 그래서 필자가 체험한 자립하는 영적인 법칙을 정리하였습니다.

    교회는 예수님의 지상 명령을 수행하는 장소입니다. "또 이르시되 너희는 온 천하에 다니며 만민에게 복음을 전파하라. 믿고 세례를 받는 사람은 구원을 얻을 것이요 믿지 않는 사람은 정죄를 받으리라. 믿는 자들에게는 이런 표적이 따르리니 곧 그들이 내 이름으로 귀신을 쫓아내며 새 방언을 말하며, 뱀을 집어 올리며, 무슨 독을 마실지라도 해를 받지 아니하며 병든 사람에게 손을 얹은즉 나으리라, 하시더라"(막16:15-18). 개척교회는 예수님께서 공생애 기간동한 하셨던 방법대로 목회를 해야 합니다. 개척교회는 예수님이 하셨던 영적인 사역을 해야 자립할 수가 있습니다.

필자가 이 책을 써서 전파하는 것은 교회를 개척하여 자립한다는 것을 자랑하려고 하는 것이 절대로 아닙니다. 교회개척을 하려면 먼저 이런 것을 준비하고 개척해야 자립할 수 있다는 노하우를 알려드리려고 책을 써서 발간한 것입니다. 교회 개척과 자립이 말과 같이 쉽지 않습니다. 전적으로 성령께서 동행하시면서 친히 목회를 해야 교회가 자립할 수가 있습니다. 성령님이 함께할 수 있는 목회자가 먼저 되어야 합니다. 하나님과의 관계를 먼저 열라는 말입니다. 하나님과 관계가 열리지 않았는데 자기가 열심히 교회를 개척해보았자 생고생만합니다. 부디 이 책을 통하여 개척에 대한 애환을 아시고 준비하여 개척된 교회가 자립되어 예수님의 마음을 기쁘시게 하시기를 바랍니다.

주후 2016년 04월 10일

충만한 교회 성전에서

저자 강요셉목사.

세부적인목차

1부 교회개척은 하나님의 뜻을 따르라.

1장 예수님이 원하시는 목회를 해야 한다.

(눅 24:49)"볼지어다 내가 내 아버지께서 약속하신 것을
너희에게 보내리니 너희는 위로부터 능력으로 입혀질 때까지
이 성에 머물라 하시니라"

하나님은 모든 개척교회들이 자립성장하기를 원하십니다. 교
회를 개척하는 목회자들 모두 자립성장하기를 소망합니다. 그러
나 시대가 변하여 개척교회가 자립성장하는 것이 쉽지가 않습니
다. 그렇다고 개척교회를 하지 않을 수도 없습니다. 일부 목회자
는 세상에서 일을 하면서 생계를 유지하면서 개척교회를 하시는
분들도 있습니다. 필자는 교회를 개척하실 분들과 개척하여 목
회를 하시는 분들에게 조금이나마 도움을 드리고자 이 책을 저
술했습니다. 필자가 교회를 개척하여 자립하고 있는 상황을 소
상하게 알려드리겠습니다. 하나님은 성도들의 마음 안에 있는
성전을 하나님의 전이 되도록 하는 목회자를 필요로 하십니다.
많은 목회자가 교회를 양적으로 부흥시키는 것이 하나님의 뜻
이라고 생각하는 경우가 있습니다. 그래서 많은 목회자가 교회
를 양적으로 부흥시키는 것을 소원하고 있습니다. 필자는 교회
를 개척하여 목회를 하는 방향이 하나님께서 원하시는 뜻과 길
이 같아야 성령께서 친히 목회를 하시어 교회가 자립성장할 수

가 있다고 생각합니다. 저는 예수님께서 공생애에 하셨던 사역을 함으로 자립하고 있기 때문입니다.

그러나 대다수 목회자들이 교회를 수적으로 부흥 시켰다고 하는 목회자를 대단한 목회자라고 생각합니다. 과연 하나님께서 그렇게 생각하실지 하나님의 입장에서 생각하여 보아야 합니다. 교회를 양적으로 성장시키는 목적으로 교회를 개척하려는 분들은 예수님의 뜻과 같은지를 판단해보아야 합니다. 교회를 개척하려고, 목회자가 되기를 원하는 분들은 예수님께서 지금 무엇을 하고 계시는 지를 정확하게 알아야 합니다.

필자는 여러 크리스천에게 이 질문을 던져 보았습니다. "예수 그리스도께서 성육신, 십자가죽음, 부활, 승천… 그 승천 하신 후에 무엇을 하고 계시는 걸까요?" 보통 종교적인 신자들은 "예수님은 하늘에서 우리를 위하여 기도하고 있습니다."라고 대답합니다. 사실 이건 너무도 몰라도 너무도 영적 암흑 가운데 있는 영혼의 답변입니다. 주님은 땅에서의 사역을 완수하시고 하늘로 들어 가셨습니다. 분명 성경은 하늘보좌 우편에 앉으셨다고 기록하고 있습니다.

"하늘로 올리우사 하나님 우편에 앉으시니라(막16:19)" "거기는 그리스도께서 하나님 우편에 앉아 계시느니라(골3:1)" 하늘의 영역에 계신 예수님은 지금 무엇을 하시는가? 그것은 교회를 통치하고 계십니다. 좀더 쉽게 설명한다면 예수님을 주인으로 영접하여 예수님께 속한 지체들 마음속(영 안)에서 그들을 인도하고 지도하십니다. 그 분은 교회의 머리가 되셨습니다. 이 교회는 성도들을 말하는 것입니다. 지역과 예배당의 모임만을 국한해서 말하면 진리가 풀리지 않습니다. 우주적으로 시간과 공간을 초월하여 그는 그리스도의 몸의 머리가 되셨습니다.

"그리스도께서 친히 교회의 머리됨(엡5:23)" 그는 기준석이 되시고, 그 분을 기준으로 늘어나고 세워져서 하나님의 영원한 성전이 되어 가고 있습니다. "그리스도께서 모퉁이 돌이 되셨느니라… 성전이 되어가고… 하나님의 거하실 처소가 되기 위하여 예수 안에서 함께 지어져 가느니라(엡2:20-22)" 하나님께서 거하실 처소는 성도의 마음 안에 성전입니다.

천년왕국으로 표현된 하나님의 나라도, 하나님의 성전이며, 새 예루살렘으로 표현된 하나님의 장막도 하나님의 성전입니다. 하나님의 성전은 어디를 말하는 것일까요? 이는 성도들의 마음 안에 있는 성전을 말합니다. 피로 구속받아 세상에서 하나님 안으로 부르심을 받은 자녀들이 할 일은 하나님의 성전건축입니다. 보이는 벽돌로 쌓은 성전건축이 아닙니다. 사도행전 17장 24-25절에 "우주와 그 가운데 있는 만물을 지으신 하나님께서는 천지의 주재시니 손으로 지은 전에 계시지 아니하시고, 또 무엇이 부족한 것처럼 사람의 손으로 섬김을 받으시는 것이 아니니 이는 만민에게 생명과 호흡과 만물을 친히 주시는 이심이라" 말씀하십니다. 구약성도들도 그러하며 신약의 성도들도 하나님이 거하실 성전을 건축하는 일입니다. 구약의 백성들은 신약교회의 그림자인 구약의 광야교회는 오직 성전건축을 위해 일생토록 충성했습니다. 그 성전은 하나님의 성령의 임재장소이며, 우리들의 육신 안에 있는 사람의 영과 하나님의 만남의 장소입니다.

지상에 성전이 없으면 인간은 하나님에 대해서 맛볼 수 없습니다. 성전이 성전으로서 기능을 잘하고 있을 때… 그 때는 온 세상 사람들이 "너희 가운데 하나님이 살아 계시도다."라고 찬사를 보내었습니다. 이것이 주의 이름이 하늘에서도 땅에서 거룩히 여김을 받는 것입니다. 신약의 성도들 속에 임하신 성령은 교회를 세우고 지도하시고 목양하십니다. 교회가 바로 성전이기 때문입니다. "너로 하나님의 집에서 어떻게 행하여야 할 것을 알게 하려 함이니… 이 집은 살아계신 하나님의 교회요(딤전3:15)"

교회는 벽돌로 된 건물이 아니라는 것을 성령으로 세례를 받은 분이시라면 다 깨달았을 것입니다. 성경에 기록된 교회는 성전이요, 성전은 회중이며, 회중은 우리가 집(예배당)에서 모일 때에 하나님의 성령이 임재하시는 성전입니다. 성령은 자신 안에 계시고, 성령으로 충만한 성도들이 모인 곳에 계시며, 성령으로 충만한 가운데 전하는 말씀 안에 임재하여 계십니다. 목회는 성도들의 심령 안에 성전을 견고하게 구축하는 일에 목적을 두고 목회하면 예수님이 기뻐하시는 목회자로 인정받아 성령의 역사로 교회가 성장할 것입니다. 주님의 승천후의 사역은 무엇일까요? 그것은 성전을 세우고 유지하시고 관리하십니다. 마치 모세가 구 언약의 백성들을 데리고 이집트에서 나와 그의 지도아래 있는 백성들과 성막을 짓고 관리한 것과 같습니다. 천국을 예표 하는 가나안에 이르기까지 세상살이에서 하나님의 백성이 하는 일은 성전을 지을 재료들을 가져와서 같이 짓는 것입니다.

새 언약, 신약의 목회자들도 모세로 대치된 분 예수를 따라 하나님의 성령이 임재하시는 장소를 세우고 관리합니다. 이는 성도들의 마음 안에 성전입니다. 이것이 예수 그리스도의 머리 아래 있는 신약의 목회자들이 하는 일입니다. 주님은 성도들의 마음 안에 교회를 견고하게 짓도록 하는 목회자가 필요한 것입니다. 주님께서는 그들 속에 성령으로 연합하여 그들 성령의 중심에 계셔서 그들의 몸을 빌려 이 일을 하시는 것입니다. 신약의 사도들의 인생사는 영 안에 계신 그리스도에게 휩쓸려 그 성전인 교회를 세우는 일에 고통도 감내하였습니다.

"내가 (이 목적 때문에) 너희를 위하여 받는 괴로움을 기뻐하고, 그리스도의 남은 고난을 그의 몸 된 교회를 위하여 내 육체에 채우노라!(골1:24)" 바울은 고난 받습니다. 기꺼이 고난 길을 선택합니다. 그것이 그 안에 계신 그리스도를 따라 사는 길이기 때문입니다. 바울사도의 전 인생은 예수님의 몸 된 교회를 세우고 보전하는 일에 충성을 다했습니다. 바울은 성도들의 마음 성전을 견고하기 짓는 일에 투자한 것입니다. 하지만 노후에도 그가 세상에서 얻은 것은 아무것도 없습니다. 오직 그의 생명이 그리스도의 형상에 이른 것뿐입니다. 예수님의 형상으로 변화된 것이 그의 보상이요. 상급입니다. 다음 세계에서 받은 상급에 대한 보증수표였습니다.

하지만, 오늘날 교회를 개척하여 세우려고 하고 세워서 목회하는 자들은 어떠합니까? 잘 생각해 보세요. 보상을 땅에서 받으려고 하는가? 하늘에서 받으려고 하는가? 그들은 현 세상에서 보상을 얻으려고 목회를 지원합니다. 교회를 개척합니다. 예수가 머리가 될 자리를 자기가 차지하기 위하여 목회자가 됩니다. 자기가 대장하고 싶어서 모임을 만듭니다. 패당(牌黨)을 짓습니다. 예수님은 하나가 되기를 원하시는데 패당을 지어 예수님의 몸을 나누는데 열심을 냅니다. 자신이 머리가 되기 위하여 열과 성을 다하여 나눕니다. 예수가 그 회중의 머리되어야 하는데 자기가 머리되어 있습니다.

그러니 성령님이 그런 회중에게 임할 수 있겠습니까? 계시의 말씀이 없고, 생명의 떡 없습니다. 생명에 이르는 떡과 생명을 살리는 생수는 교회의 머리이신 예수가 그의 백성들에게 먹이십니다. 사람이 머리된 교회에서는 하늘로부터 내려오는 생명의 성령의 법이 없습니다. 인간이 예수님의 자리에 앉아 있는 곳엔 배후에 성령님이 지시하는 것이 아니라, 사탄의 영이 지도합니다. 설령 이런 유형의 교회를 개척하여 부흥을 시켰어도 예수님과 상관이 없는 목회라는 것입니다. 예수님의 제자가 아니라는 것입니다. 성령님이 함께하는 목회를 해야 개척교회가 자립하고 성장하는 것입니다. 교회를 개척하실 분들은 목회 관을 명확하게 해야 합니다.

오늘날 교회라고 칭하는 장소에 온갖 더러움으로 충만해 있는 곳도 더러 있습니다. 귀신들의 거처가 되어 있는 곳도 더러 있습니다. 음란한 마음을 일으키는 귀신, 남을 속이려는 귀신의 영, 남보다 자신을 높이려는 귀신의 영… 이런 것들로 지배되어 있는 곳이 타락한 하나님의 교회입니다. 하나님은 분명하게 "누구든지 하나님의 성전을 더럽히면 그 사람도 멸하시리라(고전 3:17)" 우리는 마음안의 성전을 짓는데 성령으로 충성을 다해야 합니다. 성도들의 마음 성전을 지으려고 교회를 개척해야 합니다. 성도 한 사람, 한사람을 하나님의 성전 만들기 위하여 교회를 개척한다면 성령께서 친히 목회하실 것입니다.

이렇게 성도들의 마음 성전을 견고하게 건축하기 위하여 개척하는 것이 퍼즐처럼 모아지면 아브라함과 모세와 다윗과 베드로와 바울과 함께 하는 영원한 하나님의 교회로 세워질 것입니다. 이 영광스런 교회를 마지막엔 새 예루살렘으로 부를 것입니다. 그곳이 에스겔47장에서 예시하듯이 성전 중심에서부터 생수의 강이 넘쳐흐르는 곳입니다. 요한계시록 22장에서 언급한 것처럼, 그 강물은 모든 것을 소생시키고 치료하는 물입니다. 우리는 성전인 교회를 위하여 살 때에 이 땅에서 부분적으로 천국을 누립니다. 천국을 맛봅니다. 그것이 주께서 말씀하신 "나를 믿는 자는 그 배에서 생수의 강이 넘쳐흐르리라"입니다.

그러면 여기서 '믿는 자'는 누구일까요? 어떤 사람일까요? 바로 성령님만을 믿고 따르는 그리스도들인 것입니다. 그들은 매일 매일 성령님과 함께하며 성령님의 인도에 관심을 기우립니다. 마음성전으로부터 생수가 넘쳐흐르는 것을 맛보았기 때문입니다. 그들의 관심사는 늘 어떻게 하면… 우리 가운데 하나님의 거룩한 성령이 충만히 임재하시도록 할까. 그 고민 밖에 없을 것입니다. 그들은 매일 같은 목적을 향해 달리는 마음 안에 계신 그리스도로부터 생명양식과 음료가 흡족하게 공급됩니다.

반대로 성령의 역사가 없는 인간적인 처참한 지경에 빠진 교회라고 칭하는 곳에는 성령님이 견딜 수 없으므로 그들 가운데 임재하실 수 없습니다. 그래서 그들에겐 하늘에 속한 양식의 공급이 없습니다. 영혼들은 말라 비틀어져 갑니다. 기껏해야 지성에 만족을 주는 교사들이 있을 뿐입니다. "내 영혼의 깊은 데서 치솟는 평화! 기쁨! 확신!" 이런 것은 주의 성령이 임재하실 때에만 가능합니다. 불안한 생활을 지속하면서도 원인이 무엇인자 모릅니다. 영혼이 잠자기 때문입니다. 성령이 없기 때문입니다.

가끔씩 필자는 돌이켜 봅니다. 필자 또한 과거 목회 초기에 주님의 참 목적을 모른 체 교회를 세우려 할 때… 그런 교회에 보탬이 되고 봉사할 때, 얼마나 자주 영적사망이 찾아 왔던가? 내가 제일 높은 자리에 앉으려고 목사가 되었고, 권력을 휘두르려고 지도자가 되었습니다. 하지만 주께서는 "너희는 다 형제니라" 지도자는 한 분이시니 곧 그리스도라고 하셨습니다.

이름뿐인 기독교회들 안에서 성령님은 쫓겨났습니다. 복음을 전하는 곳에서도 예수의 십자가의 죽음의 도를 사용하여 자기의 만족을 위해 삽니다. 그 곳은 더 이상 하나님의 성령의 전이 아닙니다. 귀신들의 집합 장소일 수도 있습니다. 영혼들을 죄에서 구원하여 데리고 와서 다시 다른 형태의 옛 죄에 빠지게 만들어 버립니다. 그런 교회나 그런 것들을 추종하는 신자의 맘엔 성령이 임재 하실 수 없고, 성령의 인도를 받을 수 없습니다.

참된 주의 사역 안에서는 일한 보상이 현세에서 없을 수가 있습니다. 그래서 아무도 그 길을 가려고 하지 않습니다. 모임을 만들어 자기에게 이득이 되는 것도 없고, 자기가 높아지는 것도 없는데, 그것을 위하여 목숨 바쳐 일하겠습니까? 그렇기 때문에 이런 신약성경적인 교회를 세우려고 하면 동조자가 많이 없습니다. 있다고 하여도 그 종교적 이름뿐인 기독교회보다 열정이 적습니다. 자기들이 본래 머물던 타락한 기독교회 형태는 싫어하고 새로운 교회 모습으로 가자니 자기 자신도 그들보다는 조금 낫지만 여전히 능력의 한계를 느낍니다.

그래서 교회를 개혁하고 개혁된 교회들을 하려도 하던 사람들이 얼마 지나지 않아 다시 좌절하고 포기해 버립니다. 새 언약에 일꾼⋯. 예수의 몸으로서의 교회를 세우는 일은 누구나 할 수 없습니다. 저지세력이 너무도 많기 때문입니다. 사탄이 저항하고 그 사탄의 생각에 동조하여 이득을 보는 사람들의 저항이 만만찮습니다. 이런 압력을 이기고 그리스도에게 속한 교회를 세우려면 에베소서 6장에 언급된 강력한 주의 능력의 지원이 있어야 가능합니다. 이러한 성경에 나타난 하나님의 성전인 교회, 그리스도의 몸 된 교회⋯ 성령님이 자유롭게 운행하실 수 있는 모임⋯. 이런 성전을 세우려면 저항세력보다 몇 배 강한 성령의 능력이 필요합니다. 목회자 자신 안에 성전이 되어야 가능합니다.

사람은 자기 혼(정신)의 지배를 받습니다. 가치관, 형성된 습관, 습성, 취향, 이런 것은 모두 그의 정신에서 비롯됩니다. 혼은 자아생명입니다. 자아의 정의는 자기를 기쁘게 이롭게만 합니다. 이 자아생명, 혼생명의 의지가 모두 소멸되어야 주님의 길을 갈 수 있습니다. 자신이 철저하게 죽어야 한다는 말입니다. 주께서 말씀하시길 "너희 혼 생명을 미워하지 아니하면 나를 따라 올수 없다"고 하셨습니다. 혼(생명)은 자기사랑, 내 가족사랑, 친족사랑, 이런 것이 가장 우선시합니다. 많은 주님께로 헌신을 각오한 목회자들이 가족생활고와 자기사랑에서 자유롭지 못합니다. 이 장벽에 부딪히면 스스로 느슨하게 주를 따를 수밖에 없습니다.

마치 멀찍이 십자가를 지고 가는 베드로처럼 말입니다. 겉보기엔 주를 따라서 그 방향으로 가는 것 같으나, 결정적인 순간엔 베드로가 주를 부인하였듯이… 그 사역자도 자기에게 이득이 되는 방향으로 선회합니다. 이러므로 육체와 세상과 죄에 대해서 십자가에 못 박힌 흔적이 있어야 합니다. 자신이 철저하게 죽어야 합니다. 그 다음엔 앞에 말한 혼(생명)이 의지를 잃어버린 사람이어야 합니다. 이런 목회자는 그냥 만들어지는 것이 아닙니다.

제자들처럼 먼저는 하늘에 속한 모든 지식을 전수받게 됩니다. "내가 아버지께 들은 것을 다 너희에게 알게 하였음이니라(요 15:15)" 그 다음은 제자들처럼 성령으로 거듭나게 됩니다. "저희를 향하사, 숨을 내쉬며 가라사대 성령을 받으라. 너희가 뉘 죄든지 사하면 사하여 질 것이요, 그대로 두면 그대로 있으리라(요 20:22-23)" 중생, 거듭남은 하늘 새 생명이 내 안에서 탄생한 것입니다. 아버지 하나님의 생명의 출생입니다. 이 신생은 죄를 씻어낸 후 임하십니다. 죄사함 없는 거듭남이란 있을 수 없습니다. 예수님의 피와 성령님이 아니 하고는 마귀의 손에서 벗어 날 수가 없습니다. 이 기쁨도 대단합니다. 찬송가에 "내 죄 사함 받고서 예수를 안 뒤 나의 모든 것 변하고…" "내 영혼에 햇빛 비치니 그 영광 찬란해…" 아마 찬송가책의 반 이상이 이 경험을 감사, 찬양 하는 내용입니다. 이 기쁨, 이 능력, 이 복음으론 주님의 목회자가 될 수 없습니다. 이것은 겨우 내 영혼이 죽었다가 살아난 것이지… 천국의 목회자가 되었다는 의미는 아닙니다. 이런 복음의 능력은 자기 자신의 영혼을 구원하기에 족한 것입니다. 이런 복음의 능력으론 신약교회를 세우는 목회가 될 수 없습니다. 로마서를 보세요. 이미 5장전에 이 구원을 이루어냈습니다. 하지만, 율법과 육신의 죄의 세력으로부터의 해방은 로마서 8장에 가서야 나옵니다.

"죄와 사망의 법에서 해방… 성령을 좇아 행하는 우리(롬 8:1-3)" 이 문제에 반론을 제시하는 이에게 질문하겠습니다. 당신이 새 생명으로 거듭난 후 진실로 죄를 안 짓고…. 매일 승리하는 그리스도인으로 살아갑니까? 어떤 부류는 이런 핑계를 대기도 합니다. 주님이 과거-현제-미래 죄를 모두 사하셨으므로 이제 죄를 지어도 죄로 여기지 않는 것입니다. 그렇게 간주하든지, 아니 하든지… 그것은 자신의 자유입니다. 그러나 성경은 말하기를 "하나님의 뜻은 이것이니 너희의 거룩함이라… 하나님의 너희를 부르심은 부정케 하심이 아니요, 거룩케 하심이다(살전 4장)" 그 분이 재림하시는 날엔 영과 혼과 육이 청결한 성도만(성령의 지배를 받는 성도)이 영접하게 될 것입니다. 그 분이 다시 오시는 날엔 기름을 준비한 처녀들만이 영접합니다.

자신은 기름으로 상징된 성령으로 항상 충만한가요? 성령과 동행하는가요? 매일 성령의 인도를 받는가요? 성령의 지배를 받는가요? 자신은 걸어 다니는 성전이라는 믿음이 견고한가요? 걸어 다니면서 일하면서 항상 하나님을 찾는가요? 신앙양심으로 하나님께 직접 기도해 보기 바랍니다. 자신의 영적 상태가 주님을 맞이하기에 적합한 상태인지? "자신이 주님의 권능의 성령으로 충만될 때까지 기다려라." 말씀하십니다. 전인격이 성령의 지배를 받을 때까지 기다리라는 것입니다. 자신이 완전하게 없어지고 예수님만 나타날 때까지 기다리라는 것입니다. 아브라함은 25년을 기다렸고, 야곱은 20년, 요셉도 13년, 모세는 40년을 기다렸습니다. 하나님께서 원하시는 수준이 되어 부르시며 역사하실 때까지 기다리라는 것입니다. 주께서는 거듭나 후에도, 죄사함 받은 후에도, 이 성을 떠나지 말고 기다리라고 하셨습니다.

그들은 삼년이나 밤낮으로 하나님의 말씀과 더불어 주님께 제자훈련 받았습니다. 성경에 대해선 최고로 아는 수준에 이르렀습니다. 하지만 그것이 지식이 아닌 경험화, 실제화 되어야 했습니다. 그래서 죄 씻음 받고 새 생명을 받았습니다. 이제 이정도면 목회자가 되기에 족하지 않을까요? 할지 모릅니다. 다른 사람이 모르는 죄사함, 거듭남의 비밀을 자신은 압니다. 보통사람들에게 가르칠 만큼 뭔가 가지고 있습니다. 알고 있습니다. 깨우쳤습니다. 내세울 만한 체험도 있습니다. 그러면 교회를 세울 만한 자격자인가요? 그렇지 않습니다. 주님은 기다리라고 말씀하셨습니다.

언제까지 기다리라는 것일까요? 위로부터 능력을 입히올 때까지 기다리라는 것입니다. 위라는 것은 자신 안에 성전으로 부터 성령의 권능이 흘러나오는 것을 말하는 것입니다. 거의 모든 성경학자들은 사도행전 1장에서 말한 그 성령은 사역을 하게 하는 영이라고 합니다. 그것이 오기 전에는 사역을 할 수 없습니다. 교회를 세울 수 없습니다. 하나님의 성전인 모임을 만들 수 없습니다. 성령이 동행해야 가능합니다. 이 성령이 오시고 난 후 베드로와 요한, 그와 함께 한 이들에게 어떤 변화가 있었습니까? 그들은 죄 된 세상의 관점으로 자신들을 평가하는 것에 대해 두려움이 없었습니다. 그들은 어찌하여 이렇게 강한 사람이 되었을까요? 그것은 위로부터 성령이 임했기 때문입니다.

소위 오늘날 일부 오순절 성령운동가들 하고는 다릅니다. 그 열매가 다릅니다. 일부 오순절 성령운동가들은 자신을 높이고 사람들을 모아 재산을 축적하고. 자기를 위해 사는 목회자가 더러있습니다. 그러나 위로부터 온 성령을 받은 사람은 혼적생명을 위해 조금도 계획하지 않습니다. 예수의 성육신, 부활, 승천, 다음으로 위로부터 성령이 왔습니다. 이 성령을 받으려면 먼저 예수님의 성육신 안에서의 가르침으로 충만 되어야합니다. 자신과 세상과 죄가 십자가에 못 박혀야합니다. 베드로처럼 자아의 철저한 무능함을 인식하고 자기 주 앞에 철저히 박살난 자의식으로 간구하고 있을 때 부어주신 성령의 충만함이어야 합니다.

이런 성령 충만 받은 그리스도의 제자라야 목회자가 될 수 있습니다. 자기 목적, 자기자랑, 자기포기, 그 다음에 부어진 성령, 완전히 자신의 세계를 다 퍼낸 다음에 담아진 성령이십니다. 성령께서 전인격을 지배하셔서 성령의 권능이 온 몸으로 흘러나오는 상태입니다. 사람을 모아서 교회를 만들고, 그 교회를 통하여 자신의 지위를 높이고, 자기 생계의 쓸 것을 충당하려는 의도를 가진 자는 예수님과 상관이 없는 자일 수가 있습니다. 항상 성령의 임재가운에 자신의 목회의 동기를 점검하여 보고 바른 길로 나가야 할 것입니다. 잘못된 길을 간다면 하루 빨리 교정하는 것이 자신을 살리고 성도들을 살리는 길입니다. 진정한 하늘에 속한 사역, 주님의 승천 후에 성령님과 동역하는 사역은 하나님의 집, 성전인 교회를 세우는 자들입니다. 이분들의 마음속엔 자기를 위한 열심이 없습니다. 철저하게 성령의 인도를 받은 것입니다. 성령이 역사하시는 교회시대에 목회자가 되려면 이런 사람이 되어야 합니다.

첫째, 목회의 방향이 정확해야 합니다. 자기를 위한 의도가 포함된 교회개척은 주님의 협조를 얻을 수 없습니다. 하나님의 뜻에 합당한 목회를 하려고 해야 합니다. 그래야 성령님의 인도를 받을 수가 있습니다. 현시대의 교회개척은 성령님의 역사 없이는 자립성장할 수가 없습니다. 하나님의 뜻은 한 영혼 한 영혼이 하나님의 성전이 되는 것입니다. 하나님의 뜻을 이루려면 자기희생을 할 수 있어야 합니다. 숫자적인 것에 관심을 가지고, 성공하려는 맘으로 사역을 하려면 포기하기 바랍니다.

둘째, 유형교회 목회자가 되려면 바른 교회관이 있어야 합니다. 바른 교회관은 교회는 성전이요, 성전은 성도들라는 것입니다. 하나님이 거주할 수 있는 성도들이 되어야 합니다. 벽돌성전을 세우려 하고, 십일조를 포함하여 온갖 건물성전시대에 있는 율법을 다 적용시켜 하나님의 자녀들을 괴롭히려 한다면 하나님이 그 악행을 인정하시겠습니까? 반드시 댓가를 치를 것입니다.

셋째, 신약에 나타난 교회를 세우려 한다면 자신의 마음 안에서 성령으로 부터 공급되는 생명의 떡과 생명수 강이 넘쳐흘러나와야 합니다. 하나님의 밭인 교회는 하늘에 속한 생명들이 자라고 있는 곳입니다. 이 생명은 하늘에 영적생명입니다. 영적생명은 성도들입니다. 성도들은 생명의 말씀과 성령의 역사로 살아갑니다. 그러므로 이 생명(성도)은 하늘에 속한 양식을 먹고 자랍니다. 하늘에 속한 생명수로 씻기고 치유됩니다. 매일 먹어야 하며 성령으로 매일 씻어야 합니다. 목회자 안에서 주님으로부터 흘러나와 먹고 마시는 교회생활을 통해서 하늘에 속한 생명(성도)을 건강하게하며 성숙을 향해 무럭무럭 자랍니다. 이 자람의 극치는 하나님의 형상입니다. 하나님의 성품을 품은 자들로서 예수님을 향기를 발하는 사람들입니다. 성육신 안의 모든 가르침으로 무장되어 죄에서 벗어나 새 생명을 얻었으며, 십자가에 그리스도와 함께 못 박고, 세상과 죄와 육신에 대해서 죽음을 선언하며, 그리스도의 부활생명으로 주와 연합되어 걸으며, 생각을 항상 자신 안에 예수님께 둔 사람⋯ 그리고 사역의 성령으로 충만한 그 사람이 승천하신 주님과 함께 주의 성소인 교회를 세울 수 있습니다.

필자는 항상 이렇게 말합니다. 자신이 먼저 되어야 합니다. 전인격이 성령의 지배를 받아야 합니다. 그리고 가정을 천국 만들어야 합니다. 성전이 유형교회인줄 알고 있는 목회자는 아예 교회개척을 생각하지 않는 것이 좋습니다. 하나님은 절대로 되지 않은 목회자를 사용하시지 않습니다.

2장 성령님이 함께하는 개척목회를 하라.

(고전2:10)"오직 하나님이 성령으로 이것을 우리에게 보이
셨으니 성령은 모든 것 곧 하나님의 깊은 것까지도 통달하시느
니라."

목회는 전적으로 성령께서 하십니다. 교회의 개척도 성령께
서 하시는 것입니다. 교회를 개척하실 분들은 성령의 인도를 받
아야 합니다. 성령의 인도를 받으려면 먼저 성령으로 세례를 받
아야 합니다. 성령세례와 성령 충만은 같지 않습니다. 성령으로
세례 받지 않고 성령으로 충만하지 못합니다. 성령으로 충만해
야 성령의 인도를 받을 수가 있습니다. 교회를 개척할 목회자는
성령에 대하여 알고 체험하는 것이 필수입니다. 성령의 인도를
받아야 개척교회가 자립하며 성장할 수가 있습니다.

교회개척은 사도행전적인 교회개척이 되어야 합니다. 성령이
역사하는 교회개척이 되어야 합니다. 복음서와 사도행전은 간극
이 큽니다. 복음서는 예수님이 계실 때의 문제를 다룹니다. 사도
행전은 예수님이 계시지 않았을 때의 문제를 다룹니다. 예수님
이 계실 때는 제자들이 육신이 피곤해도, 풍랑을 만나도, 양식이
없어도, 병들어도 상관이 없습니다. 왜냐하면 예수님이 다 해결
해 주시기 때문입니다. 하지만 이 땅에 예수님이 계시지 않을 때
성령께서 그 일을 감당하십니다. 성령님이 목회의 주인이 됩니
다. 사도행전은 예수님의 목회에서 하나님의 교회로 가는 중심

축이 됩니다. 그래서 지금의 목회는 성령이 역사하는 목회를 해야 합니다. 목회는 하나님의 사정을 알아야 하는 직분입니다. 교회는 세상에 속한 것이 아니기에, 하늘에 있는 신령한 것으로 먹이며 마시우며 입혀져야 합니다. 하나님의 영으로 하지 아니하고는 신령한 영적생활을 할 수 없습니다. 교회에서 말하는 언어는 신령한 영을 의지하지 아니하고는 할 수 없습니다. 교회에 지시하시는 하나님의 명령 역시 성령으로 가르쳐지지 않고는 사람들의 영혼을 감동시킬 수 없습니다. 교회 성장 또한 성령의 후원 없이는 불가능한 것입니다.

성경 자체가 성령으로 감동된 사람들이 하나님께 받아서 기록한 것입니다. 그러므로 그것을 주는 것마저도 성령의 감동 없이는 할 수 없습니다. 성경을 상고할 때, 다만 글자의 뜻을 푸는 것에만 중점을 둔다거나 역사적 배경 이해에만 만족한다면, 큰 문제가 따르게 됩니다. 성경은 성령의 말씀입니다. 성령은 들은 것을 말씀하시고, 주 예수께서도 자신의 가르치는 것은 자의로 가르치는 것이 아니라, 아버지로부터 들은 것을 가르친다 하셨습니다. 하물며 목회자가 성경을 성령을 초월하여 함부로 다루어서는 안 됩니다. 이렇게 목회하는 목사는 개척교회를 자립할 수가 없습니다. 자신의 기교로 목회하려는 목사는 성령님과 인격적인 관계를 만드는 일부터 시작을 해야 합니다.

성령 없이 성경을 해석하는 것은 사사로운 일입니다. 성경은 이를 경고하여 성경을 사사로이 풀지 말라고 했으며, 억지로 성경을 풀다가는 멸망한다고 경고했습니다. 초대교회는 애초부터 성령을 힘입어 시작하였고, 그들은 모일 때마다 오직 성령의 능력을 힘입기 위해 전혀 기도에 힘썼습니다. 사도행전에 거론되는 초대교회는 제자들이 가르칠 때도 성령으로 충만하여 가르쳤고, 온 교회가 다 모여 성령으로 충만함을 받았으며, 집사들도 성령으로 충만하였고, 가정도 성령으로 충만하였습니다. 또한 교회의 사정을 알아보기 위하여 "너희가 믿을 때에 성령을 받았느냐?"고 묻기도 했습니다. 그리스도의 교회는 성령으로 충만하였고 성령으로 모든 조직과 계획이 진행되었습니다. 성령 충만한 선교사들을 안수하여 파송하였습니다. 그래야 성령으로 하나님의 사정을 아는 일꾼이 되고, 그럼으로써 하나님의 뜻대로 일하지 않겠습니까?

목회는 성령으로 하는 사역입니다. 예배의 진행도 성령을 의지하여 할 때, 은혜가 충만한 예배가 될 것이요, 헌금 관리나 교회에서 봉사하는 이들도 성령으로 충만할 때 탈선 없이 참 봉사를 하게 될 것입니다. 성령은 세상일을 원하지 아니하십니다. 오히려 세상일에 대해서는 침묵을 지키시고, 하나님의 일을 하려고 하는 자에게 더 역사하시어, 하나님께서 주기를 원하시는 은사와 능력들을 한량없이 부어주십니다. 성경에도 분명히 기록돼 있는 대로 예루살렘 교회가 성령으로 시작한 고로 하루에 3천여 명씩이나 회개하고 돌아왔습니다. 성령은 교회성장의 절대적 원동력이요, 법입니다. 특별하게 개척교회는 성령님의 역사가 절대적입니다. 성령을 말하면서도 사실은 성령을 거역하거나 훼방하는 자들에게는 성령이 하시는 능력이 나타날 리가 없습니다.

교회가 성령으로 일하시게 하고, 성도들도 성령에 절대 감동되고, 목회도 성령으로 하는 신령한 목회라면 개척교회의 자립성장은 시간문제인 것입니다.

교회가 하나님의 뜻을 이해 못하면 누가 하나님의 뜻을 이해할 수 있겠습니까? 신령한 것은 신령한 것으로만 분별해야 하고, 신령한 것은 신령한 것으로 가르쳐야 합니다. 그렇지 않으면 누가 주의 마음을 알아서 가르칠 수 있겠습니까? 성령은 주님을 증거 하시고, 주님께서 가르치신 것을 기억나게 하시고, 설교 또한 성령이 말하게 하십니다. 성령이 하시는 일은 신령하고 거룩합니다. 오직 주의 일만을 가르치시고 하나님의 일을 하게 하십니다. 그러므로 성령으로 하는 큰 일이 목회입니다. 세계 10대 교회 모두가 성령으로 목회하고 있다는 사실을 주목해야 합니다. 이렇게 되려면 우선 목회자 자신에게 성령으로 인한 큰 체험이 있어야 하고, 교회 전체가 성령을 사모하여 성령께 순종해야 합니다. 성령님과 인격적이 되여야 합니다.

누구라도 성령을 훼방하지 아니하고 순종하기만 한다면, 성령은 그를 통해 자기 일을 하시고 그의 목회의 100%의 원동력이 되어 주십니다. 성령의 후원을 받으려는 철저한 작정 아래 목회를 한다면 교회 성장은 당연히 될 것입니다. 무슨 인간의 기교와 노력을 기울여도 부흥은 성령을 초월하고서는 불가능합니다. 성령은 감화력이 아니고 목회의 주인이십니다.

교회를 개척하려고 하는 목사는 자신의 심령에서 성령의 권능이 나타나야 합니다. 마음 속의 교회(성전)는 성령으로 권능을 받아야 합니다. 권능이 흘러나와야 합니다. 권능 없이 주님을 증거 하기란 심히 고달픈 일입니다. 주님은 천국의 복음을 전파하신 후에 반드시 병자들을 고치셨고 많은 이적을 행하셨습니다. 오늘날 교회는 이적과 기사의 소문이 나지 않고 있습니다. 그 원인은 생소했기 때문에 성령을 제한했기 때문입니다. 성령은 주님의 이름을 부르는 곳이라면 어디나 역사하시고 또한 말씀을 상고하며 성령받기를 간구하는 곳이면 언제나 강림하십니다. 그러므로 목회자뿐만 아니라, 온 교회가 성령 충만해지면 그때부터 교회 자립 성장은 가속화될 것입니다. 숫자가 중요한 것이 아닙니다. 성도들이 얼마나 성령 충만한 상태인가가 중요합니다.

필자는 교회가 자립하려면 꼭 성도들이 많아야 된다고 생각하지 않습니다. 숫자가 많지 않아도 성령으로 충만한 성도들이 모였다면 강력한 권능을 나타낼 것이기 때문입니다. 교회는 성령으로 예수를 증거 해야 합니다. 예수는 성령의 증거만을 받으시고 사람의 증거를 바라지 않으십니다. 사람에게는 예수께서 하나님의 아들이심을 변호할 수 있는 능력이 없습니다. 세상에 속한 증거로는 하늘에 속한 이를 증거할 수 없기 때문입니다. 그리스도를 증거할 수 있는 자격은 오직 영으로 난자에게만 있습니다. "신령한 일은 신령한 것으로 분별하느니라… 이런 일은 영적으로라야 분변함이니라(고전 2:13-14)." 세상은 예수를 알지 못합니다. 예수는 오직 성령만이 자신을 증거해 주실 것이라고 말씀하셨습니다.

성령은 믿는 성도에게 임하셔서 그 안에서 하늘에서부터 오는 여러 능력과 표적, 기사로써 예수를 증거 하십니다. 예수를 증거 하실 이는 하늘에서는 하나님 아버지뿐이시고, 땅에서는 성령뿐이십니다. 성령은 예수의 일을 하시는 분이십니다. 그러므로 성령 없이는 하나님의 일을 할 수 없습니다. 세상적인 조직이라든가 세상적인 이론과 권위로는 목회에 실패할 수밖에 없습니다. 하나님을 아는 지혜보다 더 낮은 인간의 지식들로써 기쁜 소식을 대적하여 막는 일이 많았고, 성령의 능력 없이 인간적인 노력만을 했기 때문에 세상의 약 10%의 사람만이 예수 그리스도를 알고 있습니다. 인간이 할 일은 인간만이 해야 한다는 그럴싸한 주장에 헛된 시간과 경비만 낭비하고 있습니다. 성령의 인도를 받으며 목회하면 경비와 시간이 절약 됩니다

성령은 진실한 목회자 안에서 역사하십니다. 하나님의 뜻은 이루어졌으나 전파되지 않고 있습니다. 성령으로 인도되지 않는 교회는 어떤 교회라도 성장을 볼 수 없습니다. 성령께서는 하나님의 일을 하십니다. 성령은 교회성장을 진정 바라십니다. 그는 아시아의 일곱 교회에 칭찬과 견책을 아울러 하셨습니다. 왜 성령님은 교회에 깊은 관심을 가지시는가? 하나님은 교회를 성령으로 양육 · 치리하시기 때문입니다. 성령과 교회성장은 절대관계에 있습니다. 성령께서 성도들을 변화시키고 사역자들을 사역시킴으로써 교회는 하나님이 원하시는 뜻대로 성장합니다. 개척교회는 성령의 역사가 있어야 하고, 성령으로 충만하여 성령의 인도를 받아야 자립성장할 수가 있습니다.

성령으로 충만하다는 것은 무엇을 의미하는가를 바르게 알아

야 합니다. 요즈음 교회에서 성령 충만이 유행어처럼 사용됩니다. 성령으로 충만하면 어떻게 되는 것입니까? 어떤이는 성령으로 충만하면 방언을 하고 예언을 하고 신비체험을 하는 것으로 생각을 합니다. 어떤 이는 광신적으로 신앙생활을 하면서 성령 충만하다고 주장합니다. 그런 이들을 보고 성령 충만에 대한 부정적인 이미지를 가지게 되기도 합니다. 그런 이들처럼 성령 충만하기를 교인들이 꺼려하게 됩니다. 성령 충만이 무엇인지 분명한 이해와 설명 없이 남발하면 혼란과 오해가 야기됩니다.

에베소서 5장 18절에 "술 취하지 말라 이는 방탕한 것이니 오직 성령으로 충만함을 받으라"에서 성령충만은 구약적인 배경에서 이해해야 합니다. 구약을 읽다보면 성막과 성전에 하나님의 임재를 상징하는 구름이 가득했다는 말씀을 접하게 됩니다. 바울 사도가 이 성전의 이미지를 염두에 두고 성령으로 충만하라고 말씀하는 것입니다. 에베소서 2장 21절에 "그의 안에서 건물마다 서로 연결하여 주 안에서 성전이 되어 가고"에 바울사도는 교회를 성전이라고 말했습니다. 새로운 성전입니다. 손으로 만든 성전이 아니라, 성령이 친히 지으신 이동성전입니다. 성도들의 마음 성전입니다. 구약의 성전보다 더 업그레이드 된 영광스러운 성전이라고 말할 수 있습니다. 그래서 구약의 성전에 하나님의 영광을 상징하는 구름이 가득한 것처럼 영광의 영이 가득해야 한다는 의미에서 성령으로 충만하라고 말하고 있습니다.

구역에 또 하나의 성전 이미지가 등장합니다. 에스겔서 47장에 에스겔의 환상에서 본 성전의 문지방에서 물이 계속 흘러나와 강을 이루고 바다를 이루고 그 물이 흘러가는 곳 마다 생명의 역사가 일어납니다. 그리고 나무의 과실이 풍성히 맺히는 것이 기록되어 있습니다. 바울 사도는 이런 성전의 이미지를 염두에 두었다고 말할 수 있습니다. 그래서 충만이라는 단어를 즐겨 사용했습니다. 헬라어의 충만이라는 단어는 가득 채워지는 것만 의미하는 것이 아니라, 흘러넘친다는 의미가 있습니다. 성도들의 심령에 있는 성전에서 성령이 흘러서 넘친다는 것입니다. 온 몸으로 성령이 흘러넘친다는 표현입니다. 교회가 성령의 생명수로 충만해서 흘러넘침으로 온누리를 적시고 만물을 충만케 하는 교회, 종말론적인 비전을 바울 사도가 에베소서에서 제시하고 있습니다. 그래서 에베소서 1장 23절에 "교회는 그의 몸이니 만물 안에서 만물을 충만하게 하시는 이의 충만함이니라"에 유명한 교회에 대한 정의를 제시하고 있습니다.

성령충만의 또 다른 의미, 비유적인 의미를 찾아볼 수 있는데 에베소서 5장 18절에 성령충만이 술취함과 비교되어 있습니다. 술에 취하면 알코올의 영향과 주관을 받는 것처럼, 성령 충만을 받게 되면 성령의 강력한 영향력에 의해서 주관을 받고 지배를 받게 됩니다. 성령 충만의 비유적인 의미는 성령의 지배를 받는다는 뜻입니다.

이러한 두 가지 의미를 종합해서 성령 충만을 정의한다면 우리 개인과 교회가 성령의 능력에 사로잡혀서 성령에 의해서 주관되고 인도함을 받아서 성령의 생명수를 세상으로 흘러 보낸다는 의미라고 볼 수 있습니다. 필자는 종종 이렇게 표현하기도 합니다. 성령 충만은 교회에 나와서 두 손을 들고 벌벌 떨면서 기도하는 것이 성령 충만이 아닙니다. 성령 충만은 항상 자신 안에 임재하신 하나님을 생각하면서 무시로 찾는 상태입니다. 걸어 다니는 성전의식을 가지고 하나님을 생각하고 찾는 것입니다.

또 성령 충만은 명령이지만 그러나 우리가 성령으로 충만한 성전이 되었다고 하는 놀라운 은혜로운 사실을 전지하는 말씀입니다. 성경에서 성전의 이미지가 변천되는 것을 우리는 잘 압니다. 성전의 전신은 성막입니다. 성전은 하나님이 이스라엘 백성과 함께 하시는 임마누엘의 상징이라고 할 수 있습니다. 오실 임마누엘이신 예수님의 예표라고 할 수 있습니다. 그래서 예수님은 임마누엘의 실체로 오셨습니다. 그래서 성전 다음의 온전한 성전이 예수님이라고 할 수 있습니다. 구약 성전의 마침인 동시에 온전한 성전이 예수 그리스도입니다.

예수님은 지금 어디에 계십니까? 성경은 하늘보좌 우편에 앉으셨다고 기록하고 있습니다. "하늘로 올리우사 하나님 우편에 앉으시니라(막16:19)" "거기는 그리스도께서 하나님 우편에 앉아 계시느니라(골3:1)" 하늘의 영역에 계신 예수님은 지금 무엇을 하시는가? 그것은 교회를 통치하고 계십니다. 좀도 쉽게 설명한다면 예수님을 주인으로 영접하여 예수님께 속한 지체들 마음속(영안)에서 그들을 인도하고 지도하십니다. 그 분은 교회의 머리가 되셨습니다. 이 교회는 성도들을 말하는 것입니다. 지역과 예배당의 모임만을 국한해서 말하면 안 됩니다. 우주적으로 시간과 공간을 초월하여 그는 그리스도의 몸의 머리가 되셨습니다.

성전의 가장 중요한 두 가지 요소는, 첫째 성전에 하나님의 영광이 가득한 것입니다. 우리 주님의 육체가 성령으로 충만해서 하나님의 영광과 진리가 가득합니다. 다른 요소는 제사입니다. 주님이 자신의 육체를 영원한 희생 제물로 바쳐서 하나님에 단번에 영원한 제사를 지냄으로 제사 제도를 폐지하시고 손으로 만든 성전이 더 이상 필요 없게 하셨습니다.

요한복음 2장 19절에서 예수님은 유대인들에게 "너희가 이 성전을 헐라 내가 사흘 동안에 일으키리라"라고 하셨습니다. 21절에는 "예수는 성전된 자기 육체를 가리켜 말씀하신 것이라"라고 말씀이 이어지고 있습니다. 유대인들이 온전한 성전인 예수님의 육체를 죽이면 파괴하면 우리 주님이 3일 만에 부활하셔서 새로운 성전을 일으키겠다는 하는 말씀의 의미가 내포되어 있습니다. 새로운 성전이 교회입니다. 예수를 믿고 성령으로 세례를 받아 거듭난 우리들입니다. 우리들이 성전입니다. 더 영광스러운 성전이라고 할 수 있습니다. 그래서 신약교회가 인간이 보기에는 초라하고 보잘 것 없는 공동체 인 것 같지만 하나님 구원의 경륜의 관점에서 보면 더 영광스러운 성전입니다. 예수님의 십자가 부활에 전초된 세워진 탁월한 성전입니다.

신약시대에 우리는 목회자들은 솔로몬이 지은 화려하고 웅장한 성전보다 더 탁월하고 영광스러운 성전을 건축하도록 부름을 받았습니다. 삼위 하나님이 충만히 임재하시고 우리를 다스리시는 영적인 성전을 지으라고 콜링을 받았습니다. 그래서 성경 말씀과 성령의 인도함을 따라서 하나님이 원하시는 영적인 성전을 짓는 일이 목회라고 할 수 있습니다. 그래서 우리 목회자는 말씀을 따라서 하나님이 원하시는 이 성전의 청사진을 먼저 발견해야 합니다. 성도들이 모인 곳이 예배당이고 성도는 성전입니다.

한국교회 문제는 설계도가 없이 교회가 지어져 가고 있다는 것입니다. 설계도가 없이 지어진 건물이 부실할 수밖에 없는 것처럼 교회의 분명한 청사진 없이 지어져 가는 교회가 온전할 수 없는 것입니다. 좋은 예술품이 존재하기 전에 그것은 예술가의 아이디어와 머리에 존재하듯이 좋은 교회가 탄생하기 위해서는 목사의 비전에 먼저 존재해야 합니다.

그래서 우리 목회자는 말씀 속에서 말씀을 따라서 하나님이 원하시는 교회의 비전과 꿈을 꾸는 사람이 되어야 합니다. 그래서 그 꿈을 교인들에게 전해서 교인들과 함께 그 꿈을 공유하고 그 꿈을 꾸고 교인들을 설득하고 동력화해서 하나님이 원하시는 성전을 지어 가는데 앞장서는 역할을 하는 것입니다. 성도 한사람, 한사람을 생명의 말씀과 성령으로 성전을 지어가는 것입니다. 목회는 성도를 성전으로 지어가는 것을 말하는 것입니다.

교회에 성령이 충만하면 그 증거가 어떻게 나타나겠습니까? 구약에는 신비한 구름이 가득했다고 했습니다. 지금도 신비하고 영험한 구름이 교회에 가득하다면 얼마나 놀라겠습니까? 교인들이 예배드리는 자세가 달라질 것입니다. 두려움과 떨림으로 예배를 드릴 것입니다. 조는 사람도 없을 것입니다. 신비한 구름을 보기위해 사람들이 몰려올 것입니다. 그런데 왜 지금은 그런 식으로 하나님은 당신의 임재를 계시하지 않으실까요? 구원역사가 점진적으로 발전됨에 따라 주님의 임재 방편도 점진적으로 발전되는 것을 성경에서 볼 수 있습니다.

오순절에 성령이 임하시기 전에 성령이 상징적으로 임재 했습니다. 구름과 불이라는 성징을 통해 백성가운데 임재 하셨습니다. 그러나 예수 그리스도의 구속사역이 완성됨에 따라서 이제는 상징이 아니라, 상징이 가르쳤던 영적인 실체, 영광의 영이 직접 우리와 함께 하시는 것입니다. 오순절에 사인이 나타났습니다. 불의 혀, 강한 바람의 사인이 나타났는데 그것은 모인 사람들이 오랜 세월 구약에서 부터 잘 알던 성령의 상징적인 임재였습니다.

바람과 불이라는 상징으로 임재 했던 성령님이 이제는 영적인 실체로 임했다고 하는 분명한 표증이라고 할 수 있습니다. 이제는 성령님이 더 탁월하고 영광스러운 방법으로 우리와 함께 하십니다. 그런데도 아직도 열등한 방식으로 가시적인 증거와 상징을 통해 성령의 임재를 찾으려고 하는 것은 구원역사를 되돌려서 구약시대에 가서 신앙생활을 하려는 것과 마찬가지입니다. 한국에는 지금도 구름기둥이 나타난다는 교회가 있지만 이단적인 교회입니다. 잘못된 교회입니다.

성령이 우리 가운데 임재 하시는데 가시적인 구름을 통해서 임재하지는 않지만, 그러나 그보다 더 확실한 방법으로 우리가운데 당신의 임재를 나타나고 계십니다. 어떻게 나타나고 계실까요? 이단들이 영은 보이지 않는 다고 합니다. 그러면서 자신이 예수라고 성도들을 속이는 것입니다. 그런데 필자는 영은 사람을 통과하면 보인다는 것입니다. 사람의 얼굴에 행동에 언행에 환경에 각각 지배를 받은 영의 역사가 나타나는 것입니다. 그래서 역사를 보지 말고 나타나는 열매를 보라는 것입니다. 영혼이 어떻게 보입니까? 영혼을 가졌다는 것은 어떻게 보면 말을 가졌다는 것과 같습니다. 행동을 통해서 정체를 드러내는 것입니다. 말을 통해서 영혼이 정체를 드러내는 것입니다. 말을 지속적으로 듣는 사람들에게도 동일한 영의 정체가 드러나는 것입니다. 그래서 계속 사람에게 말을 하고 설교한다는 것은 자기의 영혼을 사람들 앞에 벌거벗기는 일이기에 어떻게 보면 두려운 일이기도 합니다.

마찬가지로 그리스도의 영인 성령은 그리스도의 말씀으로 그의 얼굴과 모습을 우리에게 분명히 드러내십니다. 설교는 성령의 얼굴을 보는 것입니다. 말씀을 통해서 드러나는 그리스도의 얼굴, 성령의 얼굴을 보는 것입니다. 그런데 작금의 유형교회에서 성령의 아름다운 얼굴을 볼 수 있는 설교는 듣기가 어렵습니다. 그만큼 성령으로 충만한 목회자가 적다는 것입니다. 그것이 현대교회의 문제입니다. 오히려 설교에서 미혹의 영의 모습이 살포시 나타나는 경우도 있습니다. 아주 가벼운 인격의 소유자, 잔꾀로 가득한 목사의 얼굴이 나타나는 경우도 있습니다. 욕망으로 일그러진 목사의 얼굴이 드러나는 경우도 많습니다. 방송에 등장하는 목사 중에 간혹 그런 분이 있는데 교인들이 영적으로 어두워서 그것을 분별하지 못하는 것이 다행입니다. 우리들의 영혼이 벌거벗은 모습을 보지 못합니다. 성령의 아름다운 얼굴을 보여주는 설교를 하는 것이 얼마나 어려운지 모릅니다. 그래서 성령으로 충만해야 한다는 것입니다.

교회에 구름이 가득하면 그것을 통해 무엇을 알 수 있겠습니까? 사람들의 호기심과 두려움을 자극할 수 있을 것입니다. 사람들을 신비주의적인 신앙에 빠뜨릴 수는 있습니다. 그러나 그것을 통해 주님이 누구이신지, 성령님의 역사하심이 무엇인지, 주님이 우리들에게 어떠한 일을 행하여 주셨는지, 어떠한 은혜를 주시는지, 주님의 뜻이 무엇인지 아무것도 알 수 없습니다. 그러나 분명한 그리스도의 말씀, 복음으로 말미암아 성령님이 당신을 우리들에게 계시하여 주시니, 그리스도 안에서 이루어지는 삼위 하나님의 놀라운 구원사역과 그 은혜와 그리스도 안에서 나타나는 하나님의 아름다움과 탁월한 영광과 그 은혜의 풍성과 탁월함을 우리에게 계시해 주는 것입니다. 그래서 주님의 뜻이 무엇인지, 우리가 어떻게 살아야 하는지, 우리들에게 주어진 약속이 무엇인지, 너무나 당신의 뜻과 존재를 우리들에게 계시해 주시니 우리는 구약 성도들보다 훨씬 더 영광스러운 빛 가운데 지금 신앙생활을 한다고 볼 수 있습니다.

우리 가운데 성령이 충만하면 말씀이 풍성히 거하는 것으로 그 증거가 나타납니다. 그래서 성령님은 말씀하시는 인격으로 우리 가운데 임재 하십니다. 에베소서 5장 18-21절 말씀과 골로새서 3장 16-17절 말씀은 평행구절이라고 할 수 있습니다. 성령이 충만히 임재 하는 교회는 초자연적이고 신비적인 현상이 많이 나타나는 교회가 아니라, 말씀이 풍성히 거하는 교회라고 할 수 있습니다. 성도들 한사람, 한사람이 예수님의 인격으로 변화되는 교회라고 할 수가 있습니다. 종교 개혁자들은 복음이 바로 전파되는 곳에 교회가 있고 그곳에 성령이 계시다고 말했습니다. 그래서 역사만 따라갈 것이 아니고 변화되고, 열매를 보고 따라가야 합니다. 성령 충만은 신비충만이 아니고 열정충만도 아니고 감정 충만도 아니고 말씀충만입니다. 전인격이 생명의 말씀과 성령의 지배를 받는 예수님의 성품으로 나타납니다.

성령은 말씀하시는 인격으로 교회에 임재 하실 뿐만 아니라 행동하시는 인격으로 우리가운데 임재 하십니다. 당신의 말씀이 꼭 우리가운데 성취되도록 능력으로 역사하시는 분, 전능하신 인격으로 우리 가운데 임재 하십니다. 우리가 전하는 말씀의 핵심내용은 '새 언약'입니다. 새 언약의 은혜를 우리가운데 실현해 주시는 분이 성령님입니다. 신구약 성경내용을 한마디로 압축하면 새 언약입니다. 구약은 새 언약에 대한 약속이며 신약은 새 언약의 성취입니다. 예수 그리스도는 새 언약의 중보입니다. 내 피를 새 언약을 위한 피라고 하셨습니다. 성령님은 새 언약의 영입니다. 예수님의 피로 말미암아 성취하신 새 언약의 풍성한 은혜를 우리들에게 전달해 주시는 분입니다. 명심해야 할 것은 성령님의 지배와 역사와 동행 없이 개척교회는 자립할 수가 없습니다.

충만한교회에서는 매주 목요일밤(19:30-21:30)에 성령능력치유 집회가 있습니다. 이 때 담임목사가 1시간 여동안 개별 안수를 통하여 성령의 세례와 치유를 합니다.

3장 불타는 사명감으로 목회해야 한다.

(고전9:16)"내가 복음을 전할지라도 자랑할 것이 없음은 내가 부득불 할 일임이라 만일 복음을 전하지 아니하면 내게 화가 있을 것이로다"

하나님은 성령님께 사로잡혀서 사명감에 불타는 목회자를 원하십니다. 모세를 보면 이해가 갈 것입니다. 광야의 어려움 중에도 자기 백성들을 가나안으로 인도하기 위하여 혼신의 힘을 다했습니다. 하나님은 이런 불타는 사명감이 있는 사람을 찾고 계십니다. 교회개척자는 불타는 사명감이 없이는 할 수가 없는 일입니다. 한 영혼을 살리기 위하여 많은 날을 새우면서 기도하고 관리해야 개척교회가 자립할 수 있기 때문입니다. 큰 교회에서 강단에 서서 말씀을 전하는 목회자를 보고, 목회자가 되겠다고 뛰어든 분들은 애당초 생각을 접는 것이 좋습니다. 필자가 교회를 개척하여 목회를 하다가 보니 정말로 사명감이 없이는 불가능한 일입니다. 목회자는 한 영혼을 천하보다 귀하게 여겨야 합니다. 요즈음 목회자들 중에 교회가 부흥되지 않으면 두말할 것도 없이 포기하고 세상에 나가 세상일을 하는 분들이 있습니다. 그러려면 애당초 시작을 말았어야 합니다. 부름을 받고 목회자가 되었으면 사명을 감당하려고 발버둥을 쳐야 하나님이 역사하십니다.

바울의 믿음의 고백을 들어보시기를 바랍니다. "내가 아시아에 들어온 첫날부터 지금까지 여러분 가운데서 어떻게 행한 것을 여러분이 잘 안다. 겸손과 눈물로 일했다. 유대인의 간계로 인하여 시험도 당했지만 참고 주님을 섬겼다. 유익한 것은 무엇이든지 공중 앞에서나 각 집에서나 꺼림이 없이 여러분에게 전하고 가르쳤다. 유대인들과 헬라인들에게 하나님께 대한 회개와 우리 주 예수 그리스도께 대한 믿음을 증거 했다. 보라. 이제 나는 심령에 매임을 받아 예루살렘으로 가게 되었다. 거기서 무슨 일을 당할는지 모르겠다. 오직 성령이 내게 증거 하여 말하기를 결박과 환난이 나를 기다린다고 하신다. 그러나 나의 달려갈 길과 주 예수께 받은 사명 곧 하나님의 은혜의 복음 증거 하는 일을 마치려 함에는 나의 생명을 조금도 귀한 것으로 여기지 않는다."

바울은, 예수 그리스도를 만나고 변하여 새 사람이 된 후부터는, 문자 그대로 불타는 사명감으로 살았습니다. 이 세상에는 60억이 넘는 많은 사람이 있습니다. 그런데 크게 나누면 두 가지입니다. 하나는 사명감이 있는 사람이고 다른 하나는 사명감이 없는 사람입니다.

첫째, 자기의 사명을 발견하라. 사명을 아는 자는 방황하지 않습니다. 오로지 사명 감당을 위하여 매진하게 됩니다. 목회자는 무엇보다도 자신의 사명이 무엇인지 발견하는 것이 첫 번째로 중요한 것입니다. 불타는 사명감이 없는 사람은 목회자가 될 수가 없습니다. 한 영혼이 천하보다 귀한 영혼을 다루는 지도자이기 때문입니다. 젊은이들을 만나서 인생의 근본 문제에 대해서 한 번 물어 보세요. "당신은 무엇을 위해 사십니까?" 확신을 가지고 분명한 대답을 하는 사람이 그렇게 많지 않을 것입니다. 살기는 살지마는, 일을 하기는 하지마는, 무엇을 위해 사는지, 왜 일하는지 모르고 그저 어물어물 살아가고, 그저 일하니까 일하는 사람이 부지기수입니다. 실존철학의 시조인 키에르케고르는 스물두 살 대학 시절에 그의 일기에 이런 글을 남겼습니다. "온 세계가 다 무너지더라도 내가 꽉 붙들고 놓을 수 없는 진리, 내가 그것을 위해 살고 그것을 위해 죽을 수 있는 진리를 나는 발견해야 한다. 그것이 나의 진리요, 나의 주체적 자리요, 실존적 진리다"라고 했습니다. 그것을 위해 살고 그것을 위해 죽을 수 있는 진리를 찾는 것, 이것이 인생에서 가장 중요한 일이라고 그는 생각했습니다.

내가 그것을 위해 살고 그것을 위해 죽을 수 있는 인생의 높은 목표나 이념이나 가치를 우리는 사명이라고 말합니다. 그러므로 인생에서 제일 중요한 일은 자기의 사명을 발견하는 일입니다. 그러면 사명이 무엇인가? 글자 뜻대로 하면 '심부름 받은 생명'이란 뜻입니다. 인간은 사명적 존재입니다. 사람은 자기의 사명을 바로 깨달을 때 눈동자가 달라지고, 생을 살아가는 자세가 달라집니다. 사람은 무엇을 위해서 살아가고 있습니다. 저마다 자기의 '위(爲)해서'가 있습니다. '때문에'와 '위해서'의 목표가 되는 것이 우리의 사명입니다. 이것이 분명하면 우리는 삶이 결코 무의미하다거나 허무하다는 것을 느끼지 않습니다. 그에게는 생의 뚜렷한 목표가 있기 때문입니다.

그러나 '때문에'와 '위해서'가 분명히 서지 않을 때 우리의 생은 회의에 빠져 비틀거리거나, 허무에 빠져 허무감에 사로잡히게 되는 것입니다. 그러므로 인생에 있어서 '위해서'란 말처럼 중요한 말이 없습니다.

현대인의 불행과 비극이 어디에 있다고 생각하십니까? '위해서'의 목표를 잃어버린 데 있습니다. '나는 무엇을 위해서 사는가? 또 무엇을 위해서 살아야 하는가?'라는, 인생의 근본적인 문제에 대해서 '이것이다'라는 확고한 대답을 갖지 못하는 것입니다. 여기에 현대인의 고민이 있고, 방황이 있고, 생의 허탈감과 공허감이 있습니다. 그 결과 인생의 사명감을 못 가지고 살아갑니다.

사명감이 우리를 성실하게 만들고, 용감하게 만들고, 부지런하게 만들고, 위대하게 만듭니다. 사명은 인간의 위대한 힘의 원천입니다. 위대한 삶을 원하십니까? 무엇인가를 위해서 살아야 합니다. 위대한 죽음을 원하십니까? 무엇인가를 위해서 죽어야 합니다. 인간은 위해서 살고, 위해서 죽는 존재입니다. 여기에 삶의 의미가 있고, 보람이 있고, 충실미가 있고, 장엄미가 있습니다.

베토벤은 음악을 위해 살고 음악을 위해서 죽었기 때문에 위대한 음악가가 되었습니다. 도스토예프스키는 문학을 위해서 살고 문학을 위해서 죽었기 때문에 대 작가가 되었습니다. 로댕은 조각을 위해서 살고 조각을 위해서 죽었기 때문에 대 조각가가 되었습니다. 바울은 복음을 위해 살고 복음을 위해 죽었기 때문에 복음의 위대한 사도가 되었습니다.

영어로 사명을 'calling(부름)'이나 'mission(보냄)'이라고 합니다. 그런데 심부름에는 심부름을 위해 부름 받은 사람이 있고, 보낸 이가 있습니다. 그리고 심부름의 목적과 내용이 있습니다. 누가 우리를 21세기에 한국이란 땅에 심부름하러 보내셨습니까? 우리는 하나님이 이 한국 땅에 하나님의 심부름을 하라고 보내신 것을 믿습니다.

사람에게 가장 귀한 것, 가장 의미 있는 것이 무엇인가 생각해 보셨습니까? 나의 사명을 자각하는 일입니다. 스위스의 사상가 칼 힐티는 "인간 생애의 최고의 날은 자기의 사명을 자각하는 날이라"고 말했습니다. 우리 인생의 최고의 날이 언제입니까? 국회의원이나 대통령에 당선된 날입니까? 원하던 대학에 합격한 날입니까? 사랑하는 사람과 결혼한 날입니까? 고시에 합격한 날입니까? 최고의 날은 사명을 자각한 날입니다.

미국 캘리포니아주에 사는 제시카 조이리스는 12살에 뇌종양에 걸렸습니다. 수술이 불가능한 희귀한 종양이었기 때문에 화학치료와 방사능치료를 할 수밖에 없었는데 부작용이 매우 심각해 고통이 극심했습니다. 그러나 제시카는 그런 상황 속에서도 자신과 같은 소아암 환자들을 지원하고자 비영리기관을 세우고 자신의 블로그에 투병과정을 기록하며 소아암에 걸린 아이들이 얼마나 힘겨운 싸움을 하고 있는지 알렸습니다. 그리고 올리는 모든 글의 마지막엔 '절대 포기하지 마세요(Never ever give up)'의 약어인 'N.E.G.U.'를 적었습니다.

뇌종양과 힘겹게 싸우는 12살의 소녀가 이런 일들을 계획한 것은 자신의 사명이라고 생각했기 때문입니다. 제시카는 자신의 사명이 '희망과 기쁨, 사랑을 퍼뜨려 암과 싸우고 있는 어린이들에게 절대 포기하지 않도록 용기를 주는 일'이라고 말했습니다. 안타깝게도 10개월의 투병생활 끝에 제시카는 하늘나라로 가고 말았습니다. 그러나 그녀가 남긴 글을 통해 많은 소아암 환자들이 용기를 얻고 있고, 그녀가 세운 재단으로 인해 많은 환자들이 지원을 받고 있습니다. 크던 작던 자신의 사명을 찾고 끝까지 완수하는 사람들이 점점 늘어날수록 세상은 조금씩 바뀌어 갈 것입니다. 주님이 지금 주시는 사명이 무엇인지 알고 행하십시오. 반드시 창대하게 될 것입니다.

아프리카에 복음 증거 하는 일을 위해 전 생애를 바친 리빙스턴은 "사명을 가진 사람은 그것을 실현할 때까지는 결코 죽지 않는다"고 말했습니다. 사명을 가진 사람은 거기에 집념이 있고 열의가 있습니다. 이것을 꼭 이루고야 말겠다는 강한 의지와 신념이 있습니다. 내가 이것을 이루기 전에는 죽을 수도 없다는 요지부동한 목적의식이 있습니다. 위대한 인물들의 생애를 보세요. 세상에서 큰 봉사를 한 사람들의 일생을 보세요. 무엇이 그들로 하여금 그렇게 큰일을 하게 했을 까요? 그들이 큰 업적을 남긴 비결이 무엇일까요? 불타는 사명감으로 살았기 때문입니다.

둘째, 사명감을 가지고 일하라. 같은 일을 해도 사명감을 가지고 하는 사람과 사명감 없이 하는 사람의 일은 하늘과 땅의 차이가 있습니다. 특별하게 영적인 일은 불타는 사명감이 있어야 할 수 있다고 생각합니다. 특별히 교회개척은 사명감이 없이는 불가능한 일입니다. 어느 교회에서 예배당을 짓고 있었습니다. 벽돌을 한참 쌓아 올라가고 있었습니다. 한 번은 그 교회의 목사님이 공사 현장을 돌보기 위해서 나갔다가 벽돌을 쌓고 있는 기술자에게 인사말을 했습니다. "더운 날씨에 수고가 많으십니다" 그랬더니 벽돌 쌓는 기사가 하는 말이 "배운 기술이 이것밖에 없으니까 할 수 있어요?"라고 퉁명스럽게 볼멘 대답을 했습니다. 한참 가다가 저쪽 모퉁이에서 똑같이 벽돌 쌓는 일을 하는 기사에게 "더운 날씨에 수고가 많으십니다"라고 인사했더니 조용한 말로 대답했습니다. "벽돌 쌓는 기술을 배웠다가 이렇게 내 손으로 예배당 짓는 일을 하게 되었으니 얼마나 감사한지 모르겠습니다." 똑같이 벽돌 쌓는 일을 하지만, 한 사람은 사명감에서 일하고 다른 사람은 사명감 없이 일하고 있었습니다. 이것은 벽돌 쌓는 기사뿐만이 아닙니다.

가령 공장에서 일하는 기사들도 그렇습니다. 어떤 기사는 '나는 한국의 산업을 건설하는 사명이 있습니다. 내가 만든 상품이 세계 시장으로 나가게 되는데 세계에서 제일가는 상품으로 만들어야지' 하는 마음으로 정성을 기울입니다. 사명감으로 일하는 기사입니다. 그러나 사명감이 없이 일하는 기사는 같은 일을 하지만, 할 수 없이 일하고 월급날만 기다리고 퇴근 시간만 기다립니다. 이런 사람에게는 아무런 의미도, 보람도 없습니다.

관청에서 일하는 공무원도 그렇습니다. 사명감을 가지고 일하는 사람은 '나는 대한민국을 위해 옳게 봉사하겠습니다. 내 나라가 가장 아름답고, 깨끗하고, 친절하고, 질서 있고, 명랑한 나라가 되게 하겠습니다'는 생각으로 자기가 맡은 자리에서 최선을 다합니다. 그러나 사명감이 없이 일하는 공무원은 삯을 위해서 일합니다.

공무원뿐이겠습니까? 가정주부도 마찬가지입니다. 사명감을 가지고 사는 가정주부는 '하나님께서 우리 가정 관리를 내게 맡겨주셨는데, 가족의 건강을 내가 책임지는데, 어떻게 해야 영양에 좋은 음식을 맛있게 해서 잘 먹게 하지?' 하고 늘 생각하고, 빨래를 해도 '우리 식구가 어디 가도 빠지지 않게 깨끗하게 입혀야지' 하는 마음으로 정성껏 하고, 다림질도 성의를 다합니다. 그리고 식구들이 깨끗한 옷을 입고 나가는 것을 보면 그렇게 마음에 대견할 수가 없습니다. 식구들이 밖에 나갔을 때 집안 정돈 다 해놓고 기다리다가 하나 둘 집으로 돌아오는 것을 맞아들일 때 얼마나 흐뭇할까요?

그런데 사명감이 없는 주부는 일을 하기는 하면서도 기쁨도, 만족도, 행복도 없습니다. '집에서 밥하는 게 귀찮다.' 그래서 정성 없이 불평, 불만 속에 하다보니까 밥을 태우기가 일수이고, 밥한다는 게 죽을 쑤기 십상입니다. 딴 생각 하며 일하다 보니까 반찬을 만들면서 칼로 손가락 베기가 쉽습니다. 밥하기가 귀찮다고 밖에 나가서 사먹자 하고, 집에서 짜장면 배달해 먹자고 합니다. 세탁기가 있어도 빨래하는 거 싫다고 세탁소에 맡깁니다. 그러니까 이런 주부는 내가 손질한 옷을 식구들이 입을 때 오는 흐뭇한 마음을 알지도 못합니다. 방 청소는 하지 않아 밖에서 돌아오는 식구들이 짜증을 냅니다. 그리고 시간만 있으면 과외활동을 한다고 늘 밖에 나가 있어서, 학생들이 학교에서 돌아오며 엄마를 찾아도 없으니까 허전해서 밖으로 나갑니다. 집안이 말이 아닙니다. 사명감이 없이 가정생활을 하면 가정에 행복이 없습니다.

이런 예를 들자면 한이 없을 것입니다. 정치인이 사명감을 가지고 정치하면 국민이 행복합니다. 그러나 정치인에게 사명감이 없으면 나라는 혼란에 빠지고 국민은 도탄 가운데 빠지게 됩니다. 얼마 전에 미국 뉴욕주 라과디아시 재판소에서 재판이 있었습니다. 어떤 노인이 빵가게에서 빵을 훔쳐 먹다가 걸려 잡히게 되고 재판을 받게 되었습니다. 피고인은 정말 빵을 사먹을 만한 돈은 없고 배는 고픈데 나도 모르게 그만 빵 그릇에 손이 가서 이런 잘못을 저지르게 되었다고 하면서 눈물을 흘리며 용서를 빌었습니다. 판사는 이 노인의 눈물의 호소를 듣고 판결을 내렸습니다. "당신은 남의 빵가게에서 빵을 훔친 것이 분명하므로 벌금 20불을 내야 합니다." 그리고 나서 이 판사는 자기 호주머니에서 20불을 내놓으면서 "저 노인의 벌금은 내가 대신 내 드리겠습니다. 우리 라과디아시에 빵을 훔쳐 먹을 정도로 가난한 사람이 있었는데 저는 판사로서 그런 것을 모르고 살았다는 책임감을 내 양심이 느끼게 하기 때문입니다. 이 자리에 나와 같은 생각을 가지신 방청객이 계시다면 참여하시기 바랍니다"하며 모자를 돌렸는데 네 명의 앞에 앉아 있던 방청객 가운데서 72불이 모아져 그 노인이 받아 가지고 재판소를 떠났다고 합니다. 얼마나 아름다운 이야기입니까?

셋째, 사명을 따라 사는 사람은 책임을 느낀다. 누가 책임을 느끼는가? 주인의 책임의식이 있습니다. 우리가 나 자신에 대해서 책임을 느끼며 사나요? 다른 사람에게 책임을 전가하지는 않고 있습니까? 이것은 비겁한 일입니다. 나에 대해서는 내가 책임져야 합니다. 책임을 회피하지 말아야 합니다. 이것은 주인의식이 아니라, 노예의식에서 사는 삶의 자세입니다. 노예는 책임이 없습니다.

내 영은 내가 책임져야 합니다. 내 가정은 내가 책임져야 합니다. 내 직장도 내가 책임져야 합니다. 내 나라도 내가 책임져야 합니다. 불타는 사명감으로 주인의식을 가지고 책임지며 살아갑시다. 그럴 때 내가 바로 서고, 가정이 바로 서고, 직장이 바로 서고, 교회가 바로 서고, 이 민족이 바로 서게 될 줄 믿습니다. 골로새서 3장 23절에 보면 "무슨 일을 하든지 마음을 다하여 주께 하듯 하고 사람에게 하듯 하지 말라"고 했습니다. 성경은 우리에게 일하는 사람으로서 가질 태도를 분명하게 가르치고 있습니다.

첫째로는, 하나님께서는 우리 각 사람에게 그 재능에 따라서 할 일을 맡기는 것입니다. 예수님의 달란트 비유를 보시면 알 수 있습니다. 주인이 먼 나라에 가면서 종들을 불러 한 사람에게는 다섯 달란트를, 다른 사람에게는 두 달란트를, 또 다른 한 사람에게는 한 달란트를 맡겼습니다. 맡긴 것은 주인의 마음이지 종들의 생각이 아닙니다. 마찬가지로 하나님께서는 우리가 세상에 올 때 심부름을 맡기셨는데, 이런 심부름 저런 심부름을 맡기셨습니다. 큰 심부름, 작은 심부름을 맡기셨습니다. 그것은 우리 마음이 아니라 하나님의 마음입니다.

둘째로는, 무슨 일을 하든지 사람을 위해서 하지 말고 하나님을 위해서 옳게 해야 합니다. 우리 인간의 존재 목적이 무엇인가? 먹든지 마시든지 무엇을 하든지 다 하나님의 영광을 위하여 하라고 했습니다. 하나님을 영화롭게 하는 사람이 사회에 유익하고, 교회의 덕이 되고, 자신에게 행복이 임하게 되는 것입니다. 주님께서도 말씀하셨습니다. "너희가 내 안에 거하고 내 말이 너희 안에 거하면 무엇이든지 원하는 대로 구하라 그리하면 이루리라 너희가 과실을 많이 맺으면 내 아버지께서 영광을 받으실 것이요 너희가 내 제자가 되리라." 무슨 일이나 중요하기는 마찬가지입니다.

하나님께 영광을 돌리려면 불타는 사명감으로 많은 열매를 맺어야 합니다. 하나님께 영광을 돌리기 위해서 옳게 일할 것입니다. 우리나라 법조인 중에 국민에게 존경받는 분이 계십니다. 한승헌 전 대법원장이십니다. 이 분의 간증을 들어보면, 뭐 특별하게 사신 게 아니고, 성경이 말씀하신 대로 살아보려고 한 것뿐이라고 말합니다. 그렇습니다. 하나님께 영광 돌리기 위해서 맡은 책임을 바로 감당하려고 힘씁니다. 그러니 부지런해야 하고 옳게 해야 합니다.

셋째로는, 우리는 무슨 일에 있어서나 하나님과 함께 일한다는 사실을 잊어서는 안 됩니다. 고린도전서 3장 9절에 "우리는 하나님의 동역자들"이라고 가르쳐 주었습니다. 작은 일에나 큰 일이나, 교회 일에나 사회 일이나, 개인 일이나 단체 일이나 하나님과 동역해야 그 일이 성공합니다. 시편 127편에 보면 "여호와께서 집을 세우지 아니하시면 세우는 자의 수고가 헛되며, 여호와께서 성을 지키지 아니하시면 파수꾼의 경성함이 허사로다 너희가 일찍이 일어나고 늦게 누우며 수고의 떡을 먹음이 헛되도다"라고 했습니다. 우리가 사업을 하는 데도 사람의 머리로 생각하고, 설계하고, 시작하고 사업을 합니다. 그러나 하나님과 동역해야 그 사업이 성공합니다.

하나님과 함께 일한다는 것은 무슨 뜻입니까? 인간의 책임은 인간이 해야 합니다. 농사로 말하면 밭갈 때 밭 갈고, 씨뿌릴 때 씨 뿌리고, 김맬 때 김매고, 거름 줄 때 거름을 주어야 합니다. 그리고, 하나님의 법대로 해야 합니다. 모든 일을 바르게 해야 합니다. 이렇게 할 때 우리의 하는 일이 헛되지 않는 것입니다. 우리는 다 어디서나 일하는 사람인데, 나는 어떤 일꾼인가 스스로 살펴보기를 바랍니다. 사명감을 가지고 하는 일꾼인가? 아니면 삯꾼에 불과한가? 우리는 불타는 사명으로 일해야 합니다. 사명감을 가지고 일하는 사람 가운데도 두 가지 종류의 사람이 있다고 생각합니다.

하나는 사명감이 있기는 한데 희미한 사람입니다. 다른 하는 사명감이 불타는 사람입니다. 사도 바울은 사명에 불타는 사람이었습니다. 고린도전서 9장 16절에 "내가 복음을 전할지라도 자랑할 것이 없음은 내가 부득불 할 일임이니라 만일 복음을 전하지 아니하면 내게 화가 있을 것임이라"했습니다. 사도행전 21

장 13절에 보면 "바울이 대답하되 너희가 어찌하여 울며 내 마음을 상하게 하느냐 나는 주 예수의 이름을 위하여 결박을 받을 뿐 아니라 예루살렘에서 죽을 것도 각오하였노라." 이렇게 바울은 불타는 사명으로 살았습니다.

예레미야 20장 9절에 보면 예레미야선지가 이렇게 말했습니다. "내가 다시는 여호와를 선포하지 아니하며 그 이름을 말하지 아니하리라 하면 나의 중심이 불붙는 것 같아서 골수에 사무치니 답답하여 견딜 수 없나이다." 그의 골수에는 불이 붙고 있었습니다. 무슨 말입니까? 불타는 사명감이 있었습니다. 이렇게 우리 심령 속에 불타는 사명감이 필요합니다. 자동차가 어떻게 움직이고, 비행기가 어떻게 공중으로 날아갑니까? 우주선이 하늘로 올라가는 것을 보셨습니까? 그 속에 불이 있습니다. 이렇게 불타는 사명감이 있어야 무슨 일이나 성공합니다.

오늘 우리나라에는 각 방면에 불타는 사명감으로 일하는 일꾼이 필요합니다. 목회자는 불타는 사명감이 없이는 될 수가 없습니다. 예수님도 말씀하시기를 "너희는 불의 세례를 받으라"고 하셨는데 "성령은 곧 불이라"고 하셨습니다. 우리 그리스도인의 심령 안에는 옛날 갈멜산 위의 엘리야의 제단과 같이 불이 붙어야 합니다. 불타는 사명감으로 내 책임을 감당해야 합니다. 그래야 우리 민족이 구원받을 수가 있습니다.

불타는 사명감으로 일하는 사람은 언제나 일을 하면서 기쁨과 감사로 충만합니다. 그러므로 언제나 자발적으로 자원해서 일을 합니다. 일하지 말라고 해도 일을 합니다. 부지런하게 일합니다. 양심적으로 일합니다. 어떤 어려움이 있어도 일합니다. 자기 것을 희생하면서 일합니다. 그러면서 일하는 것을 자랑으로 여기지 않습니다. 불평하지 않습니다. 도중하차하지 않습니다. 죽도록 충성합니다.

그러나 사명감이 없이 일하는 사람들은 하기는 하지만, 그저 마지못해서 합니다. 그러니까 하는 일이 힘이 듭니다. 고역입니다. 빨리 피곤해집니다. 일의 능률이 나지 않습니다. 잘못됩니다. 사고가 납니다. 집에 갈 생각에 시계만 봅니다. 불평합니다. 이런 사람은 불행한 사람입니다.

분명히 알아야 합니다. 하나님께서는 우리 하나 하나를 그의 크신 경륜에 따라 각각 일터에 두었습니다. 그러므로 우리는 거기가 어디든 그것이 무슨 일이든 불타는 사명감을 가지고 일해야 합니다. 우리 그리스도인들은 어디에 있든지 모범적인 일꾼이 되어야 합니다. 부지런해야 합니다. 진실해야 합니다. 양심적으로 일해야 합니다. 창의적으로 일해야 합니다. 협동해서 일할 줄 알아야 합니다.

더구나 우리 그리스도인, 특별하게 목회자에게 공통된 사명을 주신 것이 있습니다. 우리에게 천국 건설의 사명을 주셨습니다. "너희는 온 천하에 가서 복음을 전파하라"고 하셨습니다. 이것은 주님이 모든 그리스도인에게 주신 최후 명령입니다. 복음 전하는 것은 우리의 사명입니다. 한 영혼을 천하보다 귀하게 여기는 것입니다. 이 사명을 바로 감당하려면 우리 하나 하나가 복음을 전파해야 합니다. 내가 할 수 있는 데서 나의 재능, 나의 시간, 나의 물질을 바쳐서 교회를 봉사해야 합니다. 특별히 직분을 맡으신 분들은 불타는 사명감으로 감당해야겠습니다.

필자가 교회를 개척하여 목회를 해보니까, 사명감이 없이는 할 수가 없는 일입니다. 저는 이렇게 말합니다. "영혼을 살리는 사명감을 타고 태어나야한다." 이유는 이렇습니다. 필자는 성령치유 사역을 합니다. 영육으로 고통을 당하면서 이것도 해보고 저것도 해보다가 되지 않으니 저희 교회를 찾아온 것입니다. 저는 최선을 다하여 말씀을 전하고 안수기도 합니다. 어떤 분들은 쉽게 치유가 되지만, 그렇지 못한 분들이 더 많습니다. 어떤 분들은 안수기도를 하다가 보면 속에서 썩은 냄새가 납니다. 정말로 역겨운 냄새가 납니다. 정말 생각하기도 싫은 역겨운 냄새가 납니다. 더러운 영들이 떠나면서 풍기는 냄새입니다.

그래도 무어라고 말하지 못하고 안수를 해야 합니다. 그래야 영육의 문제에서 해방을 받을 수 있기 때문입니다. 어떤 분은 방귀를 사정없이 뀌는 분들이 있습니다. 어떤 분들은 술을 먹고 담배를 피워가지고 역겨운 술(소주)냄새와 담배 냄새가 진동하는 분들도 있습니다. 안수기도를 시작하면 금방 끝나는 것이 아닙니다. 2시간 30분, 어떤 때는 더 길어지는 경우도 있습니다. 온몸이 땀으로 뒤범벅이 됩니다. 영육으로 전투를 하기 때문입니다. 정말 사명감이 없이는 할 수가 없는 일입니다. 성령께서 함께하시지 않으면 하지 못하는 일이기도 합니다. 사명감이 확실하지 않으면 애당초 시작을 하지 않는 것이 좋습니다.

4장 예수님이 하신 사역을 해야 한다.

(요 14:12)"내가 진실로, 진실로 너희에게 이르노니 나를
믿는 자는 내가 하는 일을 그도 할 것이요 또한 그보다 큰일도
하리니 이는 내가 아버지께로 감이라"

목회자는 예수님의 일꾼입니다. 예수님의 일꾼인 목회자는
예수님이 하시던 일을 감당할 수 있어야 쓰임을 받을 수가 있습
니다. 특별하게 개척교회는 예수님이 원하시는 사역을 해야 성
령의 역사로 자립하고 성장할 수가 있습니다. 예수님이 원하시
는 일이 무엇입니까? 세상에 하나님의 나라를 만드는 것입니다.
쉽게 설명하자면 성도 한 사람, 한사람이 하나님의 나라가 되는
것이 예수님이 원하시는 일입니다. 성령이 역사하는 교회 시대
인 지금 하나님의 나라가 어디에 있습니까? 예수님이 계신 곳이
하늘나라입니다. 그럼 예수님이 어디에 계십니까? 예수님은 이
렇게 말씀하셨습니다."그 날에는 내가 아버지 안에, 너희가 내
안에, 내가 너희 안에 있는 것을 너희가 알리라(요 14:20)"예수
님은 지금 자신 안에 계십니다. 그렇기 때문에 예수를 믿는 성도
들의 마음 안이 천국입니다. 그럼 천국은 어떤 곳입니까? 하나
님은 요한계시록 21장 1-4절에서 이렇게 말씀하십니다. "또 내
가 새 하늘과 새 땅을 보니 처음 하늘과 처음 땅이 없어졌고 바다
도 다시 있지 않더라. 또 내가 보매 거룩한 성 새 예루살렘이 하
나님께로부터 하늘에서 내려오니 그 준비한 것이 신부가 남편

을 위하여 단장한 것 같더라. 내가 들으니 보좌에서 큰 음성이 나서 이르되 보라 하나님의 장막이 사람들과 함께 있으매 하나님이 그들과 함께 계시리니 그들은 하나님의 백성이 되고 하나님은 친히 그들과 함께 계셔서, 모든 눈물을 그 눈에서 닦아 주시니 다시는 사망이 없고 애통하는 것이나 곡하는 것이나 아픈 것이 다시 있지 아니하리니 처음 것들이 다 지나갔음이러라(계 21:1-4)" 이곳이 천국입니다. 그래서 예수님은 공생애 기간 동안 세상을 돌아다니시면서 귀신을 쫓아내시고, 약한 것을 고치시고, 병든 자를 치유하시고, 문둥병자를 치유하시고, 죽은 자를 살리는 일을 하신 것입니다. 예수님 자신이 천국이라는 것을 친히 나타내 보여주신 것입니다. 지금 예수님은 성도 한 사람 한 사람이 천국이 되기를 원하시는 것입니다. 유형 교회는 예수님의 뜻을 이루어 드리는 곳입니다. 개척교회는 예수님이 공생애에 하신대로 성도들을 천국 되게 해야 자립성장하는 것입니다. 개척교회가 성도들을 천국 되게 하려면 개척목회자가 먼저 천국이 되어야 합니다. 개척목회자가 천국이 되려면 자신 안에 성전이 되어 하나님께서 주인으로 계셔야 합니다.

그럼 어떻게 해야 자신 안에 천국이 됩니까? 예수님은 이렇게 말씀하셨습니다. "그러나 내가 만일 하나님의 손을 힘입어 귀신을 쫓아낸다면 하나님의 나라가 이미 너희에게 임하였느니라(눅 11:20)" 자신 안에 귀신을 성령으로 쫓아내야 합니다. 하나님께서 마음성전 안에 주인을 계셔야 합니다. 예수님의 말씀을 들어보시기를 바랍니다. "강한 자가 무장을 하고 자기 집을 지킬 때에는 그 소유가 안전하되, 더 강한 자가 와서 그를 굴복시킬 때에는 그가 믿던 무장을 빼앗고 그의 재물을 나누느니라(눅 11:21)" 목회자가 먼저 자신 안에 성전이 되어야 개척교회를 자립성장 시킬 수가 있습니다. 예수님은 세상에 천국을 만들기 위하여 공생애 기간 동안 이런 일을 하셨습니다.

첫째, 죄를 용서하시는 예수님. 하나님께서는 우리의 죄를 용서하기 위해서 그 아들을 속죄 물로 보내주신 것입니다. 죄라는 것은 빚과 한가지인 것입니다. 갚을 만한 빚이면 우리가 애쓰고 노력하고 절약해서 갚을 수 있습니다만 빚이 엄청나게 커서 몇 억대가 되면 갚지 못하지요. 아무리 빚을 갚으려고 해도 10억대 혹은 1조대의 빚을 짊어지면 평생을 갚아도 못 갚습니다. 우리의 죄 짐은 아담과 하와로부터 이전받은 죄로써 어머니 뱃속에서부터 죄 중에 잉태되고 죄 중에 태어나서 우리 개인의 죄를 보태니까 우리가 아무리 갚을 래도 갚을 수가 없는 엄청난 죄의 빚을 걸머지고 있는 것입니다.

"모든 사람이 죄를 범하였으매 하나님의 영광에 이르지 못하고" 죄의 빚으로 말미암아 영원한 지옥의 감옥에 갇힐 수밖에 없는 것입니다. 우리 죄의 빚은 우리의 힘으로 못갚으니까, 다른 사람이 와서 갚아줘야 하는 것입니다. 죄가 없는 분이 와서 우리 죄를 대신 갚아줘야 되는데 하나님은 그 아들 예수님을 동정녀 마리아를 통해서 태어나 죄 없이 태어나고 죄 없이 33년 동안 살다가 우리의 모든 죄를 당신의 것으로 짊어지고 십자가에 올라가서 몸 찢고 피 흘려 죽음으로 죄를 청산했던 것입니다. 이제 우리가 죄를 지었음에도 불구하고, 못났음에도 불구하고, 버림을 받아야 마땅함에도 불구하고, 죄지은 그대로, 못난 그대로, 빈손 든 그대로, 하나님의 아들을 영접하면 하나님은 예수 그리스도의 보혈을 통해서 우리의 죄를 탕감해 버리고 마는 것입니다.

적은 죄든, 큰 죄든, 얼마나 큰 죄든 주님께서 죄를 짓지 않은 것처럼 예수님 안에서 탕감시켜 버리는 것입니다. 이것이 복된 소식인 것입니다. 죄를 지은 사람, 불의한 사람, 추악한 사람, 버림을 받아야 마땅한 사람들이 예수를 믿기만 하면 하나님은 아무것도 묻지 않으시고, 조건을 세우지 않으시고, 죄를 탕감해 버리시고 맙니다. 용서해 주고, 죄를 한 번도 안 지은 사람처럼 의롭게 해주시고, 하나님의 영광에 참석하게 해 주시는 이 놀라운 복음을 우리가 전해야 되는 것입니다. 오늘날 사람들이 천국 못가는 것은 행위가 나빠서 못가는 것이 아니라, 예수를 모르기 때문에 천국 못가는 것입니다. 종교가 우리를 구원하지 못합니다. 의로운 행위로 우리의 죄를 도저히 갚을 수가 없습니다. 죄를 짓지 않은 의인은 한사람도 없습니다. 모든 사람이 죄를 다지었습니다. 그러나 예수를 믿기만 하면은 예수 안에 하나님의 탕감이 있는 것입니다. 과거의 모든 죄를 다 한 번도 안 지은 것처럼 씻어서 탕감해 버리고 용서하고 의롭다고 만들어 주어서 모두다 천국 백성이 될 수 있는 것입니다. 누구든지 남녀 노유 빈부 귀천할 것 없이 저를 믿기만 하면 죄 탕감을 받고 용서를 받고 구원을 받는 것입니다. 다른 것 조건이 없습니다. 그렇기 때문에 누구든지 천당에 갈수가 있는 것입니다.

둘째, 묶인 자를 자유하게 하신 예수님. 마귀는 사람들을 억압하고 종으로 삼지만, 주님은 가는 곳마다 마귀에게 눌린 자를 해방시켜 주시는 것입니다. 그러므로 예수 믿는 여러분은 모두 다 자유와 해방을 위해서 태어났고 자유와 해방을 갖다 주는 용사들인 것입니다. 예수 그리스도의 신앙과 자유와 해방은 벗어날 수가 없습니다. 오늘날 아무리 약을 먹어도 낫지 않고 병원에서도 낫지 않는 이유는 마귀의 억압을 받아서 병든 사람은 약을 가지고는 낫지 않습니다. 마귀를 내어 쫓아야 낫습니다. 누가 마귀를 쫓습니까? 개척교회 목회자가 예수님께서 마귀를 쫓아내는 권세를 주신 것을 알고, 나는 권세 있는 사람이라고 인정하고 성령으로 충만한 가운데 마귀를 물리쳐야 되는 것입니다.

성령으로 충만한 가운데 담대하게 명령하면 성령의 권능으로 귀신이 물러가는 것입니다. 나사렛 예수 이름으로 명하노니 너희 거짓말 귀신 마귀야 물러가라! 내가 예수 이름으로 너를 묶으니 이 몸에서 떠나갈지어다! 나사렛 예수 그리스도 이름으로 명하노니 물러갈지어다! 마귀는 한길로 왔다가 일곱 길로 도망칠 것입니다. 요한일서 3장 8절에 "죄를 짓는 자는 마귀에게 속하나니 마귀는 처음부터 범죄함이라 하나님의 아들이 나타나신 것은 마귀의 일을 멸하려 하심이라" 마귀의 일을 멸하고 우리에게 생명을 주되 풍성하게 주기를 원하시는 것이 주님의 역사인 것입니다. 누가복음 10장 19절 "내가 너희에게 뱀과 전갈을 밟으며 원수의 모든 능력을 제어할 권능을 주었으니 너희를 해칠 자가 결코 없으리라"

오늘날 예수 믿는 우리가 하나님이 주신 특권을 까맣게 잊어버리고 사는 것입니다. 자기가 누군지를 모르고 삽니다. 세상 사람이 아니고 하늘나라 사람이고 세상 시민권을 가진 사람이 아니고, 하늘나라 시민권을 가지고 있는 사람이고, 세상 사람들과 같이 하늘나라에 대해서 무관심한 것이 아니고, 우리는 그 나라와 그 의를 먼저 구하면서 살고, 자유와 해방을 갖다 주는 사람들인 것입니다. 집집마다 들어가서 해방의 말씀을 전하고 기도를 해주므로 그 집안에 있는 원수 마귀를 청소하고 깨끗하게 하고 사회를 맑히고 밝히는 일을 하는 것입니다.

우리 예수 믿는 사람들이 많아지면 많아질수록 사회가 맑고 밝고 환해지는 것은 도둑질하고 죽이고 멸망시키는 죄악의 더러움을 가져오는 원수 마귀를 쫓아내버리기 때문인 것입니다. 그런 하늘나라의 군사들인 것입니다. 우리 주 예수 그리스도께서 사랑하는 예수님의 군사(목회자)가 되기를 주님의 이름으로 축원합니다. 하나님의 성령과 말씀으로 무장하면 놀라운 군사, 군인이 되는 것입니다. 담대해야 합니다. 개척교회를 하는 목사가 성령으로 귀신을 쫓아내지 못하면 자립하지 못합니다.

셋째, 우리의 병을 치료하는 예수님. 하나님은 우리를 구원할 뿐 아니라, 우리를 고쳐 주기를 얼마나 원하시는지 그 아들 예수님을 채찍에 맞아 고통당하기를 원하시는 것입니다. 예수님께서 십자가에 못 박히기 전에 빌라도의 뜰에서 40에 하나 감한 39차례의 채찍을 맞아 등이 다 찢어지고 피투성이가 된 것입니다. 성경은 말하기를 저가 채찍에 맞음으로 네가 병 고침을 받았다고 말하고 있는 것입니다. 우리 병의 대가를 예수님이 채찍에 맞음으로 지불한 것입니다. 하나님은 예수님이 상함 받기를 원하사, 우리의 질고를 당케 할 정도로 병을 미워하시는 것입니다. 예수님은 병에 대해서 얼마나 심각하게 생각하는지 자기 자신을 내어 놓고 채찍에 맞아 몸이 갈기갈기 찢어져도 병의 대가를 다 지불하고 우리가 병 고침 받기를 원하시는 것입니다.

예수님은 회개하라 천국이 가까이 왔다 하시고 그의 사역의 $\frac{3}{4}$는 병 고치는데 보냈었습니다. 귀신을 쫓아내고 앉은뱅이를 일으키고 귀머거리를 듣게 하고 죽은 자를 살려내는 기적을 행하시고 12제자에게도 천국을 전도하거든 반드시 병을 고치라고 말하고 70인의 제자에게도 둘씩둘씩 보내면서 회개하라! 천국이 가까이 왔다고 하시고, 그곳에 있는 병든 자를 고치라고 말했고 부활 승천할 때 마지막 남긴 유언에 "믿는 자들은 이런 표적이 따르리니 내 이름으로 귀신을 쫓아내며 병든 자에게 손을 얹은즉 나으리라"고 말한 것입니다. 하나님의 뜻은 우리가 병고침 받는 것이고 예수님은 간절하게 병 고치기를 원하셔서 당신의 제자들에게 병 고치라고 부탁한 것이니, 이처럼 우리가 모여서 예배드리는 곳에는 병 고침이 반드시 있어야 되는 것입니다.

성경은 말하기를 너희 두 세 사람이 내 이름으로 모인 곳에는 나도 너희 가운데 있겠다고 말한 것입니다. 두 세 사람이 모인 교회에는 예수님이 계십니다. 예수님은 병든 자를 예수님의 이름으로 기도하여 치유하는 목회자를 원하십니다. 병든 자가 교회에 오거든 절대로 내가 병을 고친다고 생각하지 말고 담대하게 예수님의 이름으로 명령하여 병든 자를 고쳐야 합니다. 성경은 말씀하기를 "예수 그리스도는 어제나 오늘이나 영원토록 동일하다"고 말씀한 것입니다. 예수님은 오늘도 우리 죄를 용서하시고 오늘도 우리를 거룩하고 깨끗하게 하시고 오늘도 우리 병을 고쳐 주시는 것입니다. 주님은 우리의 병을 고치기를 원하시고 우리가 믿기만 하면 고칠 수가 있고 고침을 받는 것입니다. 누구든지 저를 믿으면 멸망하지 않고 영생을 얻는 것처럼, 예수를 믿으면 폐병에서 고침을 받고, 관절염, 앉은뱅이, 절름발이에서 고침을 받게 되는 것입니다. 오늘날 교회가 병 고치는 일을 등한히 하는데 이는 아버지의 뜻을 완전히 이루지 못하고 있고 예수님의 열망을 이루지 못하고 있는 것입니다. 그렇기 때문에 개척교회가 자립하지 못하는 것입니다. 개척교회를 하시려고 하든지 하시는 목회자는 죄를 용서하고 구원을 주시고, 성령을 주시는 예수 그리스도와 함께 병을 고치는 그리스도를 전해야 되는 것입니다. 개척교회가 자립하려면 목회자가 성령으로 병을 고치는 능력이 함께 해야 합니다.

네 번째, 저주에서 해방을 주는 예수님. 오늘날 우리 사회생활 가운데 왜 이렇게 슬픔과 고통과 괴로움과 저주가 많습니까? 아담과 하와가 타락했을 때 하나님이 말씀하기를 땅은 너로 말미암아 저주를 받아 가시와 엉겅퀴가 나고 너희는 이마에 땀을 흘려야 먹고 살 것이라고 한 것입니다. 가는 곳마다 가시와 엉겅퀴가 납니다. 가정에도 행복한 결혼을 했는데 가시와 엉겅퀴가 돋아 서로 물고 찢고 싸우게 되고, 부모 자식 간에도 가시와 엉

경퀴가 나고, 친구 간에도 가시와 엉겅퀴가 나고, 사업에도 가시와 엉겅퀴가 나고, 생활에도 고통과 괴로움이 다가오고, 저주와 같이 하면 얼마나 피땀을 흘리는지 모릅니다. 모든 배후에는 귀신이 있습니다. 성령의 역사가 일어나면 해방이 되는 것입니다.

왜 그렇습니까? 예수님이 오셔서 십자가에서 우리의 저주를 대신 짊어진 것입니다. 성경에는 저주 받은 자는 나무에 매달으라고 했는데 예수님은 하나님의 아들로 축복의 근원인데 왜 십자가 나무에 매달렸습니까? 우리의 저주를 대신 짊어지기 위한 것입니다. 성령의 임재가운데 예수님의 이름으로 저주로 역사하는 귀신에게 명령하면 저주는 끝나는 것입니다.

갈라디아서 3장 13절에 "그리스도께서 우리를 위하여 저주를 받은바 되사 율법의 저주에서 우리를 속량하였으니 이는 기록된 바 나무에 달린 자마다 저주 아래 있는 자라 하였음이라 이는 그리스도 예수 안에서 아브라함의 복이 이방인에게 미치게 하려 함이라"고 말했기 때문입니다. 아브라함은 복중에 복을 받은 사람인데 예수 믿으면 아브라함의 복이 우리에게 임한다고 말한 것입니다. 예수를 구주로 믿으면 자신이 복을 받게 되고, 가정이 복을 받게 되고, 사업장이 복을 받게 되고, 성도들이 다니는 직장이 복을 받게 됩니다. 이것을 순수하게 믿어야 합니다. 그래야 성령의 역사로 복을 받을 수가 있습니다. 왜 복을 받느냐? 예수님의 뜻이기 때문입니다.

왜냐하면 예수님이 동행하여 복 받은 사람이 들에 나가면 들이 복을 받고, 집에 들어오면 집이 복을 받고, 떡 반죽 그릇을 만지면 떡 반죽 그릇이 복을 받고, 짐승을 기르면 짐승의 새끼까지 복을 받겠다고 말한 것입니다. 사람은 사람을 따라 복이 오지 환경을 따라 복이 오지 않는 것입니다. 복 받은 사람이 있으면 복이 그 사람과 같이 따라오는 것입니다. 사람이 복 받겠다고 남부여대하고 미국으로 건너간다고 복 받는 것이 아닙니다. 내가 이 자리에서 예수 믿고 복 받은 사람이 되면 이 자리가 바로 가나안 복지가 되고 젖과 꿀이 흐르게 되는 것입니다. 오늘 우리가 운명을 바꿀 수 있는 것은 예수 믿는 길밖에 없는 것입니다. 예수를 믿으면 저주가 사라지고 복 받는 사람이 되므로 그때부터 일어나도 앉아도 복이 임하게 되는 것입니다. 바로 빌립이 사마리아에 전하는 것은 복을 주는 예수 그리스도를 전하는 것입니다. 개척목회자는 성도들에게 이런 축복을 전이시켜야 합니다. 다른 것이 없습니다. 믿음으로 담대하게 선포하는 것입니다. 예수님의 이름으로 축복이 임할 지어다. 축복의 예수님을 믿는 자에게만 축복이 임할지어다.

귀신이 떠나가야 축복이 임합니다. 사도행전 8장에 보면 빌립이 복음을 증거 하니 많은 사람에게 붙었던 귀신이 소리치며 나갔다고 말한 것입니다. 마귀와 귀신들은 우리 생활 속에서 끊임없이 도적질하고 죽이고 멸망시키는 일을 하는 것입니다. 이 세상에는 병균이 와글거리는 것처럼, 마귀와 귀신들이 와글거립니다. 마귀와 귀신들이 사람들에게 죄짓게 하고 더러운 행실을 하게하고 병들게 하고 고통당하고 저주받고 절망하게 하는 원수 귀신들이 버글거리는 것입니다. 악한 귀신은 우리에게 고통과 괴로움을 가져오고 고통과 괴로움을 가져오도록 만들어 주고 있는 것입니다. 거짓말하는 귀신, 음란한 귀신, 방탕케 하는 귀신, 좌절하게 하는 귀신, 귀신들이 많습니다.

사마리아에서 이 빌립의 설교를 듣고 사람들이 믿음을 가지고 예수를 만나니까 귀신이 소리치며 나갔던 것입니다. 장마철이 지나고 난 다음 정원에 내려가서 거적 때기를 들추면 벌레들이 햇빛을 피해서 와르르 달아나는 것처럼 우리 태양이신 예수님이 가슴속에 들어오면 어두운 가슴에 숨었던 귀신과 마귀들이 줄달음질쳐 도망을 치는 것입니다. 귀신이 한길로 왔다가 일곱 길로 도망치는 것입니다. 개인의 가슴에서 가정에서 생활에서 귀신이 쫓겨 나가고 성령이 오면 사랑과 희락과 화평과 오래 참음과 자비와 양선와 충성과 온유와 절제가 생겨나고 믿음, 소망, 사랑, 의, 평강, 희락이 다가오고 변화된 사람이 되게 되는 것입니다. 오늘 귀신을 우리는 끊임없이 쫓아내야 되는 것입니다.

믿는 자들에게 이런 표적이 따르리니 저희가 내 이름으로 귀신을 쫓아내겠다고 말한 것입니다. 사마리아에서 쫓겨나간 그 귀신은 오늘날도 우리가 명하면 우리 가운데서 쫓겨 나갑니다. 귀신은 우리와 같이 살지 못합니다. 우리는 모르는 사이에 귀신하고 오랫동안 살아서 귀신이 시키는 대로 미워하고 원망하고 불평하고 탄식하고 좌절하고 절망했지만 이를 쫓아내어 버리면 우리 마음속에 의와 평강과 희락과 믿음, 소망, 사랑이 가득하게 채워지는 것입니다. 사마리아에서 귀신만 쫓겨 나가는 것이 아니라 많은 절름발이와 앉은뱅이가 나은 것입니다. 오늘날 마음이 절름발이가 된 사람, 육체가 절름발이가 된 사람, 가정이 절름발이가 된 사람, 생활이 앉은뱅이가 된 사람 많지 않습니까? 좌우간 주님은 우리가 불구가 되기를 원치 않습니다. 정신적인 불구도 원치 않지요. 육체적인 불구도 원치 아니하시고 생활의 불구도 원치 아니하시고 주님이 오시면 온전하게 고치는 것이 주의 뜻인 것입니다. 주님은 치료하는 하나님인 것인 것입니다. 주님께서는 영광을 받으시기를 원하시는 것입니다.

다섯째, 부활, 영생, 천국을 주시는 예수님. 사람이 한번 나서 죽는 것은 정한 이치인 것입니다. 가만히 있어도 70이요, 80이며, 오래 살아도 90이 되면 다 죽어야 되는 것입니다. 사람은 죽음을 향해서 모두 다 늘 달음질치고 있는 것입니다. 죽음에 대한 것을 생각하기 원치 않지만, 그러나 죽어야 하는 것입니다. 우리가 죽어서 어디를 가나요? 어디서 와서, 왜 살며, 어디로 가는지 알지 못하고 방황하며 살다가 희생봉사 하는 사람이 많습니다. 사람은 이 고깃덩어리가 사람이 아닌 것입니다. 하나님의 형상과 모양대로 지은 사람이 육체를 옷 입고 사는 것이 바로 우리들인 것입니다. 육체는 옷처럼 벗어 버리는 것입니다. 이제 가을이 다가오면 여름옷은 벗어 버리고 겨울이 다가오면 가을 옷은 벗어 버리는 것처럼 늙으면 육체의 몸을 벗어 버리고 하나님께로 우리는 돌아가는 것입니다. 우리가 분명하게 알아야 할 것은 죽어서 가는 천국만이 아닙니다. 예수님은 지금 천국을 원하십니다.

우리가 구원받아 영생을 얻으면 이 땅에서 천국을 누리다가 영원한 천국으로 들어가고 영생을 얻지 못하면 지옥으로 들어

가는 것입니다. 집안에도 깨끗한 것과 더러운 것이 있는데 깨끗한 것은 안방에 더러운 것은 쓰레기통에 들어가는 것처럼, 인생도 보혈로 말미암아 씻음을 받고 구원을 받은 사람은 주님이 예비한 영원한 천국에 들어가서 "눈물과 근심과 탄식과 이별하는 것이나 곡하는 것이나 앓는 것이 없는 곳에서 영원히 살 것이요, 구원받지 못한 사람은 영원히 불타는 쓰레기 더미인 지옥으로 떨어지고 말 것"인 것입니다.

그러므로 인간의 운명은 이 땅에서 죽음으로서 갈라지는 것입니다. 어떠한 사람은 천국에, 어떠한 사람은 지옥에 어떠한 사람은 영원한 기쁨에, 어떠한 사람은 영원한 슬픔으로 갈라지게 되는 것입니다. 그런데 누구든지 예수를 믿으면 이 땅에서 천국을 누리다가 영원한 천국으로 가고, 하나님의 자녀가 되고 하늘나라를 상속으로 받을 수 있게 되는 것입니다. 십자가에 몸 찢고 피 흘려서 죄를 사하시는 예수님, 거룩하고 성결하게 해 주시는 예수님, 치료하시는 예수님, 저주에서 해방시켜 주시는 예수님, 영원 천국을 주시는 예수님을 전했던 것입니다.

믿음은 들음에서 나며 들음은 그리스도의 말씀으로 말미암습니다. 듣지 못한 분을 어떻게 우리가 믿으며 믿지 않는 분에게 어떻게 기도를 드리겠습니까? 예수의 복음을 듣고 그런 분이 내게 있구나 그러면 이분에게 기도해야 되겠다. 믿음으로 기도하면 하나님이 응답하는 것입니다. 용서해 달라고 기도하면 예수를 통해서 용서해 주는 것입니다. 성결하게 해달라고 하면 예수를 통해서 성결해지는 것입니다. 예수가 치료자인줄 알고 치료해 달라고 기도하면 치료해 주시는 것입니다. 축복의 주님께 저주에서 해방을 받게 해달라고 기도하면 저주에서 해방을 받을 수 있는 방법을 알려주시는 것입니다. 그대로 순종하면 저주에서 해방을 받고 천국을 누리는 것입니다. 부활 영생 천국을 주시는 주님을 믿고 순종하면 부활 영생 천국을 주시는 것입니다. "구하라 주실 것이요, 찾으라 찾을 것이요, 문을 두드리라 열릴 것이라. 구하는 이에게 주실 것이요, 찾는 이에게 찾을 것이요, 두드리는 이에게 열릴 것이라"고 성경은 말하고 있는 것입니다.

교회를 개척할 목회자는 이와 같이 예수님이 하셨던 일을 해야만 합니다. 예수님이 하셨던 일을 하는 목회자에게 성령의 역사가 일어나 교회를 자립하도로 인도하시는 것입니다. 쉽게 생각하여 귀신을 쫓아내고 병을 고친다고 교회가 자립하는 것은 아닙니다. 성령의 역사가 일어나야 합니다. 성령의 역사가 일어나 성령께서 친히 교회를 이끌어가시게 해야 합니다.

이렇게 되려면 개척목회자가 하나님과의 관계가 열려야 합니다. 하나님과 관계가 열려야 하나님께서 목회자를 인도하시면서 영적인 지도자로 빚으시는 것입니다. 한마디로 성령에 붙잡힌 목회자가 되어야 한다는 말입니다. 개척을 하려고 하는 목회자는 성령님과 인격적인 관계가 되는 것이 필수입니다. 무조건 열심히 하려고 하지 말고 성령께서 지시하시는 일을 하라는 것입니다. 열심히 한다고 교회가 부흥되고 성장하고 자립하는 것이 아닙니다. 예수님께서 원하시는 일을 해야 교회가 부흥되고, 성장하고, 자립하는 것입니다.

예수님이 원하시는 일이 무엇이겠습니까? 앞에서 설명한 대로 예수님은 이 땅에 하나님의 나라를 건설하시려고 오셨습니다. 예수님은 예수님을 대신하여 이 땅에 하나님의 나라를 건설할 일꾼이 필요합니다. 개척목회자가 예수님의 일꾼이 된다면 그 교회는 반드시 성장하고 자립합니다. 왜 그렇습니까? 예수님의 마음에 합하기 때문에 성령께서 친히 역사하시며 목회를 하시기 때문입니다. 개척을 하려고 준비하거나 개척교회를 하시는 목회자는 자신의 전인격이 성령의 지배를 받아야 합니다. 이것은 말은 쉬워도 실제는 어렵습니다. 그러나 관심을 가지고 하나하나 추진하고 성령의 인도를 받으면 됩니다. 절대로 자신의 생각대로 금방 되지 않습니다. 목회자 자신이 되는 만큼씩 되는 것입니다. 어떤 목회자가 자신은 권능 있는 목회자에게 안수를 받아 영의 통로가 뻥 뚫려야 권능이 나타나는 줄로 아는 목회자가 있습니다. 권능은 권능 있는 목사에게 안수를 받아서 나타나는 것이 아닙니다. 자신이 성령의 지배를 받는 만큼씩 권능이 나타나는 것입니다. 즉, 하나님의 진리의 말씀의 비밀을 깨닫는 만큼씩 권능이 나타납니다.

　　바르게 알아야 합니다. 지금 불이 있다고 하는 기도원에서 몇 년씩 상주하면서 불을 받으려고 하는 목회자가 있습니다. 이분들 불을 받으면 다된다는 생각을 정리해야 합니다. 절대로 불만 받으면 다되지 않습니다. 자신이 성령의 지배를 받으면서 진리의 말씀을 깨달아야 합니다. 성령으로 기도하여 자신 안에 계신 하나님과 관계를 열어야 합니다. 어디서나 하나님과 통하는 목회자가 되어야 합니다.

5장 차별성 있는 목회를 하려고 해야 한다.

(행8:5-8)"빌립이 사마리아 성에 내려가… 많은 사람에게 붙었던 더러운 귀신들이 크게 소리를 지르며 나가고 또 많은 중풍병자와 못 걷는 사람이 나으니, 그 성에 큰 기쁨이 있더라"

개척교회는 성령의 역사가 일어나야 자립하며 성장할 수가 있습니다. 개척교회가 중대형교회가 하는 목회방식으로 목회를 한다면 자립성장할 수가 없습니다. 필자가 교회를 개척할 때 나름대로 다짐한 것이 있습니다. 기도할 때마다 하나님! 예수님과 같이 말씀을 잘 전하게 하여 주시고, 예수님과 같이 귀신에게 고통당하는 자들을 자유하게 하고, 손은 얹어 병을 고치는 목사가 되게 해달라고 기도했습니다. 7년여 동안 이렇게 기도한 것 같습니다. 어느날 교회가 성장하지 않아 하나님께 항변하며 기도할 때에 하나님께서 이렇게 말씀하셨습니다. 하나님 어떻게 해야 합니까? 어떻게 해야 합니까? 하고 물어보니까, 소리가 들리는 음성으로 "앞으로는 영성이다. 21세기에는 영성이다. 영성! 영성! 영성!" 그래서 영성과 영적인 성령치유 목회에 관심을 가지기 시작을 했습니다. 성령치유 목회쪽으로 관심을 두고 준비했습니다.

마음에 다짐하기를 큰 교회에서 하지 못하는 차별화된 목회를 하겠다고 다짐하고 준비하게 되었습니다. 차별화된 목회가 성령치유 목회입니다. 필자가 성령치유 목회를 하지 않았다면 지금 목회를 하지 못했을 지도 모릅니다. 차별성 있는 목회를 해야 개척교회가 살아남을 수가 있다는 말입니다. 중대형교회와 동일한 방법으로 목회를 하면 개척교회로 성도들이 오지를 않습니다. 전도가 되지 않는 다는 것입니다. 설령 전도를 해서 양육하고 얼마 지나지 않으면 중대형교회로 옮겨갈 수도 있기 때문입니다.

그래서 개척교회는 차별성 있는 교회를 만들어야 합니다. 한국교회의 85%가 동일한 성향의 교회라는 것입니다. 대형교회와 동일한 성향의 개척교회는 자립성장할 수가 없습니다. 웬만하면 대형교회로 몰리기 때문입니다. 필자는 교회를 개척하면서부터 중형이상의 교회가 하지 못하는 사역을 한다는 일념으로 개별 성령치유 사역에 집중했습니다. 중대형 교회가 하지 못하는 목회를 하려고 준비하고 실행했습니다. 하나님께서도 제가 하기 원하는 사역이 개별치유 사역이었습니다. 개별 성령치유 사역을 하려면 전문성을 개발해야 합니다. 전문성뿐 만아니라, 성령님께서 보증하여 주어야 합니다. 치유는 전적으로 성령께서 하시는 것입니다. 필자는 사람의 잠재의식을 치유할 수가 없습니다. 전적으로 성령께서 역사해주셔야 가능한 것입니다. 차별성 있는 사역을 준비하되 성령님과 인격적인 관계가 되도록 해야 할 것입니다. 그래야 개척교회가 자립하며 성정할 수가 있습니다.

목회를 하다가 탈진에 빠져서 목회를 포기하려다가 저희 교회에 오셔서 치유 받고 능력 받은 합동측, 통합측, 대신, 순복음, 감리교 목사님들이 목회를 다시 시작하여 모두 교회가 자립성장하고 있습니다. 필자가 가장 반갑고 감사하게 생각하는 것은 생명이 위태롭던 개척 목회자가 치유 받고 정상이 되어 목회가 잘된다고 인사하러 올 때 입니다. 정말 감사할 일입니다. 차별성 있는 목회를 하려면 성령의 권능이 있어야 합니다. 성령님께서 보증하여 주셔야 할 수 있는 목회입니다. 어떤 목회자가 자신은 권능 있는 목회자에게 안수를 받지 못하여 영의 통로가 뻥 뚫리지를 않아서 능력이 나타나지 않는 다고 했습니다. 필자가 이렇게 대답을 했습니다. 권능은 권능 있는 목사에게 안수를 강하게 한번 받아서 나타나는 것이 아닙니다. 자신이 성령의 지배를 받는 만큼씩 권능이 나타나는 것입니다. 즉, 하나님의 진리의 말씀의 비밀을 깨닫는 만큼씩 권능이 나타납니다. 바르게 알아야 합니다.

지금 불이 있다고 하는 기도원에서 몇 년씩 상주하면서 불을 받으려고 하는 목회자가 있습니다. 이분들 불을 받으면 다된다는 생각을 정리해야 합니다. 절대로 불만 받으면 다되지 않습니다. 자신이 성령의 지배를 받으면서 진리의 말씀을 깨달아야 합니다. 성령으로 기도하여 자신 안에 계신 하나님과 관계를 열어야 합니다. 즉, 자신 안에 계신 하나님과 직접적인 관계를 맺으면서 현실 문제의 해결방법을 하나님께 물어서 알려주시는 방법으로 순종하여 해결하면서 자신이 성령의 지배를 받고, 어디서나 하나님과 통하는 목회자가 되어야 합니다. 목회자는 교회를 크게 한다, 작게 한다가 중요한 것이 아니고, 하나님께서 지금 그 목회자를 통하여 하나님의 일을 하시고 계시는가가 중요한 것입니다. 지금 하나님께서 목회자를 통하여 하나님의 일을 하시고 계시는 목회자가 하나님과 관계가 열린 목회자입니다. 무엇을 하려고 덤비지 말고 하나님과의 관계를 여는 목회자가 되어야 합니다.

그럼 왜 차별성 있는 목회를 해야 합니까? 그것은 세상에 영육의 문제로 고생하는 분들이 많기 때문입니다. 전도를 해도 문제가 있는 사람들이 복음을 받아들이지 천국가려고 예수를 믿는 사람들은 적기 때문입니다. 문제가 있는 사람들을 전도하여 치유하여 하나님의 성전을 만드는 교회가 되어야 한다는 것입니다.

첫째, 차별화된 교회를 해야 자립 성장하는 가?

1) 사람들에게 여러 가지 영적인 문제들이 많이 있습니다. 병원에서도 해결되지 못하는 것이 영적인 문제입니다. 교회에서만 해결될 수 있는 문제입니다. 하나님에게 속했을 때는 없었던 여러 가지 영적인 문제들이 인간을 덮치기 시작했습니다. 마귀에게서는 좋은 것이 나오지 않습니다. 그래서 가위 눌림을 당하기도 하고 밤에 잠을 자지 못해서 고통당하는 자들도 많습니다.

2) 그런가하면 정신적인 문제로 고통 받는 자들도 많습니다. 지금 지구는 거대한 정신병동과 같습니다. 5명중에 2명이 정신병자라고 할 정도입니다. 이상한 사건, 이상한 일들, 인간의 머리로 이해가 안 되는 이상한 것들이 너무나 많고, 비정상적인 것들이 정상적으로 통하고 비인간적인 것들이 인간적인 것으로 통하는 시대가 현 시대입니다. 정신병원은 계속 늘어나고 정신문제로 고통 받는 사람들은 집집마다 아우성이고, 어떤 사람은 자기가 정신병자인줄도 모르고 사람을 돕는다고 나서는 사람도 있습니다. 표시 나는 정신병자보다 표시가 나지 않는 정신병자가 더 많은 세상이 지금의 세상입니다. 지금 정신질환으로 직장을 그

만두고 있는 사람들이 많이 있습니다. 지금 정신질환으로 이혼을 하고 병원에 입원하고 있는 사람들이 많이 있습니다. 지금 불안에 떨고 초조한 가운데 남모르는 고통 속에서 밤을 지새우는 사람들이 늘어나고 있습니다. 이것이 전부 하나님을 떠난 인간들이 영적인 문제로 고통을 당하고 있는 증거들입니다.

3) 병원에서 치유되지 않는 육신의 질병이 많습니다. 정신적인 문제로 시달려 육신의 병이 오는가하면 영적인 문제로 시달려 육신의 병들이 지금 많이 오고 있습니다. 이상하게 몸이 아픕니다. 심지어 병명도 없이 몸이 아픕니다. 형통에 대물림되면서 질병이 생기기도 합니다. 병원을 지속적으로 다니고 약을 계속 지어먹어도 끝이 나지 않습니다. 한군데가 나으면 또 다른 곳이 아픕니다. 그래서 약과 병원이 진절머리가 나는 사람들도 많습니다. 그러면서 또 병원에 가고 약을 먹을 수밖에 없었던 것이 몸이 계속 아프기 때문입니다. 모두가 영적인 문제가 결부되어 있기 때문입니다. 반드시 예수를 믿고 성령으로 세례를 받고 성령으로 충만한 생활을 하면 치유되는 병입니다.

4) 마음에 안식이 없습니다. 솔직히 마음이라도 편하면 몸이 아파도 견딜 수 있습니다. 그런데 마음마저도 괴롭습니다. 평안이 없습니다. 불안하고 초조하고 두려움과 공포로 시달립니다. 어디서 들어 온지도 모르겠는데 "불안해서 미치겠다.", "불안해서 못살겠다."는 사람들이 많습니다. 필자는 분명히 말할 수 있습니다. 인간의 불행은 인간의 노력으로 해결할 수 없습니다.

니이체는 '신은 죽었다'라고 했습니다. 그러나 신은 죽지 않았고 나중에 니이체가 죽었습니다. 그것도 정신병원에서 하나님을 찾으며 좁은 방에서 돌다가 죽었습니다. 모파상은 글만 쓰면 하나님을 욕하다가 그 역시 정신병원에서 죽었습니다. 훼밍웨이는 총으로 자살을 했습니다. 마를린 먼로는 수면제를 먹고 자다가 죽었는데 자살했다고 보는 사람들도 많이 있습니다. 지금도 자살로 인생을 끝내는 사람들이 많습니다. 이들에게 복음을 전하고 생명의 말씀과 성령으로 치유해야 정상으로 회복이 됩니다. 개척 교회는 무엇보다도 마음과 정신을 치유할 수 있는 성령의 역사를 일으켜야 자립성장을 할 수 있습니다.

5) 미신이나 종교에 빠져 영적으로 고통 당하고 있는 사람들도 많습니다. 무당에게 가서 점을 치는 집사가 있다고 합니다. 아니 권사도 있다고 합니다. 사람은 모두 장래를 알고 싶어 하기 때문입니다. 하나님은 내일 일을 염려하지 말라고 했습니다. 사람은 육적인 존재인 동시에 영적인 존재입니다. 그런가 하면 무당이 딸을 고치기 위하여 개종한 경우도 있습니다.

둘째, 개척 교회가 자립하며 성장하기 위해 성령으로 치유하는 목회를 하라. 성도들이 하나님의 나라가 되게 하라는 것입니다.

1) 우리들이 구원받고 난 후 치유를 받아야 하는 이유는 이렇습니다.

(1) 우리가 예수를 믿을 때(새신자) - 영적으로나, 정신적으로나, 육신적으로 건강한 상태에서 예수님을 영접한 것이 아니라, 이미 병들대로 병들어있는 상태에서 예수를 믿었기 때문입니다.

① 영적인 문제: 영적문제가 이미 올만큼 온 상태에서 예수를 믿은 것입니다. 정신과 의사와 심리학자를 찾아가도 안 되었고 많은 약을 먹어도 치유가 안 된 상태에서 마지막으로 누군가가 "예수 한번 믿어봐라!"고 권해서 예수를 믿은 분들도 있을 것입니다. 예수 믿는 순간에 우리가 하나님의 자녀가 되고 성령이 내주하는 것은 사실이지만, 우리의 잘못된 습관이 하루아침에 바뀌는 것이 아니기에 우리에게는 치유되어져야 할 것들이 많이 있습니다. 다시 말해서 우리는 예수님을 믿을 당시에는 완전 병든 상태였습니다. 심각한 영적인 문제. 심지어는 악몽에 시달리거나 불면증에 시달리거나 불안과 두려움과 공포 속에 잡혀있는 상태에서 예수를 믿은 것입니다.

② 심각한 정신적인 문제: 이미 판단력이 흐려져서, 무엇이 옳고 그른지 구별 할 수도 없고, 정신이 혼미해져 무엇이 진리고 비진린지?, 무엇이 참 하나님이고, 거짓 신인지 이것을 구별할 힘이 없습니다. 우리가 예수님을 믿기 전에 정신적인 부분에도 많은 문제가 왔습니다. 그래서 여러 병원을 찾아가 보기도 하고 이 사람 저 사람 찾아가기도 하고 자신의 정신적인 문제를 해결하기 위하여 약도 먹어보고, 유명하다는 사람을 만나서 상담도 하고 치유도 받기도 하고 또 최면술에 빠져서 전생을 왔다 갔다 하는 이런 사람들이 많이 있습니다. 이런 가운데 우리가 예수를 믿었습니다.

③ 육신의 질병: 육신의 질병도 마찬가지 입니다. 그렇기 때문에 예수님을 믿자마자 반드시 되어져야 할 것이 영육의 치유입니다. 치유가 되지 않으면 우리는 계속 실패 할 수밖에 없습

니다. 개척교회는 이런 성도들을 치유할 수 있는 성령의 역사가 있어야 합니다.

(2)기존신자들이 가지고 있는 문제들이 많습니다.

① 교회를 오래 다닌 사람일 수 록 상처로 고생하는 분들이 많습니다. 이 분들이 영혼이 만족하지 못하니 교회에 정착하지 못하고 방황하는 분들이 많습니다. 이분들을 치유하여 하나님의 나라가 되게 해야 정착을 하여 일꾼이 되는 것입니다. 순종을 잘하는 성도가 됩니다. 영혼이 만족하니 정착하는 것입니다. 개척목회자는 이런 성도를 생명의 말씀을 전하여 성령으로 세례를 받게 하고 무의식과 잠재의식에 있는 상처를 치유할 수가 있어야 합니다. 이는 어렵게 생각할 필요가 없습니다. 자신이 먼저 생명의 말씀과 성령으로 치유를 받으면 성령님과 인격적인 관계가 됨으로 성령께서 성도들의 무의식과 잠재의식을 치유하시는 것입니다. 먼저 자신이 성령으로 세례를 받고 내면의 상처와 자아와 영적인 문제를 치유하고 영육의 병을 치유하여 마음 안에 하나님의 나라가 견고하게 구축되면 됩니다. 자기가 되는 것이 먼저입니다. 자기가 되면 모든 것이 성령께서 하십니다.

② 잘못된 신앙이 사상화 되어 있는 사람들이 많이 있습니다. 성경적인 신앙도 아니고 복음적인 신앙도 아니며, 이상하게 어디서 듣고 배운, 전혀 말씀 중심적인 신앙도 아닌 잘못된 신앙관을 성경적인 신앙관으로 오해하고 붙잡고 있는 사람들이 많습니다. 자신만 인정하는 신앙을 고집하는 성도들이 있습니다. 참 복음을

전해도 참 복음이 들어가지를 않는데 이는 잘못된 고집과 잘못된 편견이 먼저 들어가 있기 때문입니다. 그러니 참 복음을 전하여 예수가 그리스도라고 말을 해도 알아듣지를 못하는 것입니다. 지금 기존신자들 중에서는 잘못된 신앙관을 가진 사람들이 굉장히 많습니다. 복음적이지 못하고 성경적이지 못하며 하나님의 말씀과는 너무 동 떨어져 있으면서도 자기들의 신앙이 옳다고 말하는 사람들이 굉장히 많이 있습니다.

③ 자기중심적인 신앙사상을 가진 사람도 있습니다. 과거부터 들어오고 자기 신앙화된 것 외에는 받아들이지를 않습니다. 자신이 하지 못하는 은사 같은 것은 아예 다 잘못된 것이라고 접근도 안 합니다. 그러니 성령의 역사가 일어나자도 않고, 또 받아들이지도 않으니, 문제가 해결되지 않고, 더 묶여만 가는 것입니다. 치유에 대하여 바르게 알고 싶은 분은 "기적치유"와 "신유은사사역 달인이 되자" "귀신축사 차원 높게 하는 법"을 읽어보실 것을 권면 드립니다.

(3)치유에 눈을 떠서 차별화된 목회를 해야 하는 이유

① 우리가 치유되지 않으면 실패합니다. 언약의 백성이 되었지만 우리의 삶이 바뀌지지 않고 우리의 불신앙적인 체질이 바뀌지 않으면 우리는 성공할 수가 없고, 하나님의 자녀가 되었지만 실패하는 삶을 살수밖에 없습니다. 성공하고 싶은 욕망만 있을 뿐이지 우리의 삶이 성공이 되지를 않는 것이 보통입니다. 위대한 기독교 교육학자 루이스 쉐리는 '날이면 날마다 하나님의 말씀 앞에 자신을 직면시켜야 된다.'고 말했습니다. 사람을 의식하는

것이 아니라, 하나님의 말씀을 내 마음에 들여야 한다는 뜻으로, 하나님의 말씀이 내 삶을 바꾸고, 하나님의 말씀을 통하여 나의 생각을 바꾸고, 하나님의 말씀이 내 몸속에 들어오므로 인하여 내 행동이 바꿔져야한다는 것입니다. 우리는 날마다 말씀에 직면해야 하고 말씀가운데 살아야 됩니다. 그것이 성공할 수 있는 비결입니다. 우리에게는 많은 영적인 문제, 정신적인 문제, 육신의 문제로 인하여 고민하는 사람들이 있을 것입니다.

치유 받는 길은 간단한데 그것은 말씀이 우리 안에 받아들여지고 성령이 역사하면 영-혼-육이 치유 받게 됩니다. 그런데 말씀이 받아들여지지 않으니까 치유가 안 되고, 치유가 안 되니까 실패하는 것입니다. 어떤 분이 "그리스도가 다 치유하셨는데 치유 사역이 무슨 필요가 있는가?"라고 하셨는데 아마 그 분은 늘 하늘나라에서 사시는 것 같습니다. 내 자신이 비록 하나님의 자녀가 되었지만 아직 남아있는 영적인 문제, 남아있는 습관적인 문제, 세상적인 문화에 이기지 못한 여러 가지 이상한 사상과 생각들, 이것이 치유되어지기 위해서 지금 그리스도가 필요합니다.

우리에겐 죽을 때까지 그리스도가 필요합니다. 주님이 말씀하시기를 "건강한 사람에게는 의원이 쓸데없다"고 하셨습니다. 우리는 하나님의 자녀가 되었지만 병든 사람입니다. 우리는 정말 그리스도가 필요합니다. 병든 자에겐 천지를 창조하신 하나님 그분의 독생자 예수그리스도, 지금도 말씀가운데 역사하는 그 하나님의 아들 예수그리스도가 오늘 나에게 필요합니다.

② 치유 받지 않는 사람은 하나님의 영광을 위하여 살 수 없습

니다. "땅이 그 위에 자주 내리는 비를 흡수하여 밭가는 자들의 쓰기에 합당한 채소를 내면 하나님께 복을 받고 만일 가시와 엉겅퀴를 내면 버림을 당하고 저주함에 가까와 그 마지막은 불사름이 되리라(히6:7-8)" 치유 받고 변화된 삶을 사는 사람이 삶을 통하여 하나님께 영광을 돌리는 것입니다. 내 삶을 통하여, 나의 생각을 통하여, 나의 육신을 통하여, 나의 몸을 통하여 주님 홀로 영광 받게 하시기 위해서 치유 받아야 합니다.

③ 사단의 종노릇하기 때문에 꼭 치유 받아야 합니다. "너희 자신을 종으로 드려 누구에게 순종하든지 그 순종함을 받는 자의 종이 되는 줄을 너희가 알지 못하느냐 혹은 죄의 종으로 사망에 이르고 혹은 순종의 종으로 의에 이르느니라(롬6:16)" 하나님의 자녀인 우리가 왜 사단의 종노릇하느냐? 우리는 사단의 종이 아닙니다. 예수 믿는 우리가 사단의 종이 될 수가 없습니다. 그런데 가끔 우리는 사단의 종노릇 할 때가 있습니다.

종하고 종노릇하는 것은 다릅니다. 우리는 하나님의 자녀입니다. 더 좋은 말로 하나님의 나라 백성이고 하나님의 자녀입니다. 그런데 하나님의 종인 우리가 사단의 종노릇을 하는 것은 자신의 삶이 바꿔지지 않고, 고정관념이 바꿔지지가 않으며 내 삶을 털어내지 못하니깐 사단의 종노릇하게 되는 것입니다. 이것을 빨리 바꿔야 합니다. 사단의 종노릇하고 계신 분이 있다면, 그 부분을 붙잡고 기도하기 바라고 그 부분에 응답받기를 바랍니다. 우리는 하나님의 자녀임에도 가끔 사단의 종노릇하고 그래서 우리는 반드시 치유 받아야 되는 것입니다.

셋째, 치유목회에 있어서 중요한 것

1)치유가 될 수 있는 메시지, 즉 생명의 말씀입니다. ① 복음적인 메시지여야 합니다. 신유에는 신유의 말씀을 전해야 합니다. 체험적인 말씀을 전하려고 해야 합니다. 그래서 차별화된 목회를 하려면 체험해야 합니다. ② 메신저가 확신을 가지고 전해야 합니다. 체험이 있어 확신하며 전하는 말씀에 역사가 나타납니다. ③ 영적인 분위기가 중요합니다. 성령의 세례와 성령의 임재가 있어야 합니다. 성령의 임재를 유지하면서 치유해야 합니다. 메시지를 계속 들을 수 있는 분위기가 준비되지 않으면 치유가 안됩니다. 치유는 하나님과 관계가 열려야 합니다. 성령님께서 보증하여 주어야 한다는 말입니다.

2)지속해야합니다. 하루 이틀에 되지를 않습니다. ① 환자와 보호자와 사역자가 함께 노력을 해야 합니다. ② 환자보다 더 중요한 것은 사역자입니다. 사역자의 열성과 의지가 중요합니다. 사역자가 가지고 있는 개인적인 문제로 인하여 사역이 안 되는 경우가 있습니다. 성령으로 찾아서 해결해야 합니다. 차별화된 목회를 하려고 하면 자신을 먼저 준비해야 합니다.

3)사역할 때 관찰해야 할 것이 있습니다. ① 환자의 문제가 무엇인지 발견해야 합니다. 원인이 무엇인지 알아야 합니다. 원인없는 문제는 없습니다. 성령님께서 알려주십니다. ② 인격적인 문제를 도와주면서 성령의 역사로 사단의 세력을 꺾어야 합니다. 문제의 뒤에는 반드시 귀신이 있습니다. 성령님이 함께 하시지 않으면 사역을 할 수가 없습니다. ③ 그러면서 마16:13-20"18

절 또 내가 네게 이르노니 너는 베드로라 내가 이 반석 위에 내 교회를 세우리니 음부의 권세가 이기지 못하리라"의 답이 나와야 합니다. 성령님이 함께 헤야 한다는 말입니다. ④ 그리고 분명한 믿음이 있어야 합니다. 하나님이 하신다는 믿음이 있어야 합니다. 치유는 하나님께서 하시는 것입니다. 절대로 사역자가 하는 것이 아닙니다. 사역자는 성령의 음성을 들으면서 성령께서 지시하는 대로 순종하면 성령께서 고치는 것입니다. ⑤ 이때 그리스도의 능력으로 변화의 역사가 일어납니다. 성령의 역사가 일어나야 성령님이 함께하신다는 보증입니다.

넷째, 근본 치유를 위한 활동: ① 영적인 질병의 치유, 귀신의 영향을 받는 자의 치유. ② 마음의 상처치유. 정신적인 질병의 치유. ③ 병든자 치유를 망라해야 합니다. 1:1일 사역을 할 수 있는 권능이 있어야 합니다.

1) 개척목회자 자신이 먼저 치유: 치유 받은 치유 사역자가 되어야 합니다. 반드시 개척 목회자는 치유가 되어야 합니다. 차별화된 목회를 하지 않으면 자립성장이 어렵습니다.

2) 1:1 말씀 교육 후 치유: 전도된 인원 양육할 때 치유를 병행하는 것입니다. 자신이 변화되는 것을 눈으로 보고 믿을 수가 있습니다. 성도가 치유되어야 자신을 자랑하며 전도할 수 있습니다.

3) 예배 후 잔류하여 치유: 치유를 하되 다른 사람들이 보는 앞에서 사역하지 알아야 할 것입니다. 수치심이 생깁니다. 그래서

교회를 떠날 수도 있습니다. 정말 명심해야 합니다. 아무도 모르게 살짝 치유하는 것입니다. 좋은 방법은 모두 기도하는 시간에 돌아다니면서 치유하는 것입니다.

4) 정기 치유 집회로 치유: 주중 한 날을 정하여 치유집회를 열라는 것입니다. 밤도 좋고 낮도 좋습니다. 일주일에 하루라도 정기적으로 하는 것이 좋습니다. 낮이나 밤을 구분 말고 성도들이 많이 모일 수 있는 시간을 선택하여 하면 됩니다. 집회를 통하여 목회자의 영성이 깊고 강해집니다. 담대하게 실행하기 바랍니다. 성령께서 보증하여 주십니다. 깊은 문제는 집중치유하는 날을 정하여 치유하면 됩니다.

5) 새벽 예배 때에 안수 기도: 안수를 받고자 하는 분은 앞으로 나와 앉게 하여 사역하는 것입니다. 나온 인원들을 치유를 간구하며 가볍게 안수하세요. 치유 받겠다는 사모함과 믿음으로 나왔으니 치유가 잘 됩니다.

6) 필요하면 주일 낮 예배시도 앞으로 나오라고 해서 간단하게 안수하세요. 교인이 150명까지는 일일이 안수할 수 있습니다. 필자는 200명이 되더라도 주일날 일일이 안수 할 것입니다. 필자의 교회는 주일날도 40-50분간 기도하면서 안수를 합니다. 성령 충만해지고 질병과 상처가 치유되어 성도들이 선호합니다.

7) 필요하면 전문 치유기관에 보내는 것입니다. 자기가 치유하려다가 치유시기를 놓칠 수도 있습니다. 개척교회가 성령치유 집회 치유 안수기도를 하면 재정이 풀어져서 유리합니다. 필자의 교회개척 체험은 개척교회는 성령으로 영적인 전쟁을 해야 재정

이 풀어집니다. 교회 성장을 위하여 개인을 치유하여 성전을 만드시기를 바랍니다. 세상이 병들고 가정이 병들었습니다. 이러니 치유가 시급합니다. 이런 현장을 위하여 하나님이 우리를 치유 사역자로 부르셨습니다. 준비를 잘하여 이 부름에 잘 응답하는 우리가 되기를 바랍니다. 모든 개척교회들이 자립하며 성장하는 것이 하나님의 간절한 소망이십니다.

예수님은 사도행전 19장에 나오는 아볼로 같은 목사가 필요하지 않습니다. 예수님과 같이 성령으로 교통하면서 예수님께서 공생애에 하셨던 이 땅에 하나님의 나라를 건설할 일꾼이 필요한 것입니다. 강력한 능력을 이끌어내어 주님의 일꾼이 되려면 주인의 말을 잘 듣고 순종해야 합니다. 예수님과 같은 영성이 되어야 합니다. 예수님과 같은 영성을 준비하시기를 바랍니다.

교회개척도 그렇습니다. 자기 생각대로 교회만 개척하면 되는 것이 아닙니다. 예수님이 친히 성령으로 목회하시는 교회가 되려고 해야 합니다. 예수님이 공생애에 하셨던 사역을 해야 합니다. 목회자가 예수님과 관계가 열려서 성령으로 주님의 음성을 들어야 합니다. 목회는 예수님의 일입니다. 절대로 사람이 할 수가 없습니다. 하나님과 관계가 열려야 목회하면서 방황하지 않습니다. 먼저 자신이 하나님의 나라가 되어야 한다는 것입니다. 분명하게 예수님은 "내가 진실로, 진실로 너희에게 이르노니 나를 믿는 자는 내가 하는 일을 그도 할 것이요, 또한 그보다 큰일도 하리니 이는 내가 아버지께로 감이라"(요 14:12). 말씀하셨습니다.

2부 성령님의 인도와 훈련에 순종하라.

6장 성령을 바르게 알고 장악되려고 하라.

(행10:38)"하나님이 나사렛 예수에게 성령과 능력을 기름 붓
듯 하셨으매 그가 두루 다니시며 선한 일을 행하시고 마귀에게
눌린 모든 사람을 고치셨으니 이는 하나님이 함께 하셨음이라"

목회자는 무엇보다도 성령에 대하여 잘 알고 체험해야 합니
다. 모든 영적인 일이 성령으로 시작하여 성령으로 끝나기 때문
입니다. 성령을 체험하려고 노력해야 합니다. 제가 독자들에게
도움이 될 것 같아서 제가 지금까지 성령사역을 하면서 나름대
로 이론을 터득하고 체험한 바를 정리하여 저 나름대로의 견해
를 기록합니다. 이는 전적으로 저 개인의 견해라는 것을 미리 말
해 둡니다. 교리화 되어 정립된 것이 절대로 아닙니다.

첫째, 성령의 세례. 사도 베드로께서는 예루살렘에 올라갔을
때, 고넬료가 믿게 된 사실을 말씀하면서 "제가 말을 시작할 때
에 성령이 저희에게 임하시기를 우리에게 하신 것과 같이 하는
지라. 제가 주의 말씀에 요한은 물로 세례를 주었으나 너희는 성
령으로 세례를 받으리라 하신 것이 생각났노라"(행 11:15,16)
고 하셨습니다. 이것은 자신이나 고넬료에게 있어서 성령의 세
례가 최초성을 가지고 있음을 설명한 것이었습니다.

사도 바울께서 "주의 이름을 불러 세례를 받고 너의 죄를 씻으

라"(행 22:16)고 하신 말씀과 "주 예수 그리스도의 이름과 우리 하나님의 성령 안에서 씻음과 거룩함과 의롭다 하심을 얻었느니라"(고전 6:11)고 하신 말씀을 비교해 보면, 우리는 성령의 세례에 정결성이 있음을 봅니다. 또 사도 바울께서는 고전 12:13에서 "다 한 성령으로 세례를 받아 한 몸이 되었고, 또 다 한 성령을 마시게 하셨다"고 하심으로서, 성령 세례의 보편성에 대해 말씀했습니다. 우리는 성경에 성령의 세례를 받으라는 명령이 없는 사실과, 한 번 성령의 세례를 받았던 사람이 다시 받았던 예도 없었던 사실을 통해, 성령의 세례가 하나님의 주권성과 단회성을 가지고 있음을 알게 됩니다.

성령께서 하시는 사역 중에서 이러한 특성들을 가지고 있는 것은 오직 회심과 중생뿐입니다. 그러므로 우리는 성령의 세례란, 죄인을 회심시켜 중생케 하시는 성령의 사역을 의미한다고 보아야 합니다. 그래서 성령의 세례를 제가 지금까지 성령사역을 하면서 체험한 바를 요약해서 설명하면 이렇습니다. 물세례는 목사님들이 예수님의 위임을 받아 베풀고 있습니다. 그러나 성령의 세례는 그러한 인간 제도를 통해 주어지는 세례가 아닙니다. 성령의 세례는 영적인 세례입니다.

눈에 보이지 않는 신령한 질서를 따라 주어지는 은총의 세례입니다. 이 성령의 불세례는 인간 집례 자가 베풀 수 없습니다. 오직 하늘에 계신 예수님이 베풀어 주십니다.

살아계신 성령 하나님이 자신을 장악하여 죄악을 씻어내고 새 사람으로 거듭나게 합니다. 그러기 때문에 성령의 세례는 모든 성도에게 베풀어지지 않는 것입니다. 그러나 우리 예수님은 우리 모든 성도들이 이 성령의 세례를 받아 성령이 충만하여 기쁨이 넘치는 승리의 삶을 살길 원하십니다. 성령세례의 의미에 대해서는 교단마다 또 교회마다 또 개인에 따라서 달라지기 때문에 이것이 성령세례입니다 하고 말씀드리기는 조금 어려운 단어입니다. 일반적으로 성령세례는 두 가지 의미로 쓰인다고 봅니다.

1) **성령의 내주하심이다.** 우리가 예수님을 믿게 되면 성령께서 우리 안에 들어오셔서 우리와 함께 동행하시게 되는데 이것을 성령이 내주하심이라고 합니다. 또한 이것은 성령 세례입니다. 바로 우리가 예수님을 믿고 하나님의 자녀가 됨으로 말미암아 성령과 연합되는 것입니다. 성령으로 거듭난다는 뜻이 바로 우리가 예수님을 믿음으로 하나님의 자녀가 되는 사건을 의미하는 것입니다. 이런 경우 성령세례란 우리의 일생에 딱 한번 있는 단회적인 사건이 되는 것입니다.

2) **우리가 예수님을 믿고 나서 특별한 경험을 하는 경우가 있다.** 성령의 특별한 역사로 말미암아 뼛 속까지 회개하는 경험도 하게 됩니다. 방언을 받게 되는 경우도 있고 성령과 친밀한 교제를 하게 되는 경우도 있습니다. 하늘의 권능을 받는 것입니다. 권능있는 삶을 살아가는 계기가 됩니다. 이런 경험을 성령세례라고 칭하는 경우도 있습니다. 이런 경우 성령세례란 우리의 일생에 한번 체험할 수 있는 사건이 될 수 있습니다. 성령의 세례를 체험하고 나면 성령에 강하게 사로잡힐 때마다 성령의 역사를 체험하게 된다는 뜻입니다. 이것을 저는 성령의 불세례라고

합니다. 성령의 세례는 단회적인 사건이고 성령의 불세례는 여러번 경험하게 되는 사건이라는 것입니다.

둘째, 성령의 불세례. 많은 목회자나 성도들이 성령세례와 성령의 불세례, 그리고 성령의 충만에 대한 견해를 세상 논리와 같이 선을 딱 그어서 이해를 하려고 합니다. 그러나 앞에서도 여러 가지로 견해들을 설명 했지만, 선을 딱 그어서 설명이 곤란합니다. 여기에는 여러 신학적인 견해가 다르기 때문입니다. 그리고 성령님이 초자연적으로 역사하는 것을 사람이 명확하게 설명한다는 것에는 한계가 있기 마련입니다. 그래서 성령에 대한 여러 책들이 나오는데 명확하게 선을 그어서 설명한 책이 없습니다. 모두 두루뭉술하게 설명하고 지나가기 마련입니다.

때문에 자신이 성령을 체험하여 나름대로 신학적인 이론에 대입하여 정립하는 수밖에 도리가 없습니다. 지금 이글을 쓰는 제가 성령 사역을 하면서 나름대로 체험한 견해는 이렇습니다. 이것은 전적으로 본인의 견해이지 신학적으로 규정화된 논리가 아니라는 것을 밝혀둡니다. 세상에서 살아가던 사람이 어느 계기가 되어 성령의 인도로 예수를 영접합니다. 예수를 영접하면 성령이 그 사람의 영 안에 내주하게 됩니다. 이는 그 사람의 영 안에 내주하는 것이지 성령으로 장악된 것은 아닙니다.

쉽게 말하면 성령이 오시기는 했지만 아직 그 사람을 장악한 것이 아닙니다. 그러나 미약하지만 성령의 인도를 받게 됩니다. 한 마디로 성령이 그 사람을 인도하며 성도를 만들어가는 것입니다. "너희는 주께 받은바 기름 부음이 너희 안에 거하나니 아무도 너희를 가르칠 필요가 없고 오직 그의 기름 부음이 모든 것을 너희에게 가르치며 또 참되고 거짓이 없으니 너희를 가르치신 그대로 주 안에 거하라."(요일 2:27). 이렇게 성령의 인도를 받게 되면 여러 가지로 영적인 궁금증이 생기고 영적인 체험을 하고 싶게 됩니다.

궁금증을 해결하려고 이곳저곳에 은혜를 받으러 다니다가 성령의 세례를 받게 됩니다. 그러므로 영적인 궁금증이 생기면 이를 해결하려고 의지적인 노력을 해야 하는 것입니다. 이는 성령이 주시는 감동이기 때문입니다. 그렇지 않고 성령이 주시는 감동을 무시하면 영적으로 깊어지지를 못합니다. 이것이 바로 앉은뱅이 신앙입니다. 예수님이 요단강에서 세례요한에게 물세례를 받자 하늘이 열리고 성령이 비둘기 같은 형상으로 임했습니다. 그리고 성령의 인도로 광야에 가셔서 사십일을 금식하시면서 마귀의 시험을 받으셨습니다.

세 번의 시험을 성령이 주시는 하나님의 말씀으로 물리치자, 천사들이 수종을 들었습니다. 천사의 수종을 들으며 회당에 나가 말씀을 증거 할 때 성령의 역사가 강하게 나타났습니다. 이로 보아 저는 이 말씀을 이렇게 이해를 합니다. 성도는 예수를 믿고 성령으로 세례를 받고 성령의 인도를 받으며 마귀와의 싸움을 해야 한다는 것입니다. 그래서 성령의 세례는 일회적인 것입니다. 성령으로 세례를 받을 때 자신이 체험적으로 압니다.

성령은 살아있는 하나님의 영이시기 때문에 자신을 장악할 때 사람마다 다른 현상이 나타납니다. 분명하게 성령이 자신에게 오셨다는 것을 본인이 알게 되는 것입니다. 예를 든다면 방언이 터진다든지, 진동을 심하게 한다든지, 땀을 흘린다든지, 등등 각각 사람의 형태에 따라 다르게 나타납니다. 성령의 세례를 받으면 하나님의 권능이 임하는 것입니다. 성령의 권능이 임하니 지금까지 자신에게 역사하던 마귀와 영적인 전쟁을 시작하게 됩니다. 하나님은 성도가 영적인 전쟁을 하도록 성령의 권능을 부어주십니다. 이것이 성령의 불세례입니다. 제가 지금까지 체험한 바로는 성령의 불세례를 강하게 받는 사람은 첫째로, 제거되어야 할 육성이 강한 사람입니다. 육성이 강하기 때문에 마귀의 역사도 강한 것입니다. 강한 마귀를 제압하기 위하여 성령의 강한 불세례가 나타저는 것입니다. 성령의 강한 불로 태워야 할 육성이 강하다는 것입니다. 또 마귀와의 보이지 않는 영적인 전쟁이 강하기 때문에 더 뜨거움을 느끼는 것입니다. 제가 지금까지 성령 사역을 하면서 경험한 바로는 영적으로 혼탁한 성도들이 성령의 불세례를 더 뜨겁게 받습니다.

둘째로, 앞으로 강한 영적인 군사로서 하나님에게 쓰임을 받을 사람입니다. 한마디로 엘리야와 같이 강한 영적인 전쟁을 할 하나님의 군사라는 말입니다. 강한 마귀의 역사를 몰아내려니 하나님이 강한 성령의 불세례를 주시는 것입니다. 그러므로 뜨거운 성령의 불세례를 받았다고 좋아할 필요도 없고, 성령의 불세례를 미약하게 받았다고 섭섭하게 생각할 필요가 없습니다. 성령은 인격이시기 때문에 각각 사람의 필요에 따라서 성령의 불세례를 주십니다. 그리고 받아들이는 성도의 인격에 맞게 성령의 불세례를 주시고, 느끼게 하는 것이기 때문입니다.

성도가 영적인 전쟁을 하는 기간이 길어지면 성령의 불세례를 오래 체험을 하게 됩니다. 또, 앞으로 자신이 감당해야 할 하나님의 사역이 크면 영적인 전쟁을 하는 기간이 길어지고 불세례도 강하고 길고 오래 받는 것입니다. 어느 정도 영적인 전쟁을 하여 성령님이 그 사람을 장악하게 되면 전에 받았던 성령의 불세례와 같은 뜨거운 불세례를 경험하지 못하는 것이 보통입니다. 그렇다고 자신이 완전하게 영적으로 변했다고 방심하면 안 됩니다. 어디까지나 사람은 육성을 가지고 있기 때문에 성령세례를 받고, 성령의 인도를 받으며, 성령님의 강한 불세례로 육성에 역사하던 마귀가 일시적으로 떠나기는 했습니다.

그러나 마귀가 세상 끝날 때까지 떠난 것이 아닙니다. 이렇게 강한 영적 체험을 한 사람도 육성으로 돌아가면 가차 없이 마귀가 침입하게 됩니다. 그래서 사람은 약하다는 것입니다. 이렇게 성령의 불세례를 체험한 성도는 성령의 인도를 받으려고 의지적인 노력을 할 수 밖에 없습니다. 성령이 강하게 감동하기 때문입니다. 항상 기도하게 됩니다. 성령이 기도하도록 하기 때문입니다. 기도할 때 성령으로 충만하게 되는 것입니다. 그리고 세상을 멀리하는 것입니다. 성령께서 자연스럽게 세상이 싫어지게 하십니다. 기도할 때 성령의 레마도 듣게 됩니다.

레마를 듣고 행동에 옮길 때 보이는 역사가 나타저는 것입니다. 그래서 기도는 성령으로 깊은 영의기도를 해야 한다는 것입니다. 성령이 기도하게 하는 것입니다. 제가 지금까지 성경을 통해 깨달은 영적인 원리와 성령사역을 하면서 체험을 종합하면 성령세례와 성령의 불세례와 성령의 충만은 이렇게 요약하여 설명을 할 수가 있습니다. 그러므로 성도는 성령세례를 받았다고 다된 것이 아니라는 것입니다. 또 성령의 불세례를 받았다고 다된 것도 아닙니다. 항상 하나님에게 집중하며 살아야 합니다.

그러기 위해서 성령의 인도 하에 성령으로 기도하며 세속을 멀리하고, 깊은 영의기도를 해서 성령으로 충만해야 자신의 영을 자신이 지킬 수가 있는 것입니다. 저는 이렇게 말하고 싶습니다. "하나님은 항상 성도를 겸손하게 하십니다. 조금도 세상으로 한눈을 팔지 못하게 하십니다. 하나님만 바라보게 하십니다. 그래서 모세를 사십년간 광야 훈련을 시켰습니다." 저는 항상 이렇게 생각하며 하나님만을 바라보고 있습니다.

셋째, 성령의 충만. 성경에는 브사렐(출 31:3), 여호수아(신 34:9), 세례 요한(눅 1:15), 엘리사벳(눅 1:41), 사가랴(눅 1:67), 오순절에 다락방에 모였던 제자들(행 2:4), 베드로(행 4:8), 바울(행 9:17), 스데반(행 6:5), 바나바(행 11:24) 등 성령에 충만했던 사람들이 많이 등장합니다. 브사렐의 경우는 성령께서 그에게 회막을 만들 수 있는 특별한 재능을 주셨음을 의미하기에 성령의 일반사역과 관계가 있습니다. 그러나 다른 경우들은 모두 영적인 의미, 즉 성령의 특별사역과 관계되어 있습니다.

그러므로 성령의 충만은 일반적으로 성령의 특별사역과의 관계에서 사용되는 말이 되었습니다. 성령의 세례는 죄 씻음을 하고 인을 치려고 하는 목적을 가지고 있습니다. 그러나 성령의 충만은 두 가지의 목적, 즉 도덕적 개선이 있는 생활과 효과적인 사역의 감당이라는 목적을 가지고 있습니다. 성령의 충만한 생활이란 어떤 이적적인 현상을 경험하는 생활만을 의미하지 않습니다. 성령의 충만이란, 성령에 사로잡혀서 성령께서 원하시는 대로 성령의 지도를 따라 사는 생활, 즉 날마다 죄를 멀리하고 그리스도의 장성한 분량에 이르도록 거룩하게 사는 것이 그 핵심적인 의미입니다. 성령의 세례나 성령의 불세례를 받은 사람도 도덕적인 면에서는 많은 결점을 가지고 있습니다.

따라서 성령의 불세례를 받은 사람도 성령의 충만함을 받아서 더욱 거룩해져야 할 필요가 있습니다(고전 3:1-4). 성령의 충만한 사람에게서는 이적적인 현상들이 나타날 수도 있습니다. 그러나 그 이적적인 현상은 성령 충만의 본질적인 요소가 아니라, 단지 부수적인 요소에 불과합니다. 본질적인 요소는 도덕적인 변화, 즉 죄를 멀리하고 더욱 거룩해져 가는 성화(聖化)의 삶입니다. 말씀의 진리를 깨닫는 것입니다. 스데반과 바나바의 성령 충만 경우가 이 사실을 잘 말해줍니다.

성령의 충만은 특별한 사역이나 봉사를 효과적으로 감당케 하기 위한 목적에서 나타나기도 합니다. 예를 들어, 사도 베드로는 성령에 충만했기 때문에, 적개심과 성경 지식으로 가득한 관원과 장로와 서기관들 앞에서 정상적인 상태에서는 기대하기 어려울 정도의 용기와 성경 지식으로 담대하게 복음의 진리를 말할 수 있었습니다(행 4:8). 사도 바울은 성령에 충만했기 때문에, 지혜가 뛰어난 총독 서기오 바울 앞에서 예언을 하고, 그를 믿게 만들었습니다(행 13:9).

엘리사벳은 성령에 충만했기 때문에, 마리아의 배 안에 있는 예수님을 알아보고 예언을 할 수 있었습니다(눅 1:41). 성령에 충만하게 되면, 누구라도 지혜와 용기와 능력 등을 가지고 주님을 섬기는 사역(봉사)에 효과적으로 임할 수가 있습니다. 그러기 때문에 사도 바울께서는 에베소 교회를 향하여 "성령의 충만함을 받으라."고 명령하셨습니다(엡 5:18).

성령의 충만은 모든 성도에게 필요한 것입니다. 그러나 모든 성도들이 동일한 수준의 충만함에 도달해 있는 것은 아닙니다. 또 성령의 충만을 받은 사람의 경우에도, 그 충만함의 정도가 시간이나 장소에 따라 차이가 있을 수 있습니다. 때로는 성령이 충만했던 사람이 충만함에서 멀어진 나머지, 성령을 소멸하고 성령을 근심케 하는 일이 생길 수 있습니다. 성령의 세례는 단회적인 것입니다. 성령의 불세례는 반복적이고 일시적이며 개별적인 성질을 가지고 있습니다. 그러나 성령의 충만은 지속적이고 개별적인 성질을 가지고 있습니다. 그러기에 우리는 날마다 성령의 충만을 위해서 의지적인 노력을 해야 합니다. 늘 성령으로 충만 하려고 의지적인 노력을 해야 한다는 것입니다.

넷째, 성령의 기름부음. 성령의 기름부음은 하나님께서 우리를 쓰시기 위해서 하나님의 능력을 부어주시는 것을 말하는 것입니다. 목사님에게 성령의 기름부음이 있어야 지혜와 명철로 교회를 바른길로 이끌어 가실 것입니다. 성령의 기름부음이 있어야 말씀의 능력이 나타저는 것입니다. 또한 성도들에게도 성령의 기름부음이 있어야 전도의 능력이 나타나고 삶 가운데서 악한 영과 싸워 이길 수 있는 것입니다. 성령의 충만=성령의 기름 부으심입니다. 성령의 기름 부음은 성령의 능력들이 우리 가운데 임하심으로 하나님의 아름다운 사역들이 세워져 감을 말하는 것입니다.

앞에서도 제가 말씀드렸듯이 이런 용어들은 사전적인 의미가 아닙니다. 교단과 교회, 개인에 따라서 조금씩 다른 모습으로 쓰이기 때문입니다. 성령 세례와 성령 충만, 성령의 기름부음이 같은 의미로 쓰이기도 하고, 전혀 다른 의미로 쓰이기도 합니다. 저는 성령의 충만=성령의 기름 부으심이라고 합니다. 무엇보다도 교회의 지도자들께 여쭈어 본다면 그 교회에서 쓰이는 의미를 아실 수 있으리라 생각합니다. 교단마다 목회자마다 생각하고 이해하는 견해가 각각 다르기 때문입니다. 성령의 기름 부음이란 하나님에게 쓰임을 받는 증거로 주어지는 것입니다. 그러므로 기름부음은 하나님에게 쓰임 받는 일과 관계가 있는 것입니다. 우리는 성령의 세례도 받아야 하지만 하나님에게 쓰임을 받기 위해서는 성령의 기름부음을 사모해야 합니다.

다섯째, 성령은 받는 것인가, 나타나는 것인가?. 많은 분들이 성령의 불을 받는 다고 들었고, 또 성령의 불을 받으려고 여기저기 돌아다녔습니다. 결국에는 불을 받지 못했습니다. 성령의 불을 받는 것이 맞습니까? 아니면 내 안에 계신 성령으로부터 나타저는 것이 맞습니까? 이렇게 질문하는 분들이 있습니다. 물론 처음 한번은 성령의 불을 받아야 합니다. 다음부터는 내주하신 성령으로부터 불이 나와야 합니다. 성령의 불이 자신 안에서 나오도록 영성훈련을 해야 합니다. 성령이 역사하는 교회 시대인 지금은 성령을 받은 사람이 말씀을 전하고 기도할 때 임합니다. 이는 말씀을 전하는 사람의 심령에 임재 했던 성령이 나타난 것입니다. 성령은 먼저 성령세례를 받은 성도 안에 임재 하여 계십니다. 그리고 성령으로 세례 받은 성도들이 모인 장소에 임재 하여 계십니다. 성령으로 세례를 받은 목회자가 전하는 말씀 안에 임재 하여 계십니다. 그러므로 성령의 불은 성령으로 세례를 받은 성도의 마음속에서 나오는 것입니다. 그런데 아직도 많은 목회자나 성도가 성령의 불이 하늘에서 떨어지는 줄로 압니다. 저에게 질문을 많이 합니다. 목사님! 우리 교회에서는 성령의 불이 하늘에서 떨어진다는데, 왜 목사님은 성령 받은 성도의 심령에서 올라온다고 하십니까? 그래서 제가 잘 설명을 합니다. 지금 하나님은 예수를 영접한 성도의 마음 안에 계십니다. 예수님은 요한복음14장 20절에서 "그 날에는 제가 아버지 안에, 너희가 내 안에, 제가 너희 안에 있는 것을 너희가 알리라"하셨습니다.

고린도전서 3장 16절에서는 "너희는 너희가 하나님의 성전인 것과 하나님의 성령이 너희 안에 계시는 것을 알지 못하느냐"했습니다. 빌립보서 2장 13절에서는 "너희 안에서 행하시는 이는 하나님이시니 자기의 기쁘신 뜻을 위하여 너희에게 소원을 두고 행하게 하시나니"라고 하십니다. 이렇게 볼 때에 분명히 성령의 불은 내 안에서 나오는 것이 맞습니다. 하나님이 성도의 마음 안에 계시기 때문입니다. 성령의 불이 자신 안에서 나오는 것을 인정하지 않으면 이런 현상이 나타납니다. 밖에서 역사하는 불만 받으려고 하기 때문에 영의통로가 뚫리지를 않습니다. 왜냐하면 밖에다가만 관심을 집중하기 때문입니다. 내 안에 관심을 가져야 자신이 보이는데 밖에다가 관심을 두니 자신이 보이지 않는 것입니다. 그래서 밖에다가 관심을 두니 영의통로가 열리지를 않습니다. 영의통로가 막혀있으니 항상 갈급합니다. 성도는 심령에서 은혜가 올라와야 영의 만족을 얻을 수가 있습니다. 밖에서 들리고 보이는 것을 가지고 은혜를 받으려고 하니 항상 심령이 갈급한 것입니다. 교회나 은혜의 장소에 가서 말씀을 듣고 예배를 드릴 때는 은혜를 받은 것 같습니다.

그러나 마치고 돌아서면 허전합니다. 기도를 할 때도 마찬가지입니다. 기도를 하면 마음이 편안해지는 것 같습니다. 조금 지나면 심령이 갑갑해집니다. 밖에서 역사하는 성령의 불을 받아서 몸은 뜨거운데 마음은 평안하지 못합니다. 마음이 평안하지 못하니 성품이 변하지 않습니다. 남이 하는 조그마한 소리에도 참아내지 못하여 혈기를 냅니다. 성령의 불이 마음에서 올라오지 않으니 육체에 역사하는 세상신이 역사하기 때문입니다.

좀처럼 심령이 변하지 않으니 그리스도인으로서 본을 보이지 못합니다. 세상의 믿지 않는 사람들보다 더 악하고 혈기를 잘 냅니다. 이런 성도가 기도하는 것을 보면 거의 목에서 나오는 소리로 기도를 합니다. 기도할 때 나름대로 생각하기는 성령으로 충만하다고 생각하는데 절대로 그렇지 못합니다.

이런 성도가 밖에서 역사하는 성령의 불을 잘 받습니다. 밖에서 역사하는 불로 인하여 육체가 훈련되어 있기 때문입니다. 성령이 역사하면 뜨거움도 강합니다. 그러니 성령의 불을 받았다고 믿어버리는 것입니다. 마음속에서 불이 나오게 하지 않으니 육체에 역사하던 세상신이 떠나가지를 않습니다. 기도를 해도 세상신이 적응을 하여 같이 기도하면서 꼼짝도 하지 않습니다. 이런 분들의 모두가 이구동성으로 하는 말이 얼마 전에 어디에서 성령의 강한 불을 받았다고 합니다.

예를 든다면 이런 경우입니다. 제가 어느 기도원에 간적이 있었습니다. 기도 시간이 되었습니다. 강단에서 집회를 인도하시는 목사님이 성령의 불을 받아라! 불! 불! 불! 하니까? 어느 여성이 욱욱하는 것입니다. 제가 물었습니다. 왜~ 그렇게 몸을 움츠리면서 욱욱합니까? 그랬더니 이렇게 대답을 합니다. 강사 목사님의 성령의 불이 강하기 때문에 자기에게 그런 현상이 나타난다는 것입니다. 이는 잘못 이해한 것입니다. 우리 안에 역사하는 성령의 불은 밖에서 역사하여 나에게 와서 느끼게 할 수도 있습니다. 그렇다고 욱욱하는 것은 아닙니다.

제가 지금까지 성령치유 사역을 하면서 욱욱하는 분들을 안수하여 영의통로를 뚫으면 속에서 말로 표현하기 힘들 정도로 더러운 것들이 나옵니다. 이 더러운 것들이 나가고 나면 절대로 욱욱하지 않고, 조용하고 평안하게 영으로 기도를 합니다. 얼굴이 평안하게 보일 정도로 평안해집니다. 욱욱하게 하는 것은 상처 뒤에 역사하는 악한 영들입니다. 이들이 떠나가고 나면 잠잠해지면서 평안을 느끼고 영으로 깊은 기도를 합니다.

이렇게 성령의 불을 받았다고 하는 분들이 상처를 많이 가지고 있습니다. 자신의 속에서 떠나보내지 않고 받아들이기 때문입니다. 은혜의 장소에 가서 말씀 듣고 기도할 때는 충만한 것 같습니다. 한 3일만 지나면 갈급해 집니다. 혈기가 나고 괜히 짜증을 많이 냅니다. 심령의 영이 막혀있어서 일어저는 현상입니다. 이런 분들은 절대로 영의 만족을 누리지를 못합니다. 마음의 상처와 상처 뒤에 역사하는 세상신이 영을 압박하기 때문입니다. 치유를 받으려면 호흡을 깊게 들이쉬고 내쉬면서 배에서 나오는 소리로 주여! 주여! 주여! 를 한 5분만 하면 영의통로가 뚫리기 시작하는 것을 본인이 느끼게 됩니다. 성령의 임재를 지속적으로 받았기 때문에 영의통로를 뚫기가 쉽습니다. 그런데 보통 이런 분들이 자아가 강하여 주여! 주여! 주여! 를 하면서 기도를 하지 않습니다. 몸을 움츠리고 으으으 하면서 자신만이 인정해주는 성령의 불을 받았다고 믿기 때문입니다. 더 상세한 것은 "영적인 궁금증과 명쾌한 답변"책을 활용하시기를 바랍니다.

충만한 교회는 말씀과 성령으로 성도들의 마음 안에 성전을 견고하게 하여 지금 천국과 아브라함의 복을 누리면서 군사로서 살아가다가 주님이 부르시면 영원한 천국에 입성하는 성도가 되도록 목회합니다. 그래서 주일날도 생명의 말씀과 성령으로 충만한 예배를 드립니다. 예배 시간은 1부 11:00-/ 2부 13:30- 입니다. 영적인 눈이 열리고 사고가 영적으로 변하는 말씀을 준비하여 교재로 제공하고 설교를 합니다. 기도를 40분 이상 하면서 담임 목사가 일일이 안수하여 성령으로 충만 받도록 합니다.

7장 성령님의 인도받는 목회를 해야 한다.

(행 14:8-10)"루스드라에 발을 쓰지 못하는 한 사람이 앉아 있는데 나면서 걷지 못하게 되어 걸어 본 적이 없는 자라. 바울이 말하는 것을 듣거늘 바울이 주목하여 구원 받을 만한 믿음이 그에게 있는 것을 보고, 큰 소리로 이르되 네 발로 바로 일어서라 하니 그 사람이 일어나 걷는지라"

개척목회자는 반드시 성령의 인도를 받아야 합니다. 성령의 인도를 받지 않으면 개척교회가 성장도 자립도 할 수 없다고 해도 과언이 아닙니다. 제일 중요한 것은 교회를 개척하여 목회를 하려는 분들은 옆에 중대형 교회가 있다고 기죽지 말아야 합니다. 필자는 항상 이렇게 말합니다. 중대형 교회가 필요한 성도가 있고, 작은 교회에서 마음의 성전을 견고하게 지으며 천국을 누리기 위하여 믿음 생활을 하고 싶어 하는 성도가 있습니다. 그렇기 때문에 성령께서 중대형 교회에 보낼 성도가 있고, 작은 교회로 보낼 성도가 있습니다. 가끔 노회에 가면 우리 교회 옆에 3천명이 모이는 교회가 들어왔습니다. 어쩌라는 것인지 모르지만 한탄을 합니다. 절대로 기죽지 말고 성령의 인도를 받으면 됩니다.

작은 교회 목회자는 성령님과 관계를 중요하게 생각을 해야 합니다. 성령님을 주인으로 모시고 매사를 의논해야 합니다. 성령님의 인도하심은 한두 가지 결정적인 방법으로 하시는 것이 아니기 때문에 쉽게 이 방법으로 하라 저 방법으로 하라고 말할 수 없기 때문인 것입니다. 여러 가지 방법으로 주님의 뜻대로 인도하시는데 그 여러 가지 방법을 한번 알아보고자 하는 것입니다.

사도행전 9장 3-20절에 기록된 성령의 인도와 역사입니다. 사울은 나중에 바울이 되었지만 그는 예수그리스도를 미워하고 기독교회를 훼파했었습니다. 가는 곳마다 교인들을 잡아 감옥에 넣고 채찍으로 때리고 스데반이 죽을 때 증인으로 서있었습니다. 그는 예루살렘에서 대제사장으로부터 허가를 받아서 시리아의 땅 다메섹으로 피난간 신자들을 모조리 잡아끌고 와서 감옥에 넣고 형벌하기 위해서 그는 군졸들을 데리고 시리아로 갔습니다. 다메섹으로 가는 길에서 바로 다메섹 성이 눈앞에 보입니다. 그런데 시리아의 햇볕은 마치 소나기처럼 쏟아진다고 했었습니다. 습기가 없고 공기가 맑기 때문에 소낙비처럼 햇살이 비춰 내려옵니다.

그런데 갑자기 대낮에 햇빛보다 더 밝은 빛이 하늘에서 비치므로 모든 사람들이 놀라서 땅에 엎드렸습니다. 사울도 말에서 떨어져서 땅에 엎드렸습니다. 그러자 하늘에서 소리가 났습니다. '사울아, 사울아 네가 왜 나를 핍박하느냐?'그는 엎드려서 말했습니다. '주여! 뉘시오니까?' '나는 네가 핍박하는 예수라' 깜짝 놀랐습니다. 자기는 하나님의 일을 한다고 해서 기독교회를 훼파하고 교인들을 죽였는데 바로 그 훼파하는 기독교회의 주인인 예수가 하나님이라는 것을 깨달았습니다.

그는 일어나 보니 눈이 장님이 된지라 사람들에게 끌려서 다메섹에 들어가서 사흘 낮, 사흘 밤을 금식하면서 회개하고 부르짖었습니다. 그러자 하나님의 영광이 임하시기 시작한 것입니다. 하나님께서 아나니아라는 사람에게 나타났습니다. 그리고 말씀하기를 '아나니아야, 사울이라는 사람에게 찾아가서 안수하여 보게 하고 성령으로 충만함을 받게 하라'고 했었습니다. 아나니아가 말했습니다. '그 사람은 예루살렘에서도 많은 교인들을 죽이고 감옥에 가둬 놓고 교회를 훼파했습니다. 이 자리에도 예수 교인을 잡으러 왔는데요' '그렇지 않다. 그 사람은 내가 택한 그릇이다. 나를 위해서 많은 어려움을 당하게 될 것이다. 직가라 하는 곳에 가서 사울을 찾아서 기도해 주어라'

그래서 아나니아가 사울에게 찾아와서 네가 길에서 올 때 만난 그 예수가 나를 보내서 왔다 하고 사울에게 안수하고 사울에게 성령으로 충만하게 하자 눈에서 비늘 같은 것이 떨어져서 눈이 보이게 되고 그는 성령으로 충만함 받고 사울이 바울로 이름을 바꾸고 그는 그 때로부터 일어나서 기독교 역사상 최대의 사도가 되어서 천하에 복음이 전파되는데 가장 큰 기여를 한 분이 된 것입니다. 바로 이는 성령으로 충만함 받고 난 다음부터 그의 생애 속에 의심은 다 사라지고 믿음, 소망, 사랑이 충만해서 마지막에는 로마에서 목이 베어질 때까지 복음을 증거한 것입니다.

사도행전 10장 1-31절까지 기록된 성령의 인도와 역사입니다. 고넬료는 이탈리아 사람이었습니다. 이탈리아의 육군대위였습니다. 그는 유대인이 아니었습니다. 그럼에도 불구하고 그는 구제를 많이 하고 하나님께 기도를 많이 했는데 오후 3시에 간절히 기도하니까 갑자기 천사가 그 앞에 나타났습니다. '고넬료야, 고넬료야'하매 깜짝 놀라서 소스라쳐 쳐다보니까 '네 구제와 기도가 하늘에 상달되었다. 욥바에 사람을 보내서 베드로라

는 사람을 청하라. 그가 구원에 대한 말을 해줄 것이다.' 원래 고
넬료는 그 식구들과 함께 기도를 많이 했었습니다.

그래서 베드로가 오기 전까지 온 친지들을 모아 놓고 간절히
기도하고 있었는데 베드로가 와서 하나님의 말씀을 증거 합니
다. 모세의 율법으로도 의롭다 함을 받지 못한 사람이 예수를 믿
으면 그 피로 말미암아 죄 사함을 받고 의롭게 된다는 설교를 하
자 그것을 믿고 그분을 믿자 말자 성령이 하늘에서 임하신 것입
니다. 그래서 고넬료와 그 가족들이 다 성령의 충만함을 받고 하
나님을 높이며 방언을 말하고 역사가 일어났었습니다.

그 결과 고넬료 같은 이탈리아 사람이 군대 복무를 마치고 로
마로 돌아가서 얼마나 열심히 전도했던지 주후 300년 만에 로마
가 거꾸러져 예수를 믿고 그 당시 온 구라파가 주 예수께로 돌아
오게 된 것입니다. 고넬료와 같은 이러한 군인이 정말 성령의 충
만함을 받고 하나님의 능력으로 로마의 고향 땅에 돌아가서 열
심히 하나님의 능력을 전도했기 때문에 여러분, 로마가 온통 예
수를 믿고 나온 역사가 일어날 수 있었던 것입니다.

이러므로 아무리 종교를 가졌다고 해도 성령의 능력을 받지
아니하면 종교는 아무런 힘도 없습니다. 의식적인 형식적인 신
앙을 아무리 가졌다고 해도 그것이 자신과 다른 사람을 구원할
능력도 없는 것입니다. 이러므로 주께서는 예루살렘을 떠나지
말고 아버지의 약속하신 것을 기다리라. 요한은 물로 세례를 베
풀었거니와 너희는 몇 날이 못 되어 성령으로 세례를 받으리라
고 말씀하신 것입니다. 그러므로 성령세례를 받지 아니한 사람

은 성령세례 받기를 간절히 사모해야 될 것입니다.

사도행전 14장 8-10절에 기록된 성령의 인도로 바울이 나면서부터 앉은뱅이를 구원한 성령의 역사입니다. 바울과 바나바가 루스드라 전도에서 있었던 일입니다. 짐작키는 루스드라에는 회당이 없었던 모양입니다. 바울이 회당에서 전도했다는 얘기는 없지 않습니까? "루스드라에 발을 쓰지 못하는 한 사람이 앉아 있는데 나면서 걷지 못하게 되어 걸어 본 적이 없는 자라"(행 14:8절). 오늘 사건의 한가운데 등장하는 사람이 있습니다. 나면서 걷지 못하게 되어 걸어 본 적이 없는 사람입니다.

온 가족의 관심 속에 태어난 이 사람은 나면서부터 걸어보지도 못한 채, 지체장애인으로 살아왔으니 얼마나 슬픔과 고통이 많았겠습니까? 성경에 그런 말씀은 없지만 이 사람은 세상을 살면서 걸어볼 수 있다고 기대하지도 않았을 것입니다. 그런데 어찌되었습니까? "바울이 말하는 것을 듣거늘 바울이 주목하여 구원 받을 만한 믿음이 그에게 있는 것을 보고, 큰 소리로 이르되 네 발로 바로 일어서라 하니 그 사람이 일어나 걷는지라"(행14:9-10절). 한마디로 사건이 생겼습니다. 기적이 일어났습니다.

남의 일처럼 생각지 마시고 가까이서 보십시오. 평생 걸어보지 못한 지체장애인의 아픔을 공감하십니까? 그렇다면 오늘 이 사건이 얼마나 크고 대단한 사건인지를 깨닫게 될 것입니다. 언뜻 보면 본문의 바울이 나면서 부터 걷지 못하던 사람을 고친 사건은 사도행전 3장에서 베드로와 요한이 미문 앞에서 구걸하던 나면서 부터 걷지 못하던 사람을 고친사건과 같아 보입니다. 하지만 나면서부터 걷지 못하던 장애인을 사도들이 고쳤다는 점은 같지만 다른 점도 있습니다. 사도행전 3장에 나오는 장애인은 거지였고, 본문의 장애인은 말씀을 듣는 사람으로 기록되어 있습니다. 사도행전 3장에서는 베드로가 장애인의 손을 잡아 일으켰는데 본문에서는 바울이 "네 발로 바로 일어서라" 큰소리로 외치기만 했는데 나았습니다.

주석학자들은 사도행전 3장과 본문의 두 사건을 비교하면서 베드로와 바울의 동등한 사도 권을 인정하면서 베드로는 유대인을 고침으로 유대인을 위한 사도로, 바울은 이방인을 고침으로 이방인을 위한 사도로 성경은 표현하고 있다고 설명합니다. 오늘 사도행전 3장과 본문의 차이점 중 하나는, 사도행전 3장의 걸인은 신앙이 무엇인지 모르는 사람이었고, 오늘 본문의 나음을 받은 사람은 바울의 표현대로 하면 "구원 받을 만한 믿음"이 있는 사람이었습니다. 여기에 중요한 실상이 있습니다. 바울이 구원을 받을 만한 믿음이 있는 것을 보았다는 것입니다. 성령께서 바울의 눈으로 보게 했다는 것입니다. 성령께서 알려주셨다는 것입니다. 바울은 성령의 인도를 받고, 성령께서 바울을 통하여 일하고 계시다는 것입니다.

"구원 받을 만한 믿음"은 어떤 믿음입니까? 먼저 구원에 대해 정리해야겠습니다. 성경에서 말하는 구원은? 위험으로부터의 구원(마8:25), 악한 세대로부터의 구원(행2:40), 잃어버림으로부터의 구원(눅19:10), 죄로부터의 구원(마1:21), 귀신으로부터의 구원(행8:7), 그리고 종말론적인 구원(롬13:11)이 있습니다. 또 하나 육신의 질병으로부터의 구원이 있습니다(마9:21, 눅8:36). 그러면 오늘 본문은 어떤 구원을 의미할까요? 종말론적인 구원입니까? 맞습니다. 종말론적인 구원을 의미한다고 해도 맞습니다. 영적인 구원이든 육적인 구원이든 이 사람에게는 성령님이 보실 때 "구원 받을 만한 믿음"이 있었다는 말입니다.

오늘 고침 받은 장애인은 믿음이 있었습니다. 설교를 하던 바울은 그에게 믿음이 있는 것을 보고는 "네 발로 바로 일어서라" 했습니다. 그래서 나았습니다. 우리에게도 이런 성령의 인도가 있습니다. 성령의 인도를 받아 바울과 같이 나면서 부터 걷지 못하게 되어 걸어 본 적이 없는 자를 구원할 수가 있습니다. 그리고 성령의 인도로 자신의 현실문제도 해결 받을 수 있습니다. 성령의 인도를 받으시기를 바랍니다.

사도행전 16장 6-10절에 나오는 바울이 성령의 인도를 받는 실상입니다. "성령이 아시아에서 말씀을 전하지 못하게 하시거늘…" 이 말씀은 바울은 아시아에서 말씀을 전하고 싶어 했는데 성령께서 막으셨다는 말씀입니다. 행 16: 6절에 나오는 부루기아와 갈라디아 땅은, 루스드라에서 소아시아 반도 서북쪽 끝에 있는 무시아에 이르는 도중에 있는 지역입니다. 무시아에 가기 전에, 소아시아 반도 북쪽에 동서로 길게 뻗은 지역인 비두니아로 가려했지만, 예수의 영이 역시 허락하지 않으셨습니다.

그래서 무시아를 지나 드로아로 갔습니다. 드로아에서 밤을 지내는 중 바울에게 환상이 나타났는데, 마게도냐 사람이 바울 앞에 서서 간청하는 환상이었습니다. "마게도냐로 건너와서 우리를 도와주십시오” 바울은 그 환상을 본 후에 곧 마게도냐로 건너가려고 했습니다. 왜냐하면 환상의 의미가 마게도냐 사람에게 복음을 전하게 하시려고 하나님께서 부르신 것이라고 확신했기 때문입니다. 여기서 몇 가지 짚고 넘어가야 할 것이 있습니다. 바울은 아시아에서 말씀을 전하려고 했지만 성령께서 막으셨습니다.

사도행전 16장 7절에 보면 “비두니아로 가고자 애쓰되” 예수의 영이 허락하지 않으셨습니다. 바울은 애썼지만 성령께서 허락지를 않으셨습니다. 무슨 말씀입니까? 말씀은 바울이 전하지만, 예수의 복음을 전하는 것은 바울일지라도 그 주체인, 전도의 주체는 바울이 아니라 성령이시라는 말씀입니다. 위대하다고하는 바울도 하나님께서 쓰시는 도구일 뿐 역사하시는 분은 하나님이심을 아셔야 합니다. 거듭 말씀드립니다만 바울은 아시아에서 복음을 전하려 했습니다. 그러나 하나님께서 막으셨습니다. 바울의 생각과 하나님의 생각이 달랐습니다. 사람이 보기에 좋은 것과 하나님이 보시기에 좋은 것이 다릅니다. “이는 하늘이 땅보다 높음 같이 내 길은 너희의 길보다 높으며 내 생각은 너희의 생각보다 높음이니라”(이사야55:9). 바울 일행은 부루기아와 갈라디아 땅을 지나 무시아 앞에 이르렀습니다. 그들은 비두니아 쪽으로 가려고 애썼습니다. 그런데 성령께서 그 길을 막으셨습니다. 그러므로 신앙생활을 하면서 하나님의 뜻과 마귀의 역사를 분별해 내는 지혜야 말로 매우 중요한 일입니다. 이 둘을 신중하게 잘 분별해야 합니다. 하나님은 지금도 성령으로 인도하시면서 말씀(레마)를 주십니다.

필자가 성령의 인도를 받아 서울로 교회를 이전한 이야기입니다. 2003년 7월경으로 생각됩니다. 기도하는데 성령의 감동이 왔습니다. 서울로 교회를 옮겨야 한다는 감동이었습니다. "하나님, 어느 동네입니까?" 하나님은 사당역 부근이라는 감동을 주셨습니다. 그때 당시에는 돈도 없고 아무런 대책도 없는 상황이라 무작정 기도만 할 뿐이었습니다.

2003년, 성령 내적 치유 사역이 활성화되어 서울에서 많은 분들이 다녀갔습니다. 그러면서 교회를 정하지 못한 성도(방황하는 성도)들 대다수가 등록은 하지 않은 채 시화에 위치한 우리 교회에 와서 주일 예배를 드렸습니다. 그들은 물질적인 능력도 있는 사람들로, 지금 생각하면 하나님이 서울로 이전하게 하시려고 보내 주신 것 같습니다. 결국 그 성도들의 도움으로 서울로 이전하게 되었습니다. 하나님의 역사는 아무도 모르는 것입니다.

2003년 11월경, 기도를 하는데 성령께서 서울에 가서 현장을 답사하라고 감동하시는 것입니다. 첫날은 거부하였습니다. 그날이 금요일이었는데, 다음 날 더 강한 감동이 왔습니다. 그래서 토요일 날 전철을 타고 사당동에 와서 이곳저곳을 돌아다니면서 알아보았습니다. 걸어 다니는데 가슴이 답답했습니다. 더군다나 교회로 사용할 거라며 건물을 얻어 달라고 하니 부동산 사람들이 머리를 절레절레 흔드는 것입니다. 그래서 남현동으로 갔습니다. 그러나 남현동도 사당동과 마찬가지였습니다.

사당역 10번 출구를 통해 11번 출구로 건너왔습니다. 가슴이 뻥 뚫리고 시원한 느낌이었습니다. 부동산에 가서 건물을 물어

봤더니 상당히 호의적이었습니다. 그래서 내년 3월이나 4월에 이전을 할 것이니 잊지 말고 알아봐 달라고 했습니다. 그런 후 1월 말경 다시 방배동으로 가 보라는 감동이 주어졌습니다. 다시 방배동에 와서 건물을 보러 다니는데 건물이 없었습니다. 어떤 곳은 전에 목욕탕을 운영하던 곳으로 200평 정도가 되었지만 가 봤더니 영 신통치가 않았습니다. 그러자 부동산 주인은 조그마한 장소가 하나 나왔는데 한번 보겠냐고 해서 이수초등학교 앞에 있는 건물에 들어가 보니, 실 평수는 40평정도 되어 보이고, 교회로도 줄 수 있다는 것이었습니다.

서울에서 예배드리러 오는 성도들에게 이야기했더니 자신들이 알아보겠다고 했습니다. 토요일 날 함께 방배동과 서초동 일대를 다 돌아다녀도 차라리 비워 두었으면 두었지, 교회로는 안 준다며 모두들 거절하는 것입니다. 정말 교회에 대한 인식이 잘못되어 장소를 임대할 수가 없었습니다. 필자는 할 수 없이 우선은 이수초등학교 앞으로 이사하여 1년 정도 지내다가 옮기기로 작정하고 기도하기 시작했습니다.

그러던 중 주일마다 우리 교회에 다니면서 은혜를 받던 성도가 자기가 아는 사람이 교회 이전을 위해 1억 원을 헌금하겠다고 한다며 말하는 것입니다. 그 이야기를 들은 후 나는 기도하기 시작했습니다. "하나님, 정말 주시는 것입니까?" 한참을 기도하는데 "걱정하지 마라! 내가 그 사람에게 돈을 받아서 장소를 얻는다는 사람을 통하여 일을 추진하리라" 하는 주님의 음성이 들려왔습니다. 그래서 "아멘!" 하고 외친 후 입을 굳게 다물고 우리 사모에게도 말하지 않은 채 기다렸습니다.

우여곡절 끝에 3월 31일 날짜로 계약을 했습니다. 임대료는 앞에 말한 성도가 전적으로 책임을 지겠다고 했습니다. 교회 바닥과 벽, 그리고 여러 가지 필요한 것들은 은혜를 받으러 오시던 분들이 헌금을 했습니다. 내부 인테리어 작업은 어느 목사님 동생이 선교 차원으로 무료로 해 주셨습니다. 공사가 진행되는 동안 나는 계속해서 시화에서 집회를 인도했습니다. 하나님은 임대한 교회 내부 작업까지 일사천리로 진행해 주셨습니다. 교회를 이전하는 데 있어 나의 재정은 단돈 10원도 들어가지 않았습니다. 하나님이 은혜 받은 사람들의 마음을 감동하게 하시어 그들을 통해 채워 주셨습니다. 하나님이 이전하게 하신 것입니다. 그런데 시화에 있는 교회가 나가기를 기도하는데 하나님이 자꾸 빨리 가라는 감동을 주시는 것입니다. 우리는 2004년 3월 31일에 이사를 계획하고 준비하고 있었습니다. 그런데 기도할 때마다 "빨리 가라, 빨리 가라" 하는 감동을 주셨습니다. 시화에 있는 교회가 나가기를 기다리며 머뭇거리자 이제는 주일날 성도들도 줄어들고 사람들도 집회에 오지를 않았습니다. 그래서 교회가 나가지 않더라도 빨리 이사를 해야겠기에 3월 18일에 서울교회로 이전을 했습니다.

하나님은 나를 한 걸음 한 걸음 인도하시며 하나님의 사람으로 만들어 가셨습니다. 하나님은 성령의 감동과 꿈, 그리고 보증의 역사(환경으로 나타나는 역사)를 통하여 목회를 하는 데 있어 문제가 생기지 않도록 인도하고 계십니다. 목회는 하나님의 일입니다.

하나님이 주인이십니다. 그분의 음성을 듣고 교통하며 따라가기만 하면 하나님이 하십니다. 성도도 하나님의 자녀입니다. 하나님의 뜻을 알고 하나님이 안내하는 길을 따라가다 보면 인생은 성공합니다. 그러나 마귀는 우리가 가는 길에 어떻게 해서든지 훼방을 놓습니다. 그래서 우리는 성령의 충만함으로 기도해야 합니다. 성령으로 충만하면 마귀가 방해할 수가 없기 때문입니다.

서울로 이전한 지 10년이 지났습니다. 지금은 교회가 자리를 잡아 가고 있습니다. 재정적으로나 환경적으로 부족함이 없는 교회가 되어 가고 있습니다. 필자는 숫자 개념에 관심을 두지 않고 목회를 합니다. 하나님께서 보내주시는 대로 최선을 다하여 영적으로 바꾸는 사역을 합니다. 교회가 자립하는 것은 전적인 성령의 인도하심 가운데 성령의 인도를 받아 능력 전도를 한 결과입니다. 이것은 나의 능력이 아닌 하나님의 능력입니다. 이러한 결과만 보더라도 전도가 아무리 어려워도 성령의 인도를 받으면서 능력으로 전도하면 교회는 성장하게 되는 것입니다. 성령이 역사하는 교회는 성장하게 되어 있습니다. 성령의 인도를 받기 위하여 기도해야 합니다. 기도하지 않으면 하나님의 뜻을 알 수가 없습니다. 왜냐하면 하나님은 영이시기 때문입니다. 머리를 굴린다고 되는 것이 아닙니다. 영이신 하나님과 교통해야 되는 것입니다. 우리는 먼저 성령으로 충만한 상태가 되어야 하나님과 교통할 수 있습니다. 우리는 성령으로 인도받기 위해 성령으로 기도해야 합니다. 필자는 교회를 성장시켜 보려고 별 방법을 다 사용해 보았습니다. 그러한 방법들로 되지 않았던 것이 성령이 역사하는 능력 전도와 성령으로 능력 사역을 하니 교회의 재정이 풀리고 교회가 성장하기 시작했습니다.

우리를 인도하시는 하나님의 뜻을 어떻게 분별할 수 있습니까? 사도행전 16장 6-7절을 보면 "성령이 못하게 하시고" "예수의 영이 허락하지 않으셨다"했습니다. '성령이 막으셨다.' 궁금하시지요? 한경에 보증의 역사가 일어나지 않았다는 것입니다. 일반적으로 하나님의 뜻을 분별하는 몇 가지의 방법이 있습니다.

첫째로, 하나님께서는 성경말씀을 통해 우리에게 말씀하십니다. 우리가 세상을 어떻게 살아야 하는지, 어떻게 사는 것이 하나님께서 기뻐하시는 것인지는 이미 성경을 통해 우리에게 말씀하셨습니다. "주의 말씀은 내 발의 등이요 내 길에 빛이나이다." (시편119:105). 하나님의 말씀은 어두운 밤길을 밝혀 주는 횃불이나 등불과 같다는 말씀입니다. 횃불이나 등불은 장애물에 걸려 넘어지거나 구르는 것을 막아 줄 뿐만 아니라, 위험한 길로 가지 않도록 보호해 준다는 말씀입니다. 말씀이 내게 지시하는 대로 가기만 하면 그 길이 곧 하나님께서 인도하시는 길이라는 말씀입니다. 중요한 것은 말씀을 볼 수 있는 눈과 들을 수 있는 귀가 있어야 합니다.

성경을 읽다가 때로는 설교를 듣다가 "아~ 이 길이 하나님께서 기뻐하시는 길이구나" 깨닫고 인도받는 경우가 많습니다. 때론 어떤 문제로 고민하면서 말씀을 듣다가 "아 이것이구나!" 깨닫는 경우가 있지 않습니까? 감동이 오는 말씀은 다시 성령님께 질문하여 확증을 해야 합니다. 그래야 자신 안에 계신 하나님과 관계가 열립니다. 설교는 일주일에 한번, 두 번 혹은 세 번 듣는 다해도 말씀은 매일 읽으며 묵상하셔야 합니다. 오늘도 말씀으로 나를 인도하시는 하나님의 음성을 들을 수 있으시기 바랍니다.

둘째로, 기도하는 중에 하나님의 뜻을 깨닫게 되기도 합니다. 많은 경우 성령 충만함은 기도와도 관련이 있습니다. 오순절 마가의 다락방에 임하신 성령은 120문도가 뜨겁게 기도할 때 임하셨습니다. 기도 중에 "성령 충만"함을 입은 사람은 하나님의 인도하심을 받게 됩니다. 요한복음 14장 26절입니다. "보혜사 곧 아버지께서 내 이름으로 보내실 성령 그가 너희에게 모든 것을 가르치시고 내가 너희에게 말한 모든 것을 생각나게 하리라" 문제 앞에서 하나님께 고요한 중에 깊이 기도하며 교제할 때 우리가 행할 것, 우리가 나아가야 할 길을 가르쳐 주신다는 말씀입니다. 어떤 중요한 결정을 내릴 때 어떻게 하십니까? 당황하거나 방황하지 말고 먼저 하나님께 집중을 하고, 마음을 비우고 하나님의 음성을 기다리십시오. 중요한 것은 성령으로 마음을 비우는 것입니다. 상식 이하의 자기 확신에서 벗어나야 합니다. "하나님 어떻게 하는 것이 하나님께서 원하시는 것입니까?" 제 경우는 기도하면서 "마음의 평안", "확신", "번개같이 떠오르는 생각"이 오는 것을 경험하는데 그럴 때 "아! 이것이구나!"하고 결정합니다. 그러면 대개 후회하지 않습니다. 마음을 비우고 하나님의 뜻을 기다리는 깊은 기도가 있어야 합니다.

셋째로, 때로는 하나님의 뜻은 다른 사람들의 믿음의 충고로 나타나기도 합니다. 좋은 믿음을 가진 이웃, 성숙한 믿음을 가진 선배를 만나는 일은 중요합니다. 좋은 충고가 바른 결정을 내리게 합니다. 잠언 23:19 말씀입니다. "내 아들아 너는 듣고 지혜를 얻어 네 마음을 바른 길로 인도할지니라" 어떤 결정은 내리기가 내게 힘들 경우가 있습니다. 어느 쪽도 확실치가 않습니다. 그럴 때는 신실한 믿음의 선배나 목회자를 만나십시오. 신령한 사람 만나려다 문제가 커질 경우가 있습니다. 아무 사람의 충고라고 다 받아들이지 마시라는 얘기입니다.

넷째로, **하나님의 뜻을 분별하기 위해서는 환경의 변화에도 민감해야 합니다.** 환경이 막을 때, 장애가 생겼든지, 병이 났던지, 억지로 밀고 나가는 것이 항상 바람직한 것은 아닙니다. 어떤 사업을 하려 한다거나, 어느 직장에 취직을 하려고 하는데 계속해서 일이 틀어지고 할 때는 물러서는 것도 방법입니다. 하나님의 일이라면 길도 놓고 담도 넘어야 하겠지만, 그렇지 않을 경우라면 기다리는 것도 한 방법이고 돌아가는 것도 한 방법입니다. 일이 뜻대로 되지 않는다고 속상해 하거나 주저 앉지 마십시오. "하나님을 사랑하는 자 곧 그의 뜻대로 부르심을 입은 자들에게는 모든 것이 합력하여 선을 이루느니라"(롬 8:28)

걷지 않고 뛸 수 있습니까? 한 번도 넘어지지 않고 잘 걸을 수 없지 않습니까? 말씀을 보고 듣는 중에, 성령의 역사하심 속에 기도하면서, 때로 좋은 신앙 선배의 믿음의 조언을 통해, 환경의 변화에 민감해짐으로 하나님의 뜻을 확실히 분별하여 성령님의 인도하심에 거스르지 않고 아름답게 순종하여 사시는 우리가 되시기를 소원합니다.

8장 성령으로 광야의 훈련을 받아야 한다.

(출2:22)"그녀가 그에게 아들을 낳으니 모세가 그의 이름을 게르솜이라 불렀으니, 이는 그가 말하기를 '내가 타국 땅에서 타국인이 되었도다.' 하였음이라."

하나님은 목회자를 광야훈련을 통하여 단련하십니다. 광야훈련을 이해하려면 모세와 다윗을 생각하면 쉽게 이해가 됩니다. 모세는 지나온 40년간의 왕자의 삶에서 철저하리만큼 지난 과거를 벗겨내는, 나그네로의 40년을 광야에서 훈련을 받았습니다. 애굽을 통치할 세상 지도자 모세는 광야에서 죽어 버렸습니다. 그냥 덧없는 세월을 보내며 양들을 치는 80세의 노인 모세가 있을 뿐입니다. 그러나 하나님의 부르심에는 겸손히 창조주의 음성을 듣고, 따를 수 있는 이스라엘의 목자가 필요했지, 세상 지식과 지도력으로 자만감에 충만한 사람은 무의미 했습니다. 노인 모세는 어리석은 양들을 40년 동안 돌보면서, 인내와 겸손을 배웠을 것입니다. 양들은 목자의 이끌어 줌이 없으면, 적으로부터 자신을 보호할 수도 없고, 스스로 목초지를 찾아갈 수도 없습니다. 이런 광야의 훈련을 통해 모세는 앞으로 감당해야 할 하나님의 구원의 역사를 위해 준비를 하고 있었던 것입니다.

우리가 겪는 인생의 고통도 당시는 쉬운 것이 없을 정도로 벅참을 느끼지만, 하나님은 당신의 영원한 구원과 영광을 이루시기 위해 우리를 준비시키시고 있는 것입니다. 하나님을 겸손히 온전히 신뢰한다는 것은 말처럼 쉽지가 않습니다. 세상에 속하고, 육에 속한 옛사람이 완전히 죽지 않으면 하나님의 충성된 종이 될 수가 없습니다. 그렇기에 하나님은 힘든 훈련 속으로 몰아넣으시는 것입니다. 십자가의 죽음을 지나지 않은 사람은 하나님의 구원의 도구가 될 수 없습니다. 따라서 하나님은 당신의 도구로 택하고 부르신 자들을 십자가로 이끌어 가십니다. 그 죽음과 부활의 과정을 통하여, 사람은 자신의 본질을 깨닫고 하나님께 순종할 수 있기 때문입니다. "우리를 십자가로 이끄시고 육에 속한 옛사람은 죽고, 영에 속한 새 사람은 살아나게 하시는 하나님 아버지께 감사를 드립니다. 우리를 당신의 영원한 구원의 성취를 위해 훈련시키시고 사용하여 주옵소서!" 광야의 훈련이 무엇인지 아시고 겸손하게 따라가야 합니다. 그래야 사용하십니다.

첫째. 모세의 광야 훈련. 모세가 40세가 되었을 때, 모세는 스스로 생각했을 것입니다. '그 동안 갈고 닦은 내 실력과 경륜으로 이 백성을 충분히 구할 수 있을 것이다.' 모세는 이스라엘 사람을 압제하는 애굽 사람을 쳐 죽였고, 그 결과 민족의 구원은 고사하고 오히려 광야로 도망가는 도망자의 신세가 되고 말았습니다. 자신의 힘으로 동족을 구원하는 것은 불가능한 것이었습니다. 우리는 자신의 힘으로 살아갈 수가 없는 나약한 존재입니다. 모세가 힘이 있고, 권력이 있었어도 자기 힘으로는 아무것도 할 수 없었습니다. 하나님은 스스로 하나님 없이 아무것도 할 수 없다는 것을 체험하게 하십니다.

모세는 40년 동안 광야에서 도대체 무엇을 경험하고 배웠습니까? 어제의 영광을 다 내려놓게 됩니다. "네 하나님 여호와께서 이 사십년 동안에 너로 광야의 길을 걷게 하신 것을 기억하라. 이는 너를 낮추시며 너를 시험하사 네 마음이 어떠한지 그 명령을 지키는지 알려 하심이라"(신 8:2). 광야는 인간이 현실적으로 누릴 모든 가능성이 사라진 곳, 단절된 곳입니다. 자신의 힘으로 아무것도 할 수 없다는 것을 깨닫는 곳입니다. 자신을 죽이는 기간입니다. 광야는 내 안에 있는 욕심으로 가득 찬 손을 비우게 하십니다. 어제의 분노-억압-열등감에서 탈출을 시도하게는 하지만, 내일의 약속의 땅은 아직 현실로 오지 않은 현실입니다. 모세로 하여금 자신의 정확한 모습을 확인하게 하십니다. 자신을 감싸고 있는 거짓 치장들이 벗겨지면서, 자신의 정체성이 드러납니다. 그러나 이는 자신을 파멸시키려는 것이 아니라, 오히려 단련하여 순금같이 나오게 하심입니다. 그래야 하나님이 쓰실만한 인물이 되기 때문입니다. 찌꺼기 같은 불순물은 사라지고, 순금으로 순전하게 나올 수 있게 하기 위함입니다. "나의 가는 길을 오직 그가 아시나니 그가 나를 단련하신 후에는 내가 순금 같이 나오리라"(욥 23:10).

광야에서 모세가 배운 것은 무엇일까요? 이름이 없음도 감내할 수 있는 자기 포기를 배웁니다. 세상이 내 이름을 전혀 몰라도 괜찮을 만큼 낮아져 있기 때문입니다. 홀로 있음을 견딜 수 있는 강인함을 배웁니다. 외로움을 넘어 침묵을 지키며 홀로 있는 것을 즐길 수 있어야 합니다. 하나님과 직접적으로 교통하는 방법을 배웁니다. 자기의 때가 오기까지 기다리는 법을 배웁니다. 어쩌면 그러한 기회조차도 (자신의 소원이 이루어지는) 영원히 없을 수도 있다는 것을 인정해야합니다. 섬김을 받는 것이 아니라, 섬기는 법을 배웁니다. 왕이 아니라, 목동입니다. 양을 치는 목자의 심정을 지니기 때문입니다. 양을 긍휼히 여기는 예수님(목자)의 마음을 배웁니다. 광야는 하나님께서 말씀하시며, 그분의 영으로 채움을 받는 장소입니다. "여호와께서 그를 황무지에서, 짐승의 부르짖는 광야에서 만나시고 호위하시며 보호하시며 자기 눈동자 같이 지키셨도다."(신 2:10). 하나님은 광야에서 모세를 낮추셨습니다. 겸손하게 하셨습니다. 광야라는 고난의 학교에서 자기 욕심을 버리고, 하나님에게만 집중합니다. 그분에게 기도하게 하시고, 감사하는 법을 배웁니다. 때가 이르니 하나님께서 부르십니다.

둘째, 다윗의 광야 훈련. 다윗은 하나님의 말씀을 듣고 그대로 선포하는 영감이 깊은 영적 거장입니다. 다윗은 바로 광야에서 이 위험과 죽음을 수시로 대면하면서도 동시에 하나님의 신비와 생명의 소중함을 함께 깨달은 사람입니다. 다윗의 광야가 제공하는 영적인 의미를 아는 것은 우리의 신앙을 깊은 영성의 차원으로 업그레이드 시킵니다. 이새의 여덟 번째 아들로 태어난 다윗은 목동이었습니다. 벌판에서 양을 치고 있던 어느 날 아버지가 찾는다는 말에 영문도 모르고 끌려옵니다. 와서 본즉 제사장인 사무엘과 예루살렘 성읍 장로들이 모두 모여 있었습니다. 아버지와 일곱 형들도 다 함께 있어 자신을 바라보는 눈길은 평상시와는 전혀 다른 공기를 느끼게 하였습니다.

얼떨떨한 채로 그 자리에 들어서니 제사장인 사무엘이 모든 사람들이 보는 앞에서 그에게 머리에 기름을 붓습니다. 사울을 왕으로 세우셨던 하나님께서 왕위를 이제 다윗에게 옮기시는 순간입니다. "사무엘이 기름 뿔 병을 가져다가 그의 형제 중에서 그에게 부었더니 이 날 이후로 다윗이 여호와의 영에게 크게 감동되니라"(삼상16:13). 성경이 다윗의 심정이 어떠했는지는 말하고 있지 않기 때문에 우리는 상상력을 발휘해 볼 필요가 있습니다. 이스라엘에서는 제사장과 선지자 그리고 왕에게만 기름부음의 의식을 행합니다. 그러므로 자신이 기름부음을 받는 것이 무엇을 의미하는지는 다윗도 알고 있었습니다.

게다가 하나님의 영에 크게 감동되었다는 것으로 봐서는 자신에게 일어난 커다란 변화를 체험하고 지금까지는 평범한 목동에 불과했으나 앞날에 대한 전혀 다른 꿈을 가졌을 것이 틀림없었습니다. 기름 부음을 받은 이후에도 여전히 목동의 일을 하고 있던 그에게 굉장한 사건이 생겼습니다. 하나님의 영에 크게 감동된 자로서의 승리라고 할 수 있는 것으로 바로 블레셋의 장수 골리앗을 무너뜨린 일입니다.

골리앗을 쓰러뜨린 일을 계기로 사울의 아들 요나단과 친구도 되고 사울의 사위까지 되어 지위도, 명예도 한 몸에 받게 된 그는 아무것도 두려울 것이 없었습니다. 모든 것이 다 잘되어가고 있었습니다. 그런데 호사다마, 사울의 시기심으로 인해 그야

말로 갑자기 최고의 자리에서 최악의 자리로 떨어져버렸습니다. 결국 생명의 위협을 느껴 광야로 쫓겨나는 신세가 되고 말았습니다. 사무엘상 19장에서 시작된 다윗의 도피는 결국 사울이 죽은 후에야 끝이 나게 되는데 이때까지 그가 광야에서 머무른 기간이 10년이나 됩니다. 그야말로 기가 막힌 도피생활을 하게 됩니다. 사울을 피해 광야로 쫓겨 가서 이리저리 돌아다니다 한번은 사울의 손에 죽을 것이 두려운 나머지 자신이 죽였던 골리앗의 나라인 블레셋으로 들어간 적도 있었습니다. 블레셋이라면 이스라엘의 적국입니다. 블레셋의 아기스왕 앞에 섰을 때 아기스의 부하들이 경계하자 위험을 느껴 살아남기 위해 미친척하고서는 그곳을 빠져나왔습니다(삼상 21장).

게다가 떠돌이 생활을 하다 보니 함께 한 식솔들이 생겨났습니다. 삼상 22장을 보면 환난 당한 모든 자, 빚진 자, 마음이 원통한 자들이 다 다윗에게로 모이게 되어 400명가량이었다고 기록되어 있습니다. 갈 곳 없는 사회의 부적격자들의 우두머리가 되어 함께 도망 다니는 것은 또 얼마나 힘든 일입니까? 도대체 이게 뭐지? 싶은 생각이 왜 없었겠습니까? 자신이 기름부음을 받았던 날을 떠올리는 것도 지쳤습니다. 과연 나에게 좋은 날이 올 것인가 하는 의심이 들지 않을 수 없었습니다.

차라리 그냥 목동으로 살았더라면 이 고생은 안 해도 되지 않았나 싶습니다. 그렇게 목숨을 부지하기 위해 도망 다니기를 5년째 되던 때입니다. 다윗은 드디어 삼상 24장에 나오는 엔게디 광야로 숨어들게 됩니다. 엔게디는 지구상에서 가장 험하고 황

량한 지역으로 일컬어지는 곳입니다. 쫓겨 다니는 다윗으로서는 엔게디의 지형만큼 숨기 좋은 곳은 없습니다. 그런데 다윗이 엔게디 근처에 있다는 것을 안 사울이 쫓아왔습니다.

원수는 외나무다리에서 만난다고 이들의 만남은 참으로 기가 막힙니다. 사울이 갑자기 화장실에 가고 싶었습니다. 볼일을 보기 위해 동굴로 들어가게 되었는데 그 동굴이 마침 다윗의 일행이 쉬고 있던 바로 그 동굴이었습니다. 동굴 안으로 들어간 사울은 그 안에 있는 사람들을 알아보지 못했습니다.

한 낮의 태양 빛 가운데 있다 동굴로 들어온 자들은 어둠에 익숙지 않기 때문에 동굴 안쪽 어두운 구석에 있는 사람을 알아보지 못합니다. 영화가 시작된 극장에 들어가면 캄캄해서 앞뒤 분간이 어려워 허둥대는데 앉아 있는 사람들은 그 모습을 훤히 보는 것과 같은 것이지요. 등을 돌리고 앉은 사울은 자신의 볼일을 보고 있었습니다. 사울이 다윗을 쫓아온 것인데 모양새는 마치 하나님께서 사울을 다윗에게 완전히 양도한 상황으로 만들어주신 것 같이 느껴집니다.

부하도 없이 그리로 들어온 사울은 꼼짝없이 당할 운명에 놓였습니다. 지금 이 상황은 우연이라 하기에는 너무 절묘한 타이밍입니다. 사울임을 알아 본 다윗의 부하들은 그를 죽일 절호의 기회라고 여겨 다윗을 조릅니다. 사실 누가 봐도 이것은 하나님께서 허락하신 기회라고 여기는 것이 당연합니다. 그러나 다윗은 다만 사울의 옷자락을 조금 벨뿐입니다. 고대 근동에서는 사람의 옷자락을 자르는 것은 그 사람의 명예를 박탈하기 위한 상

징적인 법률행동으로 여겼습니다. 그래서 옷자락을 벤 것만으로
도 사울의 명예를 박탈한 것 같은 마음에 편치 않았습니다. 얼마
후 하길라 산이란 곳에서 이와 비슷한 일이 한 번 더 되풀이 되었
습니다(삼상 26장). 이미 자신을 죽이려고 여러 번 시도했었고
지금도 죽이기 위해 쫓아온 자가 바로 자기 눈앞에 있습니다. 이
쯤 되면 그가 사울을 죽여도 잘못은 아닙니다. 게다가 자신은 이
미 차기 왕으로 기름 부음 받았습니다. 그런데도 다윗은 사울을
죽이지 않았을 뿐 아니라 옷을 조금 벤 것만 가지고도 불편해 했
습니다. 왜 그랬을까요?

사무엘상 24장 6절에 보면 "자기 사람들에게 이르되 내가 손
을 들어 여호와의 기름 부음을 받은 내 주를 치는 것은 여호와께
서 금하시는 것이니 그는 여호와의 기름부음을 받은 자가 됨이
니라." 다윗이 사울을 죽이지 않은 가장 큰 이유는 생명의 주권이
하나님께 있다는 자신의 신앙고백에 있습니다. 사울을 사울로
보는 것이 아니라, 하나님의 사람으로 보는 안목이 그로 하여금
사울에게 손대지 않게 하였습니다. 원수 갚는 것이 하나님께 있
다는 것을 안 것입니다.

광야는 다윗에게 생명의 고귀함을 가르쳐 주는 학교였습니
다. 광야의 훈련을 받은 다윗의 눈에는 사울이 적이 아니라, 하
나님의 기름 부으심을 받은 자로 보였습니다. 사람들이 만들어
낸 소음과 소란에서 멀리 떨어져 아무것도 없는 광야에서 홀로
침묵가운데 살던 다윗은 사울에게서 다른 누구도 보지 못했던
하나님의 영광을 볼 수 있었습니다. 비록 자신을 죽이러 쫓아다

니는 사울일지라도 그를 세우신 하나님의 영광을 먼저 볼 수 있는 영적인 눈이 열렸던 것입니다. 이 말은 하나님과의 관계를 맺으며 살아간 광야의 생활을 통해 다윗 안에는 신성함을 알아 볼줄 아는 감각이 크게 자라났다는 것을 의미합니다.

세상에서는 버려진 땅을 광야라고 하지만, 하나님의 자녀들에게는 광야가 하나님의 임재, 말씀을 인식하는 장소라고 합니다. 다윗의 광야에서는 바로 이 버려진 땅과 같은 존재인 사울이 하나님의 기름 부음을 입은 영광스러운 존재로 여김을 당할 수 있다는 엄청난 교훈이 들어 있음을 알게 됩니다.

다윗의 생애를 엿볼 수 있는 성경의 기록은 사무엘상하서로 알고 있습니다. 그러나 다윗의 외적 생애를 기록한 것이 사무엘서라면 그의 내면을 기록한 것은 시편이라 할 수 있습니다. 대부분의 시편 저자가 다윗이라는 것을 아는 사람들도 그 시편 가운데 많은 부분이 다윗의 광야 생활 10년 동안에 기록된 것이라는 것은 잘 모릅니다. "내 마음이 내 속에서 심히 아파하며 사망의 위험이 내게 이르렀도다. 두려움과 떨림이 내게 이르고 공포가 나를 덮었도다. 내게 비둘기같이 날개가 있다면 날아가서 편히 쉬리로다"(시54:4-6). 광야 10년의 도피로 인해 마음이 상한 다윗의 글입니다.

이 외에도 사울을 피하며 쓴 글은 많지만 그 가운데 시편 57편은 사무엘상 24장의 내용입니다. "그들이 내 걸음을 막으려고 그물을 준비하였으니 내 영혼이 억울하도다. 그들이 내 앞에 웅덩이를 팠으나 자기들이 그 중에 빠졌도다. 하나님이여 내 마음이 확정되고 확정되었사오니 내가 노래하고 내가 찬송하리이다." 자신을 죽이려고 쫓아왔으나 지금 자신이 판 웅덩이에 빠진 사울에 대한 노래입니다. 그러나 그의 마음은 하나님을 향하고 있어 사울에 대한 복수 따위는 전혀 안중에 없었습니다.

그가 광야에서 쓴 시편을 보면 다윗이 어떻게 광야생활 속에서 하나님과 관계를 맺으며 살았는지 알 수 있습니다. 척박한 광야에 있는 모든 것들은 가치 없이 버려진 것들이지만 그 속에서 그는 하나님의 아름다움을 찾아내었습니다. 소망 없는 400명의 비렁뱅이들 속에서도 그들과 함께 하시는 하나님의 임재를 읽어낼 수 있어 그들을 품을 수 있었습니다. 왕이 쭈그리고 앉아 대변을 보는 참으로 흉한 꼴을 보여주었으나 그 속에서조차 그는 하나님의 택하심을 입은 한 왕을 보았고 그에게 경의를 표했습니다.

광야가 그에게 허락한 영성입니다. 광야는 누구나 피하고 싶어 하는 고난의 장소입니다. 예기치 않은 어려움과 환난을 겪어야 하는 곳이며, 육체적으로 정신적으로 황폐함과 삭막함을 피할 수 없는 곳이기 때문입니다. 육신의 정욕, 안목의 정욕, 이생의 자랑 등을 생각할 수 없는 곳입니다. 모든 것을 눈에 보이는 대로 귀에 들리는 대로 하려는 세상에서는 절대로 배울 수 없는 귀한 선물입니다. 자신이 원해서 스스로 광야에 들어간 것이 아니라 쫓겨 간 그곳에서 다윗은 대단히 의미 있는 세월을 보냈습니다.

생명을 보존하기 위해 도망간 곳이 광야였습니다. 그러나 자신의 생명만큼 다른 사람의 생명도 소중함을 그곳에서 머무르면서 배우게 되었습니다. 어쩌면 다윗이 광야에서 보낸 세월은 그의 인생에서 가장 좋은 시간에 속하는 시간일지도 모릅니다. 그에게 삶과 인간 그리고 하나님에 대한 지평을 새롭게 열어주었을 것이니 말입니다. 다윗의 광야는 전혀 기대하지 못했던 장소와 사물들 안에서 하나님을 알아보는 법을 배우게 합니다. 광야를 통해서만이 버려진 것들처럼 여겨진 것에서도 하나님의 거룩을 볼 수 있는 영적 통찰력이 생깁니다.

다윗은 10년 동안 광야에서 도대체 무엇을 경험하고 배웠습니까? 자신의 힘으로는 아무것도 할 수 없다는 것을 깨닫는 곳입니다. 홀로 있음을 견딜 수 있는 강인함을 배웁니다. 외로움을 넘어 침묵을 지키며 홀로 있는 것을 즐길 수 있어야 합니다. 하나님과 직접적으로 교통하는 방법을 배웁니다. 광야는 하나님께서 말씀하시며, 그분의 영으로 채움을 받는 장소입니다. 광야라는 고난의 학교에서 자기를 죽이고, 하나님에게만 집중합니다. 그분에게 기도하게 하시고, 감사하는 법을 배웁니다. 때가 이르니 하나님께서 다윗을 유다의 왕으로 기름을 부으셨습니다.

셋째, 필자의 광야 훈련. 목회자가 광야의 훈련으로 치러야 할 대가 중에서 가장 먼저 치러야 할 것은 꿈이 좌절되는 경험입니다. 자신을 믿지 못하게 하는 것입니다. 아예 자신을 죽이는 것입니다. 필자는 교회만 개척하면 하루에 삼천 명씩 구름 떼와 같이 사람들이 모여들 것이라고 확신했습니다. 그런데 교회를 개척하고 한 주일, 두 주일 지나면서 낙담과 좌절이 찾아오기 시작했습니다. 방문객들이 끊기고 몇 명 안 되는 교인들 앞에 섰을 때 침체의 그림자가 나를 엄습했습니다. 개척한 지 4개월 만에 불안 장애가 찾아왔습니다. 손이 부들부들 떨리는 것입니다. 사모에게 이야기를 하지 못했습니다. 약국에 가서 청심환을 많이 사서 먹었습니다. 무슨 이유인지를 알지를 못했습니다. 나중에 발견한 사실이지만 그것은 영적 침체와 함께 두려움, 염려와 근심이었습니다. 불안이 가슴에 차고, 좌절감에 사로 잡혔습니다.

무력감이 찾아 왔습니다. 삶의 의욕을 상실했습니다. 좋아하던 책도 보기 싫고, 교회 개척도 의미를 못 느꼈습니다. 믿음이 상실되고, 누구든 나를 괴롭히는 사람으로 보였습니다. 피해의식이 나를 괴롭혔습니다. 비전을 잃기 시작했습니다. 포기하고 싶었습니다. 죽고 싶었습니다. 그런데 문제는 돌이킬 수 없는 환경이었습니다. 피할래야 피할 수 없는 현실이 나를 더욱 괴롭혔습니다. 힘들어하는 모습을 지켜보고 있는 가족들에게 더욱 심한 죄책감을 느꼈습니다.

지금 생각하면 광야 훈련인 영적 침체를 통과하면서 개척교회 지도자로서 치른 또 하나의 대가는 열등의식이었습니다. 개척할 때보다 개척하고 나서 더 많은 열등의식을 가졌습니다. 개척교회를 시작하고, 담임지도자가 되었을 때 가장 큰 문제는 비교할 대상이 없다는 것이었습니다. 스스로 탁월함을 추구하지 않으면 아무도 이야기하는 사람이 없었습니다. 개척한 지 1-2년 동안은 조금 부족해도 개척교회라는 이름 때문에 별로 비난을 받지 않았지만, 3년이 지나면서는 교회가 생각보다 성장하지 않으면서 실력에 대한 평가를 받는 것을 느꼈습니다. 또한 새롭게 일어나면서 급성장하는 교회의 지도자들과 나를 비교하면서 별 생각 없이 이야기하는 교인들의 말을 듣고 있으면 심한 열등의식으로 고통을 받아야 했습니다.

제가 개척교회 지도자가 된 이후에는 재정에 대한 부담, 교회에서 일어나는 모든 문제에 대한 책임을 감당해야 했습니다. 순간순간 내려야 할 결정들이 많았습니다. 설교하는 것을 배웠고, 목양하는 것을 배웠지만 영적인 리더십에 대하여 공부를 별로 해본 적이 없었던 내가 사람들을 인도한다는 것은 대단히 힘든 과업 중 하나였습니다. 개척교회 지도자가 받는 압박 중에서 하나는 돈입니다. 돈을 우습게 알고 시작한 개척, 돈이 인생의 전부가 아니라면서, 돈으로 목회하는 것이 아니라고 생각하면서 시작한 개척 현장에서 정말 현실적으로 부딪치는 것은 재정문제였습니다.

그러한 중에도 개척교회 지도자의 과제는 하나님만 의지하는 것입니다. 개척교회 지도자에게 어려운 문제는 밖에 있기보다는 자신의 의식구조 안에 있는 것을 보게 되었습니다. 그것은 핍절의식입니다. 가난 의식입니다. 하나님은 부요하시고 풍부하십니다. 그런데 개척 현장에서 부딪치는 것은 가난입니다. 한 달을 살아가는 것이 정말로 막연하였습니다.

하나님이 개척교회 목회자에게 부과하시는 훈련은 사람을 의지하지 못하게 하는 것입니다. 특별히 제 자신이 아주 신뢰했던 사람들이 도와주지 않는 것입니다. 교회를 개척할 때 평소에 제가 사랑하고 신뢰했던 사람들의 목록을 적어놓고 기도를 드렸습니다. 그런데, 제가 생각할 때 가장 믿음직스러웠던 몇 가정은 교회를 시작할 때 오지 않았습니다. 아니 친척들도 아예 발을 뚝 끊었습니다. 또한 필자가 특정한 사람을 의지하게 되면 그 사람이 어떤 이유든지 교회에서 떠나는 것을 경험했습니다. 심방을 많이 한 가정일수록 교회를 일찍 떠나는 것도 경험했습니다. 너무 많은 부담을 느끼거나, 직분을 준다거나, 어떤 일을 맡기겠다는 약속을 하고 지키지 못하기 때문이라고 생각합니다.

개척과 함께 치른 대가는 컸습니다. 몸도 많이 상했고, 마음도 약해지는 경험을 했습니다. 불안장애와 우울증을 경험했습니다. 예언가나 상담자를 찾아가기도 했습니다. 정신 신경성질병을 극복하기 위하여 처방약을 먹어보기도 했습니다. 이런 고통의 과정에서 하나님은 신실하셨고, 선하셨습니다. 함께하시면서 저를 위로 하셨습니다. 하나님은 고통의 대가를 지불하는 과정에서 저를 영적으로 변화시키셨고, 성장시키셨습니다. 또 해결책을 찾는 지혜를 주셨습니다. 그것이 바로 성령으로 치유하는 치유목회입니다. 먼저 제가 내적치유를 받으니 평안해져서 좋았습니다. 사모가 안정을 찾으니 좋았습니다. 제가 교회를 개척하기 전에 모든 문제들을 알았다면 모두 준비를 하고 개척을 시작했을 것입니다. 광야훈련은 강력한 능력을 이끌어내어 하나님께 쓰임을 받을 지도자라면 누구나 통과해야 한다고 생각을 합니다. 그래서 여기에 적는 것입니다. 결국 하나님께서 알려주신 대로 순종하여 서울에 올라와 목회를 하고 있습니다. 교회를 단독으로 개척하여 자립성장하겠다고 시작하신 분들은 이런 광야의 훈련이 기다리고 있다는 것도 아셔야 나중에 실망하지 않습니다.

9장 자신이 얼마나 나약한자인가 직시하라.

(고후 12:7~10)"여러 계시를 받은 것이 지극히 크므로 너무 자만하지 않게 하시려고 내 육체에 가시 곧 사탄의 사자를 주셨으니 이는 나를 쳐서 너무 자만하지 않게 하려 하심이라 이것이 내게서 떠나가게 하기 위하여 내가 세 번 주께 간구하였더니 나에게 이르시기를 내 은혜가 네게 족하도다 이는 내 능력이 약한 데서 온전하여짐이라 하신지라 그러므로 도리어 크게 기뻐함으로 나의 여러 약한 것들에 대하여 자랑하리니 이는 그리스도의 능력이 내게 머물게 하려 함이라 그러므로 내가 그리스도를 위하여 약한 것들과 능욕과 궁핍과 박해와 곤고를 기뻐하노니 이는 내가 약한 그 때에 강함이라"

하나님은 목회자로 세우기 위하여 여러 가지 체험을 하게 하십니다. 체험을 통하여 자신이 얼마나 나약한 사람인가를 스스로 깨닫게 하십니다. 자신의 힘과 지혜와 능력을 가지고 세상을 살아가다가 자신의 힘으로는 세상을 이기기에 역부족하다는 것을 스스로 알게 하십니다. 하나님 없이는 한 시간도 세상을 살아갈 수가 없다는 것을 깨달아 알게 하십니다. 세상에서 어려운 난제를 만나 어찌할 바를 모르다가 하나님이 계신다는 생각이 들어 하나님께 기도할 때 지혜를 주시고 해결하게 하십니다. 그래서 하나님만 자신의 편이면 무엇이든지 할 수 있다는 믿음을 갖게 하십니다. 하나님이 자신과 함께하시면 무엇이든지 할 수 있다는 담대함을 갖게 하십니다. 자신 스스로 하나님 한 분이면 된다는 믿음에 이르게 하십니다.

우리는 하나님 한분으로 만족을 해야 합니다. 하나님은 우리의 모든 소원을 해결하여 주시기 때문입니다. 우리는 하나님만을 소원해야 합니다. 하나님을 향한 소원을 가져야 합니다. 우리가 하나님의 부름을 받고 성령님의 인도를 받으면서 훈련하고 하나님의 시험을 통과합니다. 점점 하나님이 자신과 함께하신다는 믿음을 갖게 하십니다. 하나님을 따라가면서 당하는 모든 문제가 하나님의 음성을 듣고 순종할 때 해결이 되는 것을 체험합니다. 하나님의 살아계심을 체험하면서 하나님 한분이면 된다는 만족감을 갖게 하십니다. 하나님 한분으로 만족함을 갖도록 하십니다. 우리 또한 하나님이 내편이면 안 될 것이 없다는 믿음을 가져야 합니다. 하나님은 성도들에게 자신의 나약함을 깨달을 때까지 기다리십니다. 자신의 힘으로는 아무것도 할 수 없다는 것을 스스로 인정하게 하십니다. 자신이 나약해야 하나님을 전폭적으로 의지하기 때문입니다. 자기 힘으로 세상을 이기며 살아가기는 역부족이라는 것을 스스로 깨달아야 하나님을 주인으로 모시기 때문입니다. 하나님은 모세가 스스로 아무것도 할 수 없다는 것을 깨닫게 한 다음에 부르셨습니다. 자신이 스스로 할수 없으니 하나님께 질문하여 지혜를 받아 대소사를 해결하게 하기 위해서입니다. 하나님은 성도들이 하나님의 수준이 되도록 훈련하십니다. 성도들이 하나님의 수준이 되는 것은 자신의 힘으로 아무것도 할 수 없다는 것을 인정하게 하는 것입니다. 자신의 힘으로 아무것도 할 수 없기 때문에 하나님께 질문하여 지혜를 받아 해결하기 때문에 하나님의 수준이 되는 것입니다.

　첫째, 자신의 가시를 해결하여 달라는 간구를 거부하신다. 역사상 예수님의 제자 중에 가장 위대한 제자가 바울입니다. 그러나 바울은 교만해질 소지를 많이 가지고 있었습니다. 우선 가문으로 보면 가문이 엄청나게 좋아요. 팔일 만에 할례를 받은 자로서 이스라엘의 족속이요. 베냐민 지파의 사람이요. 히브리인 중의 히브리인이요, 율법으로는 바리새인이요 흠이 없는 사람이었습니다. 또한 당시 모든 백성에게 존경을 받는 가말리엘의 제자이며 율법에 흠이 없고, 이처럼 그는 훌륭한 가문과 철학과 문학과 뜨거운 신앙을 가진 위대한 인물이었습니다. 장래가 촉망 되는 유대인이었습니다. 게다가 예수님을 믿고 난 다음에도 하나님의 계시를 엄청나게 받았습니다.

　그러므로 하나님은, 바울이 자만하지 않게 하려고 그에게 가시를 주셔서 극렬하게 꺾으셨습니다. 성경은 말하기를 사탄의 사자가 자기를 습격해 와서 바울이 너무 고통스러워서 세 번 사탄의 사자를 물리쳐 달라고 하니까 세 번째 하나님이 말씀하기를 "내 은혜가 네게 족하도다. 이는 내 능력이 약한 데서 온전하여짐이라" 그렇게 응답하셨습니다. 네가 사탄의 공격을 받아서 약하지만은 네가 약할 때 내 은혜가 더 강하다. 지금 상태로써 만족하게 여기라는 것입니다. 그 바울이 자기 몸의 치료를 위해서 세 번 기도해서 하나님께 거절당했습니다. 바울이라는 위대한 종이 하나님께 기도하면 언제나 응답받는 사람이 자기 병에 대해서는 응답을 받지 못했습니다.

왜 하나님이 사탄의 사자를 주어서 바울을 밤낮 치게 만들었냐하면 자만하거나 교만하지 않도록 하기 위해서 그런 것입니다. 자신의 육체에 가시가 찌르니 하나님께 기도하지 않을 수가 없기 때문입니다. 성령으로 기도할 때 하나님의 권능으로 강해질 수가 있기 때문입니다. 내가 고통스러워 견딜 수가 없는데 고린도후서 12장 7절로 8절에 "여러 계시를 받은 것이 지극히 크므로 너무 자만하지 않게 하시려고 내 육체에 가시 곧 사탄의 사자를 주셨으니 이는 나를 쳐서 너무 자만하지 않게 하려 하심이라 이것이 내게서 떠나가게 하기 위하여 내가 세 번 주께 간구하였더니" 하나님이 내 은혜가 네게 족하다고 대답을 했습니다. 바울이 교만해지지 않게 하기위해서 그렇게 하신 것입니다.

잠언서 16장 18절에 "교만은 패망의 선봉이요. 거만한 마음은 넘어짐의 앞잡이니라" 좀 성공한 사람이 넘어지는 가장 큰 이유는 교만입니다. 교만보다 두려운 것이 없습니다. 고난당한 자는 기도할 것이요, 고난당할 때 더 기도하고 깨어지는 것입니다. 기도하니 자신의 나약함을 강하게 할 수 있기 때문입니다.

둘째, 자신의 나약함을 알아야 하나님의 은혜에 더욱 의지할 수 있기 때문이다. 고난은 더욱더 하나님의 은혜에 의지하기 위하여 오는 것입니다. 고난당하는 것은 더 기도해라! 더 하나님을 의지해라! 지금도 기도했지만 더 기도해라! 더 의지하라! 항상 하나님께 물어보아라! 야고보서 5장 13절에 "너희 중에 고난당하는 자가 있느냐 그는 기도할 것이요" 고린도후서 1장 9절에 "이는 우리로 자기를 의지하지 말고 오직 죽은 자를 다시 살리시는 하나님만 의지하게 하심이라"고 했습니다.

존 번연(John Bunyan)은 "시험과 고난은 우리가 하나님을 찾게 한다."고 말했습니다. 시험과 고난이 다가오면 우리가 하나님을 찾아요. 마틴 루터는 "시련이 없고 모든 것이 순조로울 때가 가장 위험한 시련이다. 왜냐하면 그때 인간은 하나님을 망각하고자 하는 유혹을 받게 되기 때문이다."라고 말한 것입니다. 시련이 없을 때가 가장 무서운 시련이에요. 시련이 있을 때에는 늘 하나님을 찾고 깨어지는데 시련이 없으면 하나님을 잊어버릴 위험이 있다는 것입니다. 열 가지 시련보다 시련 없는 삶이 더 위험한 것은 평안하다. 평안하다. 할 때 하나님을 잊어버리기가 쉽기 때문인 것입니다.

C. S 루이스(Clive Staples Lewis)는 이렇게 말했습니다. "왜 고난이 있는가, 그것은 대부분의 사람들이 큰일을 당하기 전까지는 하나님의 음성에 대해 무관심하기 때문이다. 고난은 이런 인생을 향하여 하나님의 뜻을 전달하는 확성기이다." 고난은 우리에게 정신을 번쩍 차리고 정신 차려라! 나(하나님)을 의지하라는 하나님의 확성기입니다. 우리의 연약과 고난 때문에 우리는 더욱 기도하고 더욱 하나님의 은혜를 의지하려고 해야 됩니다. 그러므로 하나님께서는 우리가 더욱 부르짖어 기도하여 하나님의 은혜 안에 머물도록 우리에게 고난의 가시를 주는 것입

니다. 우리가 저버리고 나가지 못하게 하기 위해서… 삶의 힘을 얻는 스위치를 내게서 뽑아서 예수님께만 꼽도록 하는 것입니다. 고난당하기 전에는 삶의 스위치를 내게 꼽아 놓아요. 그러나 고난당하면 내가 고난을 견딜 수 있는 힘이 없기 때문에 이 스위치를 뽑아 가지고서 예수님께 스위치를 꼽아야 되는 것입니다. 나는 볼트지가 너무 약해요. 예수님이라는 강한 볼트지에 스위치를 꼽아서 큰 에너지를 얻어야 되는 것입니다.

시편 121편 1절로 2절에 "내가 산을 향하여 눈을 들리라 나의 도움이 어디서 올까 나의 도움은 천지를 지으신 하나님에게서 로다" 하나님만이 나의 진정한 도움이 되시는 것입니다. "예수 그리스도는 어제나 오늘이나 영원토록 동일하십니다."(히 13:8). 옛날에 그리스도께서 인생 가운데 오셔서 인간을 도우신 주님은 지금도 똑같이 우리를 도와주시기 위해서 우리 곁에 와 계신 것입니다. 고린도전서 15장 10절에 "내가 나 된 것은 하나님의 은혜로 된 것이니 내게 주신 그의 은혜가 헛되지 아니하여 내가 모든 사도보다 더 많이 수고하였으나 내가 한 것이 아니요. 오직 나와 함께 하신 하나님의 은혜로라"

얼마나 좋은 것을 깨달았습니까? 바울선생은 굉장한 사도입니다. 대 신학자요, 대사도요, 하나님의 권능 있는 종입니다. 그러나 바울은 말하기를 내가 나 된 것은 내가 잘나서 된 것이 아니라, "내 속에 들어온 하나님의 은혜가 나를 이렇게 만들었다. 하나님의 은혜가 이렇게 만들었다. 나는 아무것도 아니다. 나는 이렇게 될 수 없다. 내 속에 들어온 하나님의 은혜가 그렇게 만들었다." 그것을 어떻게 깨달았느냐. 고난을 당해서 괴로움 속에서 자기의 무능력을 깨닫고 하나님의 은혜만이 자기를 지금까지 일으켜 세워줄 수 있다는 것을 깨닫게 된 것입니다. 제가 이렇게 된 것은 하나님의 은혜가 들어와서 저를 만든 것입니다. 저는 아무것도 스스로 할 수 없는 나약한 사람입니다. 하나님께서 저를 이렇게 만드신 것입니다.

이처럼 우리 각자에게 주어진 아픈 가시와 연약함으로 우리는 더욱 하나님께 기도하게 만들어 강하게 만들어주시는 것입니다. 그리고 예수님만 의지하게 만들어 줍니다. 나의 힘과 능으로 안 되니까 예수님만 의지합니다. 살든지 죽든지 흥하든지 망하든지 성하든지 쇠하든지 주님만 의지합니다. 매사를 하나님께 기도하여 응답을 받고 행동에 옮깁니다. 기도하여 하나님의 레마를 듣고 순종하며 세상을 살아갑니다. 그것 제가 잘 사용하는 말입니다. 하나님, 살든지 죽든지 흥하든지 망하든지 성하든지 쇠하든지 주님만 의지합니다. 천부여 의지 없어서 손들고 옵니다.

기도는 영적인 호흡이기 때문에 기도를 안 하면 영혼이 죽어 버리거든요. 세속에 끌려가 버립니다. 기도 안하는 사람에게 기도를 시키는 유일한 길은 고통을 주는 것입니다. 괴로움이 다가오는 것입니다. 그것이 마음의 괴로움이든 육체의 괴로움이든 생활의 괴로움이든 괴로움을 당하면 기도 안할 사람 아무도 없어요. 고통스러운데 기도 안 할 사람 누가 있습니까? 그러므로 여러 가지 고통이 다가오면 기도하라는 하나님의 묵시인줄 알아야 되는 것입니다. 그래야 그리스도의 능력이 머물러 있지요. 기도를 해야 주님의 능력이 머물러 있을 수가 있습니다.

고린도후서 12장 9절에 "나에게 이르시기를 내 은혜가 네게 족하도다. 이는 내 능력이 약한 데서 온전하여짐이라 하신지라. 그러므로 도리어 크게 기뻐함으로 나의 여러 약한 것들에 대하여 자랑하리니 이는 그리스도의 능력이 내게 머물게 하려 함이라" 주님을 의지해야 주님이 능력을 주시지 의지 안하는데 어떻게 능력을 줍니까? 우리가 의지할 때 하나님이 능력을 주십니다.

내가 자신만만하고 하나님 의지 안 해도 내가 할 수 있다고 생각하는 사람에게는 능력을 주시지 않는 것입니다. 그러면 하나님을 의지하는 사람은 자기가 약하다고 느껴야 하나님을 의지하지요. 나약한 자신을 알아야 하나님을 의지하는 것입니다. 그러므로 하나님이 그를 약하게 만들어서 자기 무능력을 알고 하나님께 의지하도록 만들어 주는 것입니다. 베드로전서 5장 10절에 "모든 은혜의 하나님 곧 그리스도 안에서 너희를 부르사 자기의 영원한 영광에 들어가게 하신 이가 잠깐 고난을 당한 너희를 친히 온전하게 하시며 굳건하게 하시며 강하게 하시며 터를 견고하게 하시리라" 고난을 통해서 온전하게 하시고 굳건하게 하시고 강하게 하시고 터를 굳게 만들어 주시는 것입니다. 고난을 통하여 하나님께 기도하니 강하고 담대한 사람이 되는 것입니다.

독일의 시인 괴테(Johann Wolfgang von Goethe)는 이렇게 말했습니다. "고난이 남기고 간 뒤를 보라. 그 고난의 발자국들이 지나간 자리가 기쁨으로 가득 차고 넘치게 된다." 참 놀라운 말 아닙니까? 지나간 옛날을 돌아볼 때 고난의 발자국이 기뻠으로 충만하게 되어 있다. 고난 받은 것이 유익이라. 고난 받기 전에는 잘못되었더니 고난 받고난 이후에는 잘되었다. 우리의 연약함과 고난은 우리 삶의 방향을 바꾸는 터닝 포인트가 될 수 있습니다.

셋째, 자신을 약하게 하는 원수들이 있다. 바울이 나를 약하게 한 원수가 어떤 것이라고 말했습니까? 성경 고린도후서 12장 10절에 "그러므로 내가 그리스도를 위하여 약한 것들과 능욕과 궁핍과 박해와 곤고를 기뻐하노니 이는 내가 약한 그 때에 강함이라" 바울을 약하게 하는 것들이 어떤 것이냐. 제일 첫째가 약한 것입니다. 바울은 몸이 약했어요. 몸이 약했기 때문에 이게 자기에게 다가온 큰 가시였습니다. 몸이 약하니까 하나님께 끊임없이 의지해야 되고 기도해야 되었습니다. 기도하니까, 자신의 마음 안이 하나님의 나라가 견고해지는 것입니다.

베드로전서 4장 14절에 "너희가 그리스도의 이름으로 치욕을 당하면 복 있는 자로다 영광의 영 곧 하나님의 영이 너희 위에 계심이라" 그 다음에 바울에게 다가오는 것은 박해였습니다. 힘이나 권력 따위로 약한 사람을 괴롭게 하고 해를 입히는 것이 박해인데 고린도후서 11장 24절로 25절에 "유대인들에게 사십에 하나 감한 매를 다섯 번 맞았으며 세 번 태장으로 맞고 한 번 돌로 맞고 세 번 파선하고 일주야를 깊은 바다에서 지냈으며"

참 바울선생 고통을 많이 당했습니다. 복음을 전하기 위해서 그가 당한 고통은 쓰디쓴 고통인 것입니다. 사십에 하나 감한 매를 다섯 번 맞았습니다. 그러니 등허리에 성한 흔적이 없습니다. 세 번 태장으로 맞고 한번 돌로 맞아 죽은 줄 알고 동구 밖으로 끌어 내버려진 적이 있습니다. 세 번 파선당하고 밤낮을 바다에 떠있었습니다. 마태복음 5장 44절과 10절에 "너희 원수를 사랑하며 너희를 박해하는 자를 위하여 기도하라"고 했는데 이 박해를 당할 때 원수를 위해서 기도한다는 것 큰 짐입니다. 가시와 엉겅퀴입니다. 힘든 일인 것입니다. "의를 위하여 박해를 받은 자는 복이 있나니 천국이 그들의 것임이라" 박해의 결과 천국이 그들의 것이지만, 박해를 이겨나가는 것은 힘듭니다.

그 다음 곤고입니다. 형편과 처지가 곤란하고 고생스러운 것이 곤고인데요. 고린도후서 11장 26절에 "여러 번 여행하면서 강의 위험과 강도의 위험과 동족의 위험과 이방인의 위험과 시내의 위험과 광야의 위험과 바다의 위험과 거짓 형제 중에 위험을 당하고" 가는 곳마다 위험 안한 데가 없어요. 바울 선생이 복음을 전할 때는 요사이와 같이 문명한 시대가 아닌 미개한 시대였습니다. 강을 건너가는데도 교량이 없으니까 떠내려갈 위험을 당하고 가는 곳마다 강도들이 득실거리고, 유대인들은 바울을 언제나 잡아 죽이려고 하고, 이방인들은 복음을 못 전하게 위협을 하고, 시내의 위험을 당하고, 광야에 가면 광야의 위험이 있고, 바다에 가면 바다의 위험이 있고, 거짓 형제 중에 위험을 당하고….

로마서 8장 35절로 37절에 "누가 우리를 그리스도의 사랑에서 끊으리요. 환난이나 곤고나 박해나 기근이나 적신이나 위험이나 칼이랴, 그러나 이 모든 일에 우리를 사랑하시는 이로 말미암아 우리가 넉넉히 이기느니라" 바울이 그렇게 큰 어려움을 겪고 난 다음에도 그리스도에 대한 사랑을 끊을 수 없는 것은 체험을 했기 때문에 이런 말을 담대하게 말할 수가 있는 것입니다. 우리가 온 세상의 모든 것을 다 가져도 내가 하나님을 중심에 모셔놓지 않으면 언제나 허전한 것이 있습니다.

아무리 큰 부자도 그 마음 중심에 허전한 것이 있고 아무리 권력자도 마음에 허전함이 있습니다. 아무리 훌륭한 남편을 모시고 살고 천하 절세미인을 데리고 살아도 마음이 허전합니다. 어떻게 압니까? 솔로몬보고 물어보면 압니다. 한명이면 충분할 것 같은데 부인을 천명이나 거느렸습니다. 온갖 호화찬란한 궁전을 짓고 호의호식해도 나중에 뭐라고 했습니까? 헛되고, 헛되고, 또 헛되고 헛되니 모든 것이 헛되도다. 우리 마음속에 하나님이 중심에 계시지 않으면 모든 것이 헛된 것입니다.

성도들도 한가지인 것입니다. 성도를 약하게 만드는 여러 가지 원수가 있습니다. 가정과 사업의 문제, 가난과 질병의 문제, 우리 몸의 연약한 것, 능욕, 욕됨, 박해, 곤고 등이 다가와서 우리 성도를 약하게 합니다. 그러나 이 모든 고통의 원수들은 결국 우리를 어떠한 비바람이 불어와도 꿈쩍도 하지 않는 강력한 하나님의 믿음의 군사로 만들어 놓고 마는 것입니다. 우리가 생각하기는 시련과 환난과 고통과 괴로움이 패배한 신자로 만들 것 같은데 세월이 지나고 보면 능력 있고 강하고 흔들리지 아니하고 위대한 신앙인은 고통으로 말미암아 만들어지는 것입니다.

하나님은 약하고 무능한 사람을 사용하시고, 강하고 똑똑한 사람이면 인간의 무능을 깨닫게 하시는 것입니다. 그러므로 절대로 학교 공부를 많이 못했다고, 아이큐가 낮다고, 자신의 환경이 나쁘다고 낙심하지 마십시오. 우리가 약할 때 기도하면 하나님은 우리 속을 강하게 하시는 것입니다. 무능력하고 무력하고 힘이 없을 때 주님을 찾게 되고, 의지하게 되고, 하나님이 나를 위하시면 누가 나를 대적하리요, 강력한 하나님의 그릇이 되게 해 주시는 것입니다. 성도가 강하고 똑똑한 사람이면 하나님이 시련을 보내어서 얼마나 무능력하고 무력하다는 것을 깨닫게 해 주시는 것입니다. 고난을 통해서 무능력한 자기를 발견하고 하나님 앞에 엎드리게 만들어 주는 것입니다.

그러므로 너무 똑똑하고 너무 훌륭한 사람은 하나님이 사용할 때 굉장히 고통을 주십니다. 하나님이 꼭 나를 사용할 줄 알면 똑똑하지 않은 것이 좋아요. 내가 똑똑하지 안 해야 하나님의 똑똑함이 나타나고 내가 무력해야 하나님의 능력이 나타나는 것입니다. 아무리 촛불이 밝다고 해도 대낮에 무슨 촛불이 밝습니까? 밤이 되어야 촛불이 밝지요. 어두울수록 촛불의 효과를 발생하는 것입니다. 그런데 대낮에 아무리 내가 밝은 전등불이 되어서 흔들어도 전등불이 안보입니다. 그러나 우리가 전등불이 아닌 호롱불이 되어도 밤에 켜놓으면 꽤 밝은 역할을 합니다. 하나님만 주인으로 모시고 있으면 약하고 무능해도 하나님이 우리를 도우시는 것입니다. 하나님이 우리를 위하시면 누가 우리를 대적하리요. 그 아들을 우리에게 주신 이가 그 아들과 함께 무엇을 선물로 주지 아니하시겠느냐. 죽은 자를 살리시고 없는 것을 있게 하시는 하나님은 그리스도 예수 안에서 우리 편이 되어 있는 것입니다. 지존자의 은밀한 곳에 거하는 자는 전능자의 그늘 아래 거하리로다. 지존자는 하나님인데 그 은밀한 곳은 예수님인 것입니다. 하나님의 비밀인 예수 그리스도 안에 있으면 우리는 전능자의 그늘 아래 거합니다.

그러면 우리는 담대하게 말할 수 있어요. "하나님은 나의 피난처요. 나의 요새요. 나의 의뢰하는 하나님이라 하리니, 이는 저가 너를 새 사냥군의 올무에서와 극한 염병에서 건지실 것이다. 그 하나님이 계시므로 나는 밤에 놀램과 낮에 흐르는 살과 흑암 중에 행하는 염병과 백주에 황폐케 하는 파멸을 두려워 아니하리로다 천인이 네 곁에서, 만인이 네 우편에서 엎드러지나 이 재앙이 네게 가까이 못하리로다" 하나님께서 말씀 하셨어요. "저가 나를 사랑하니 내가 저를 건지리라. 저가 내 이름을 안즉 내가 저를 높이리라. 저가 내게 간구하리니 내가 응답하리라. 저희 환난 때에 내가 저와 함께하여 저를 건지고 영화롭게 하리라. 내가 장수함으로 저를 만족케 하며 나의 구원으로 보이리라" 이런 하나님이 계시는데 우리가 무엇을 두려워하는 것입니까? 하나님께서 우리를 깨뜨려 복종케 하시는 것은 은혜를 더욱 부어주셔서 하나님의 크신 그릇이 되게 하기 위한 것입니다. 우리를 잘되게 하려고 훈련하는 것입니다. 하나님은 약하고 무능한 사람을 사용하십니다. 강하고 똑똑한 사람이면 인간의 무능을 깨닫게 하고 사용해야 되기 때문에 쥐어박습니다.

야~ 이놈아 바보천치야. 네가 뭐 똑똑하냐. 네가 뭐 잘났느냐. 그래서 모세가 자기가 바보천치라는 것을 깨닫는데 40년이 걸렸어요. 광야에서 처가살이 하면서…. 바울선생은 목회 일생 동안 고난을 겪었어요. 그것은 자기가 얼마나 바보고 무능하고 무력하다는 것을 늘 깨달아 하나님을 의지하게 만들기 위한 것입니다. 나는 하나님께서 전혀 시련과 고난도 당하지 않게 하는데요. 그렇게 말하면 그것은 진짜 똑똑한 사람이든지, 진짜 바보든지 둘 중에 하나인 것입니다. 진짜 똑똑한 사람은 그것도 못써요. 진짜 바보인 사람은 하나님이 사용하지 못해요. 어지간히 똑똑한 사람은 하나님이 깨뜨리시고, 어지간한 바보는 하나님이 지혜를 주셔서 사용하시는 것입니다. 그러므로 이 세상에 살면서 우리가 약할 때 하나님이 강하시므로 여러 가지 약한 일을 당할 때 낙심하지 마십시오. 강하신 하나님이 곁에서 내가 도와주마 내게 맡기라. 수고하고 무거운 짐진자들아 다 내게로 오라 내가 너희를 쉬게 하리라. 그러므로 내가 약하고 무거운 짐을 짊어진 줄 깨달으면 하나님께 맡겨야 되는 것입니다. 힘으로도 능으로도 할 수 없는 것 하나님이 해주시는 것입니다.

바울은 아픈 곳이 있어서 이것마저 치유되고 몸이 완전하면 더 당당하게 일 할 수 있으리라 여겼을 것입니다. 그래서 기도했습니다. 그 결과, 고후12:8-9절에"이것이 내게서 떠나가게 하기 위하여 내가 세 번 주께 간구하였더니, 나에게 이르시기를 내 은혜가 네게 족하도다. 이는 내 능력이 약한 데서 온전하여짐이라 하신지라. 그러므로 도리어 크게 기뻐함으로 나의 여러 약한 것들에 대하여 자랑하리니 이는 그리스도의 능력이 내게 머물게 하려 함이라"는 응답이었습니다.

바울은 일반의 사람들과는 달랐습니다. 그는 자신의 능력과 자신의 가진 것을 자랑하지 않고 오직 하나님만을 자랑하게 되었습니다. 그 이유는 바로 주께 의지하므로 하나님의 능력이 약한 자신을 통해서 나타난다는 것을 깨달았기 때문입니다.

고후 12:9 하반 절에 "그러므로 도리어 크게 기뻐함으로 나의 여러 약한 것들에 대하여 자랑하리니 이는 그리스도의 능력이 내게 머물게 하려 함이라" 바울은 이제 자신의 약함이 약점이 아니라 하나님의 능력이 머물게 하기 위한 강점임을 알았습니다. 그래서 그는 또 이렇게 고백을 합니다. 고후1:9 하반 절에 "우리는 우리 자신이 사형 선고를 받은 줄 알았으니, 이는 우리로 자기를 의지하지 말고, 오직 죽은 자를 다시 살리시는 하나님만 의지하게 하심이라" 그렇습니다.

우리는 아무도 스스로 강하다고 할 수 없습니다. 우리는 늘 넘어지고 쓰러지고 좌절하기도 합니다. 그런데 이것은 우리가 스스로의 약함을 인정하지 않고 자신의 힘으로 서려고 할 때 일어나는 일입니다. 지금 넘어져 있습니까? 그렇다면 지금 하나님을 인정하고 내 약함을 인정하시길 바랍니다. 바울이 자신의 약함을 인정하고 하나님만 의뢰함으로 그리스도의 능력이 바울과 늘 함께 머물렀던 것처럼, 이제 우리 모두가 자신의 약함을 인정하고, 그것을 하나님의 임재하심과 인도하심을 받는 강함으로 만드는 계기가 된다는 것을 믿으시기를 바랍니다.

10장 성령의 은사를 목회에 적용해야 한다.

(고전12:7)"각 사람에게 성령의 나타남을 주심은 유익하게 하려 하심이라."

개척목회자는 성령의 은사를 목회에 활용하여 교회를 성장시킬 수가 있어야 합니다. 하나님의 역사는 신령한 역사요, 마음 안에 성전에서 흘러나오는 하늘의 권능입니다. 마음 안에 성전에서 나오는 신령한 역사는 여러 가지 신령한 영적 현상을 통하여 눈으로 보도록 나타나는 축복입니다. 그래서 개척목회자는 자신이 먼저 마음에 천국이 되어야 합니다. 마음에서 흘러나오는 성령께서 역사하는 결과를 통하여 눈에 보이는 현실적인 축복으로 나타납니다. 지혜가 부족한 자에게는 지혜를, 믿음이 없는 자는 믿음을, 깨닫지 못하는 자에게는 지식을, 병든 자에게는 치유를, 가난한 자에게는 믿음을 통한 부요한 축복을, 답답한 자에게는 예언을 통한 권면과 안위를 주시는 등의 축복으로 역사를 하십니다.

첫째, 예배와 집회에서 성령 은사의 활용. 성령의 은사가 나타나게 하려면 상대방의 심령에 성령의 역사가 강하게 작용되어질 필요가 있습니다. 상대방에게 강하게 작용되어질 요소는 신령한 요소로 말미암아 하나님의 능력 앞에 굴복되어지게 됩니다. 상대방에게 성령의 역사가 강하게 작용되어질 요소는 여러 가지가 있습니다. 가장 강하게 작용되는 것은 지식의 말씀이나 통변이나 예언의 은사를 통하여 역사할 때에 상대방이 신령함을 인정하게 됩니다.

1) 예배나 부흥집회나 치유사역에서 기적과 신유의 역사를 일으킨다. 병원에서 고치지 못하는 여러 가지 질병을 성령의 나타남으로 고침 받는 유익함이 있습니다. 예수님 당시나 오늘날이나 기적의 많은 부분이 이러한 질병의 고침으로 예수님의 신성이 증명되는 것이며, 복음이 능력 있게 전파되며 성도들의 믿음이 사람의 지혜에 있지 않게 되고, 성령의 능력 있는 믿음을 가질 수 있도록 합니다. "두 사도가 오래 있어 주를 힘입어 담대히 말하니 주께서 저희 손으로 표적과 기사를 행하게 하여 주사 자기 은혜의 말씀을 증거 하시니"(행14:3).

집회를 인도하는 사역자는 성령이 강하게 역사할 수 있도록 자기만의 은사를 가지고 있어야 합니다. 자기만이 터득한 은사를 가지고 성령이 청중을 사로잡아야 기적의 역사를 체험합니다. 내가 성령집회를 인도하다 보니 강단에서 말씀을 전하고 집회를 인도하는 사역자의 은사와 영성에 따라 집회의 성패가 갈리게 됩니다. 그러므로 집회 인도자는 성령이 강하게 역사하게 하는 자기만의 은사가 있어야 합니다. "내 말과 내 전도함이 지혜의 권하는 말로 하지 아니하고 다만 성령의 나타남과 능력으로 하여 너희 믿음이 사람의 지혜에 있지 아니하고 다만 하나님의 능력에 있게 하려 하였노라"(고전2:4-5).

2) 은사집회나 기도모임에서 은사의 역사를 일으킨다. 아무리 유명한 박사가 인도할지라도 능력이나 은사를 부인하고 지

적으로만 가르치는 조용한 사경회는 졸음만 오게 됩니다. 말씀에 조리가 없고 설교가 체계가 없어도 성령 충만한 집회는 각종 역사가 일어나서 성령이 역사하고 각종 은혜와 은사가 나타나게 됩니다. "바울이 그들에게 안수하매 성령이 그들에게 임하시므로 방언도 하고 예언도 하니"(행19:6).

그러므로 집회를 인도하는 자는 무엇보다도 성령으로 세례 받고 성령 충만한 상태에서 집회를 인도해야 합니다. 집회의 성령의 역사 정도는 강단에서 인도하는 사역자의 성령 충만의 정도를 넘어가지 못합니다. 그러므로 집회를 인도하기 전에 깊은 영의 기도를 하여 성령으로 충만한 상태에서 집회를 인도하는 습관을 들여야 합니다.

3) 축복집회나 은혜집회에서 은혜와 회개의 역사를 일으킨다. 회개하고 싶어도 회개가 안 되고 믿어 보려고 해도 믿어지지 않는 것이 문제입니다. 그러나 성령이 말하게 하심을 따라 전하는 말씀은 심령 골수를 쪼개고 영과 혼을 가르며, 성령의 충만함으로 뜨거운 기도의 부르짖음이나 찬송의 열기는 회개의 역사를 일으키게 됩니다. 성령이 말하게 하심을 따라 전하는 말씀은 격정적인 외침도 아니요, 웅변조의 큰소리도 아니요, 인위적인 스피치 훈련으로 되는 것도 아닙니다.

원고를 보더라도 순간 내부에서 솟아나오는 말씀과 영감과 성령의 나타남으로 주어지는 말씀의 선포는 영과 생명의 흐름이 있습니다. 이 영과 생명의 흐름에 접촉한 청중의 영은 감동을 받으며 자아를 깨트리고, 회개의 역사를 일으키는 내적인 성령의 기름부음으로 연결하게 됩니다. "저희가 이 말을 듣고 마음에 찔려 베드로와 다른 사도들에게 물어 가로되 형제들아 우리가 어찌할꼬 하거늘"(행2:37).

말씀을 전하는 목회자는 충분한 기도로 성령으로 충만한 가운데 말씀을 전해야 합니다. 말씀을 전하기 전에 청중들이 마음을 열도록 적절한 영적조치가 필요합니다. 찬양이나 기도를 통하여 마음의 문을 열게 해야 성령의 역사가 일어납니다. 말씀을 전할 때도 적절한 실증을 통하여 믿음을 유발하게 하면 마음이 열려서 심령에서 기름부음이 올라오게 됩니다. 기름부음이 심령에서 품어져 나오므로 성령의 감동을 받게 됩니다. 성령의 감동을 받으니 전인격이 성령으로 장악을 당하게 됩니다.

4) 능력사역의 집회에서 축귀의 역사가 일어난다. 질병의 원인이 사단과 악한 영들의 강한 세력에 사로잡힌 상태에서 일어난 질병이라면 성령님의 능력으로 이러한 속박에서 벗어나게 할 필요가 있습니다. 악령의 축귀에는 영분별의 은사와 능력의 은사가 나타남이 있어야 합니다. 귀신은 성령의 권능에 의하여 자신의 정체를 폭로합니다. 말씀 속에서 역사하는 성령의 권능으로 귀신이 정체를 드러내게 됩니다. "다 놀라 서로 물어 가로되 이는 어찜이뇨 권세 있는 새 교훈이로다 더러운 귀신들을 명한즉 순종하는도다 하더라"(막 1:27).

귀신이 정체를 드러내는 것은 떠나가려는 것입니다. 말씀 속에서 역사하는 성령으로 말미암아 귀신이 제압당한 상태이므로 축귀가 쉽게 이루어집니다. 절대로 축귀는 사람의 힘으로 되지 않습니다. 성령의 역사가 일어나는 말씀을 전하여 귀신이 정체를 폭로하게 하고 축귀하는 것입니다. 그러므로 말씀을 전하는 목회자는 성령으로 세례를 받는 것은 필수입니다. 그리고 성령의 임재가운데 영으로 말씀을 전해야 합니다.

5) 전도 집회나 치유사역에서 전도와 부흥의 역사를 일으킨다. 은사를 부인하거나 외면하는 말씀위주의 부흥사경회가 실패하는 원인은 성령의 기름부음이 나타남이 없이 지식적으로만 가르치는 까닭입니다. 예배가 김빠진 콜라처럼 싱겁고 맥이 없고 졸리는 이유는 성령의 나타남이나 은사가 없이 지식적인 말씀이나 형식적인 예배와 종교행위로 끝나기 때문입니다. 부흥집회와 치유집회에서 하나님의 능력이나 신령한 역사 앞에서는 하나님에 대한 경외함이 생기게 됩니다. 복음에 대한 거부감이 제거되며 신앙생활에서는 믿음의 성장을 가져오게 됩니다. 치유 사역에서는 믿음의 확신을 주게 되고 영적인 놀라운 힘을 발휘하게 되어 이것은 곧 전도에 연결이 됩니다.

능력전도에서 죤 윔버 목사는 이러한 영적 은사를 통하여 복음의 내용이 확증됨으로써 사람들이 복음에 대하여 느끼는 거부감이 제거되고 예수 그리스도의 복음에 귀를 기울이게 되었습니다. 이러한 맥락에서 볼 때 "예수님의 전도가 그토록 효과적 이였던 이유를 이해 할 수 있습니다"라고 말하면서 효과적인 전도 활동의 요체는 복음의 선포와 영적인 능력의 역사를 결합하는 것이라 했습니다(능력전도 p21). "내 말과 내 전도함이 지혜의 권하는 말로 하지 아니하고 다만 성령의 나타남과 능력으로 하여"(고전2:4).

둘째, 현실문제 해결사역에서의 성령 은사의 활용. 현실문제 해결사역에서 사역자에게 나타나는 병을 고치는 은사만으로도 많은 사람들에게 복음에 대한 거부감을 제거하거나, 믿음의 성장을 가져오거나, 치유가 일어납니다. 보다 더 강력한 역사를 일으키는 데는 다른 성령의 은사의 도움 없이는 결코 많은 성과를 거둘 수가 없습니다. 환자가 병을 고치는 능력을 자신이 체험하기까지는 소극적 자세나 부정적인 자세를 가질 수도 있습니다. 일방적이 될 때는 사역자의 병 고치는 능력을 반감시킬 수도 있습니다. 강력한 믿음의 유발 요인이 되지 않을 수도 있기 때문입니다.

치유에 성과가 있기 위해서는 장애 요인과 질병의 원인을 파악하여, 그 원인의 제거도 필요하기 때문에 영분별의 은사나 지식의 말씀의 은사를 통한 활용이 있어야만 합니다. 마음의 깊은 상처나 용서하지 못한 죄들은 본인들이 모를 때도 있고, 일부러 감추려 하기도 하기 때문에 이러한 사실들을 털어놓지 아니하거나 파악하지 못하면 치유가 되지 않습니다.

치유사역에서 은사의 활용은 치유를 일으키는 결정적인 요인들을 제공하게 되기 때문에 은사에 대한 확인과 은사(성령의 나타남)에 대한 민감한 반응은 중대한 의미를 갖고 있습니다. 귀신들림이 외부로 드러나는 경우에는 누구나 알 수 있지만 귀신에 눌려 있는 잠복된 상태를 분별하지 못하는 경우가 대부분이기 때문에 이때에는 영분별의 은사가 활용되어야 하는 것입니다.

귀신이 붙어 있는 부위를 달리하여 숨을 때가 있는데 이때 숨어 있는 곳을 파악하거나 안수할 필요가 있을 때에는 영을 볼 수 있거나 느끼는 감각이 필요합니다. 귀신들이 공격을 할 때 이를 지각 할 수 있는 지각이 있어야 방어 할 수 있으며, 만약 공격을 받았으면 재빨리 추방을 하고 고통을 면할 수 있습니다.

이것은 처음으로 성령체험을 하는 성도들에게 일어나는 현상입니다. 성령체험을 계속하다가 보면 성령의 깊은 임재로 악한 영들이 정체가 폭로되어 소리 없이 떠나는 것이 보통입니다. 그러므로 사역자는 무엇보다 성령의 깊은 임재와 역사가 일어나는 집회를 인도해야합니다. 성령의 깊은 임재와 역사가 일어나게 하는 사역자만의 노하우를 가지고 활용해야 합니다. 무엇보다도 성령의 임재가 중요하기 때문입니다. 모든 것은 성령께서 하시기 때문에 사역자는 항상 성령의 역사가 앞서게 해야 합니다. 이를 위하여 평소에 성령의 충만함을 받고 성령의 역사를 감지할 수 있는 지식의 말씀의 은사가 있어야 합니다. 많이 체험하여 보는 것이 좋습니다. 그래야 그때그때 성령의 임하심을 보고 성령의 역사를 불러일으킬 수 있기 때문입니다.

셋째, 상담에서 계시의 은사로 활용. 상담에서 사용되는 은사는 지식의 말씀의 은사, 지혜의 말씀의 은사, 영분별 은사, 예언의 은사 등이 활용되어 집니다. 상담에서 성령의 감동을 받고 문제를 해결하는 역사를 일으킵니다. "그러나 다 예언을 하면 믿지 아니하는 자들이나 무식한 자들이 들어와서 모든 사람에게 책망을 들으며 모든 사람에게 판단을 받고, 그 마음의 숨은 일이 드러나게 되므로 엎드리어 하나님께 경배하며 하나님이 참으로 너희 가운데 계시다 전파하리라"(고전14:24-25).

　일반적인 교회에서 상담을 성경의 말씀을 지식적으로 깨우쳐 주는 것으로 생각하거나 심리적인 것으로 생각하는 경우가 많습니다. 이러한 심리적 혹은 학문적인 상담만으로는 해결이 안 되는 영적 갈급함이 있게 됩니다. 많은 신자들이 기도원을 찾게 되는 이유가 여기 있습니다. 이 상담학을 연구하지만 학문적으로만 연구하고, 신령한 은사가 나타나지 않으면 심령의 잠재의식이나 심령에 감추어진 깊은 영적인 문제점을 해결하지 못하게 되기 때문에 심리적인 상담만으로는 근본적인 해결은 어렵습니다. 영적이지 못한 상담은 어디까지나 무익한 것으로 끝나게 마련입니다. 그러므로 상담을 할 때는 성령님이 상담을 이끌고 가도록 하는 은사가 있어야 합니다. 그래서 심령 깊은 곳에 숨어있는 문제를 지식의 말씀으로 분별하여 해결함으로 성공적인 상담을 할 수가 있습니다. "살리는 것은 영이니 육은 무익하니라 내가 너희에게 이른 말이 영이요 생명이라"(요 6:63).

　우리는 말씀을 읽거나 들으면서도 표면적인 의식수준에서만 듣기 때문에 수박 겉핥기가 되기 쉽습니다. 성경 말씀은 심령으로 읽어야하고 심령으로 들어야하며 성령으로 깨달아야 합니다. 이성적인 지식으로만 하나님을 알려고 연구하기 때문에 심령이 깊이 임재하시는 성령과의 교류가 이루어지지 않으며, 신적인 요소가 전혀 없는 이러한 지식은 바로 의문에 속한 것이요, 이러한 신앙인이 바로 쭉정이 신자인 것입니다. 하나님이 지혜 있는 자를 부끄럽게 하시고 무식한 자를 들어서 사용하시는 이유를 알아야 할 것입니다. "하나님의 미련한 것이 사람보다 지혜 있고 하나님의 약한 것이 사람보다 강하니라. 형제들아 너희를 부르심을 보라 육체를 따라 지혜 있는 자가 많지 아니하며 능한 자가 많지 아니하며 문벌 좋은 자가 많지 아니하도다. 그러나 하나님께서 세상의 미련한 것들을 택하사 지혜 있는 자들을 부끄럽게 하려 하시고 세상의 약한 것들을 택하사 강한 것들을 부끄럽게 하려 하시며"(고전1:25-27).

상담자의 신령한 면이 나타나면 인간적인 생각들이 하나님께 대한 경외하는 마음으로 바뀌게 됩니다. 여러 가지 개인적인 상담과 목회 사역에서 신령상 유익하게 되려면 계시의 은사가 활용되어야 합니다. 지식적인 상담은 내담자에게 감동을 전혀 주지 못하지만, 이러한 은사의 활용은 신적인 권위가 주어짐으로 그 사람에게 감동을 주고 변화를 주고 놀라운 성과를 나타냅니다.

넷째, 믿음 생활에서 성령 은사의 활용. 믿음 생활에서는 축복과 기적을 일으킵니다. 지혜를 통하여 진리를 분별하며 어려운 난관을 해결하고, 지식의 말씀을 통하여 기적의 축복을 받으며, 예언의 말씀을 받음으로 감격과 회개가 일어나고 통변으로 교회에 덕을 세우며 믿음으로 기적이 나타나며 능력으로 승리하는 삶을 살수가 있습니다.

기적과 표적은 다 이러한 신령한 능력과 역사가 나타난 결과로 되어진 것임으로 하나님으로부터 축복과 은혜를 받기를 원하는 사람은 기를 쓰고 은사가 나타나는 영의 사람이 되어야 합니다. 그러므로 은사는 특별한 사람들에게만 나타나는 것이 절대 아닙니다. 하늘의 축복은 신령한 축복이기에 신령한 요소가 나에게서 나타나지 않고 은사가 활용되어 지지 않으면 신앙의 유익함은 나타날 수가 없는 것입니다.

성령의 내적 사역을 통하여 기름 부어진 결과 외적으로 성령이 나타나면 회개의 역사가 일어나고, 믿음의 확신을 통하여 담대하게 환경을 극복하며, 지혜가 부족하면 지혜의 은사를 통하여 문제를 해결하며, 병을 고치려하면 신유의 은사로 병을 고치게 되고, 여러 가지 유익한 성과를 거두게 됩니다.

다섯째, 전도할 때 성령 은사의 활용. 전도할 때 활용되는 은사는 지식의 말씀의 은사, 지혜의 말씀의 은사, 영분별 은사, 예언의 은사, 믿음의 은사, 기적을 행하는 은사가 유용하게 활용되어 집니다. 전도는 생명을 살리는 성업입니다. 하나님의 생명이 접붙임 받는 것은 하나님의 말씀을 선포로만 되는 것이 아닙니다. 안수로도 되며 찬송으로도 가능하며 능력의 사역이나 환경을 통한 하나님의 사역으로도 가능한 것입니다. 특별히 사람들은 하나님의 신령한 능력 앞에 신에 대한 두려움과 경외감을 느끼게 됩니다. 예를들면 질병이 고침을 받을 때, 자기들의 심령을 꿰뚫어 보는 능력 앞에서, 혹은 방언을 하는 신비한 모습등 자신이 방언을 하게 되면 확신을 하게 되고, 귀신이 발작하거나 떠나가는 하나님의 능력 앞에 굴복하게 됩니다.

이러한 치유사역을 통한 전도가 능력전도의 기회가 되며 여러 가지 신령한 사역을 통한 전도의 기회가 되는 것이 은사집회가 됩니다. 전도하는 사역자는 이 은사의 활용을 통하여 성령과 더불어 동역 하는 경험을 하게 되며, 이러한 은사를 통하여 나타나는 전도의 지혜와 지식의 은사는 필요 적절한 전도의 방법에 대한 인도하심이나 가르침이 있게 되며, 또 난처한 입장이나 위기의 상황에서 지혜롭게 대처할 수 있도록 하시는 성령님의 도우심이 나타나게 됩니다. "사람들이 너희를 끌어다가 넘겨 줄 때에 무슨 말을 할까 미리 염려치 말고 무엇이든지 그 시에 너희에게 주시는 그 말을 하라 말하는 이는 너희가 아니요 성령이시니라"(막 13:11).

우리는 전도할 때 내 힘과 지혜로 하려고 하지 말아야 합니다. 성령의 인도와 성령의 나타남으로 전도를 해야 하는 것입니다. 전도는 영적인 전쟁이므로 성령의 인도와 권능이 없이는 전도가 불가능합니다. "너희는 주께 받은바 기름 부음이 너희 안에 거하나니 아무도 너희를 가르칠 필요가 없고 오직 그의 기름 부음이 모든 것을 너희에게 가르치며 또 참되고 거짓이 없으니 너희를 가르치신 그대로 주 안에 거하라"(요일 2:27). 그래서 예수님은 12제자와 70인을 전도하러 보낼 때 성령의 권능을 주어서 전도하러 보낸 것입니다. 전도를 할 때는 성령으로 충만하여 전신갑주로 무장을 하고 현장에 나가야 합니다.

여섯째, 봉사할 때 성령의 은사 활용. 봉사나 헌금을 인간적인 생각이나 육신의 생각으로 하게 되면 교만하게 되고 억지로 하게 되면 시험이 들게 됩니다. 그러나 성령의 기름부음을 통한 자원하는 마음이 생기거나 지식의 말씀 은사를 통하여 나타나는 말씀을 듣거나 성령의 감동이나 열정이 일어날 때는 기쁨으로 봉사하게 되고 또한 감사함으로 드리게 됩니다. 그러므로 성령의 기름부음이 일어나는 은사집회나 여러 가지 은사 사역을 통하여 하나님께 대한 경험과 감격을 맛보도록 해야 하는 것입니다. "만일 누가 말하려면 하나님의 말씀을 하는 것같이 하고 누가 봉사하려면 하나님의 공급하시는 힘으로 하는 것같이 하라 이는 범사에 예수 그리스도로 말미암아 하나님이 영광을 받으시게 하려 함이니 그에게 영광과 권능이 세세에 무궁토록 있느니라 아멘"(벧전 4:11).

일부 성도들이나 목회자들이 조건이 달린 봉사를 하고 헌금을 드립니다. 내가 이렇게 하면 나의 문제를 해결하여 주시겠지 하는 막연한 기대감으로 봉사나 헌금을 합니다. 이러다가 그 문제가 해결되지 않으면 실망을 하거나 실족을 하게 됩니다. 그래서 우리는 바르게 알고 행해야 합니다. 봉사나 헌금은 성령의 감동 하에 성령의 이끌림을 받아서 해야 하는 것입니다.

일곱째, 설교할 때 성령의 은사의 활용. 성령의 기름부음이 없는 설교는 생명을 전달하지 못하고 단지 성경에 관한 지식의 전달로 끝나게 됩니다. 이런 말씀은 들은 자는 이성적인 신앙의 소유자가 되고, 심령은 냉랭한 자가 됩니다. 오히려 성령에 순종하는 자가 되지 못하여 하나님께 열심은 있지만, 자기의 의를 힘써 드러내려는 유대인들과 같이 예수를 대적하는 현대판 바리새인을 만들게 됩니다.

그러나 성령의 나타남을 활용하는 설교는 원고를 가지고 있지만, 원고에 매이지 않고 설교가 자연스럽게 흘러나오면서 영감의 설교를 하게 되며, 설교하면서 자신이 깨닫고 은혜를 받는 축복을 누리게 됩니다. 뿐만 아니라 설교 준비가 쉬워집니다. 나아가서 설교가 열정적인 모습을 보여 주게 되고 생명과 능력이 흘러넘치는 설교가 됩니다. 성령의 역사를 동반하지 아니한 설교는 육신적인 사람들에게는 인기가 있지만, 이러한 설교는 어디까지나 인위적이 되어 영적으로 민감한 사람들에게는 오히려 싱거움을 느끼게 됩니다.

우리 교회성도들이 다른 교회에 가서 말씀을 들으면 싱거워서 듣지 못하겠다고 합니다. 이는 전하는 말씀에 기름부음이 없어 생명이 되지 못하기 때문입니다. 강단에서 말씀을 전하는 목회자는 반드시 성령을 체험하고 성령의 임재 하에 말씀을 전해야 합니다. 그래야 전하는 자나 듣는 자가 모두 성령의 충만함으로 은혜를 받게 되고 영은 깨어나게 됩니다. "내가 증거하노니 저희가 하나님께 열심이 있으나 지식을 좇은 것이 아니라. 하나님의 의를 모르고 자기 의를 세우려고 힘써 하나님의 의를 복종치 아니하였느니라"(롬10:2-3). 여기에서의 '지식'이란 내적으로 임재하시는 성령의 기름부음을 통하여 나타나는 현상중의 하나로서 성령의 가르침(깨달음)과 인도함을 의미합니다.

여덟째, 심방할 때 성령 은사의 활용. 그 가정이나 심방을 받는 자에게 심방할 때에 문제점들이나 그 문제점들에 얽힌 상황을 알거나 심령의 고민들을 꿰뚫어 보고 필요한 영적 위로의 말씀이나 권면을 할 수 있게 됩니다. 이러한 은사의 활용이 없는 목회는 어디까지나 영적 사역이 되지 못하고 인간적이 되거나 종교적인 행위가 되고 맙니다. 특히 심방을 할 때에는 계시의 은사를 적절하게 활용해야 은혜롭고 문제가 해결되는 심방이 됩니다. 우리는 심방을 정기적으로 성도들을 찾아보는 것으로 그치게 해서는 안 됩니다. 가정의 영적인 상태를 파악하고 파악된 영적인 상태에 따라 성령의 역사를 일으켜서 성령이 장악하도록 해야 합니다. 그렇기 때문에 심방은 성령의 은사를 가지고 심방을 해야 합니다(고전 14:3).

아홉째, 기도 생활에서 성령 은사의 활용. 기도가 힘든 것은 성령의 기름부음이 없고 성령 안에서 기도하지 않기 때문에 힘든 것입니다. 성령 안에서 기도하면 성령의 기름부음이 심령에 부어지면서 각종 여러 가지 은혜와 은사를 맛보게 됩니다. 응답을 받는 기쁨과 죄에 대하여 의에 대하여 심판에 대하여 깨우쳐 주는 지식이 주어짐으로 무미건조하고 힘겹기만한 기도가 감사와 기쁨과 감격으로 바뀌게 됩니다.

메마른 육신의 심령과 마음에서 하는 기도는 신령한 현상이나 기쁨을 맛보지 못하는 것입니다. 그렇기 때문에 이런 기도를 많이 해도 마음의 기쁨을 경험하지 못합니다. 신령한 기도의 기쁨을 경험하지 못하므로 성령사역을 이해하지 못하여 기도의 신비나 성령의 교제를 통하여 나타나는 여러 가지 현상을 거부합니다. 더 나아가 성령 사역을 두려워하거나 거부하거나 훼방하는 자가 되거나 성령 사역자를 무조건 신비주의자로 매도하기 쉬운 것입니다.

이러한 기도의 신비를 체험하지 못하고서는 말씀의 진정한 맛과 의미를 헤아릴 수가 없는 것입니다. 그러나 신비주의는 하나님의 말씀을 외면하거나 무시하고 신비한 현상이나 감격만을 추구하는 사람을 말하는데 이러한 상황과는 구별되어 분별할 수 있어야 할 것입니다. 그러나 말씀의 능력을 이해하지 못하거나 말씀 없이 기도만 하는 사람들의 병폐는 신비주의로 전락하게 됩니다. 말씀과 신비(성령 사역)는 항상 조화를 이루어야 하고 '말씀' '말씀'오로지 '말씀'하고 주장하고 은사를 배척하는 목회자가 있습니다. 이런 분은 성령의 사역을 통하여 나타나는 신비를 경험하여 보아야 참다운 '말씀의 진수'를 체험할 수 있게 되는 것입니다(고전 2:4).

성전 뜰에서 하는 이성적이거나 육신적인 기도나 단순한 마음의 기도만을 할 것이 아니라, 지성소 즉 성령에 깊이 몰입하여 기도하는 경험을 통하여 성령이 나타나는 여러 가지 기도의 신비를 맛보아 알아야 하는 것입니다. 반대로 기도나 은사를 통하여 나타나는 은사와 신비만을 추구하는 사람은 진리의 말씀을 바로 이해하여 말씀이 주는 감격과 기쁨을 맛보아야 할 것입니다. 성전 뜰만 밟고 다니는 기도의 수준이나 혹은 지성소 안에서 성령에 완전히 사로 잡혀 하나님을 만나는 기도를 해보지 못한 사람은 여러 가지 성령의 나타나는 영적 신비나 은사를 이해 할 수가 없는 것입니다. 모든 것은 성령으로 알 수가 있기 때문입니다. 개척목회자는 성령의 은사를 목회에 적용하면 교회성장과 자립에 큰 효과가 있을 것입니다.

3부 영안을 열기 위한 영성훈련을 하라

11장 영육을 구분하기 위해 노력하라.

(고전 2:14-15)"육에 속한 사람은 하나님의 성령의 일들을 받지 아니하나니 이는 그것들이 그에게는 어리석게 보임이요, 또 그는 그것들을 알 수도 없나니 그러한 일은 영적으로 분별되기 때문이라. 신령한 자는 모든 것을 판단하나 자기는 아무에게도 판단을 받지 아니하느니라."

목회자는 영육을 분별할 줄 알아야 합니다. 하나님은 영에 속한 목회자가 되게 하기 위하여 말씀과 성령으로 훈련하시는 것입니다. 영에 속한 목회자는 누구일까요? 자신 앞에 골리앗이 버티고 있어도 당황하거나 두려워하지 않고 담대하게 하나님의 말씀을 선포하여 물리치는 다윗과 같은 사람입니다. 내 인생 내가 사는 것이 아니요, 하나님께서 사신다는 믿음이 있는 목회자입니다. 하나님은 영에 속한 목회자를 통해서 하나님의 일을 하십니다. 교회를 개척하여 자립하려면 하나님께서 원하시는 영에 속한 목회자가 되어야 합니다. 혼에 속한 목회자는 어떤 사람일까요? 골리앗을 보고 겁을 내고 있는 사울 왕입니다. 사울왕은 전형적인 혼(이성)에 속한 사람입니다. 사무엘상 17장 33절에 보면 "사울이 다윗에게 이르되 네가 가서 저 블레셋 사람과 싸울 수 없으리니 너는 소년이요 그는 어려서부터 용사임이니라" 말합니다.

사울에게는 하나님은 안중에도 없습니다. 모든 일을 자신이 해결해야 하는 사람입니다. 다윗하고 골리앗하고 비교 분석하여 안 된다고 말하는 사람입니다. 목회자가 사울 왕과 같이 혼(이성)에 속해있으면 애당초 개척을 생각하지도 말아야 합니다.

육에 속한 사람은 어떤 사람입니까? 사무엘상 17장 24절에 보면 "이스라엘 모든 사람이 그 사람을 보고 심히 두려워하여 그 앞에서 도망하며" 골리앗의 고함 소리에 놀라서 도망하거나 숨는 사람입니다. 스스로 아무것도 할 수 없는 사람입니다. 예를 하나 더 들어 설명하면 홍해 가에 앉아서 아우성을 치는 이스라엘 사람들입니다. "그들이 또 모세에게 이르되 애굽에 매장지가 없어서 당신이 우리를 이끌어 내어 이 광야에서 죽게 하느냐 어찌하여 당신이 우리를 애굽에서 이끌어 내어 우리에게 이같이 하느냐"(출14:11). 이 사람들이 육에 속한 사람들입니다.

첫째, 육에 속한 사람. 육의 사람은 태어난 그대로의 사람입니다. 어머니의 뱃속에서 나온 그 순간부터 그 사람은 육의 사람인 것입니다. 물론 어머니의 뱃속에 있을 때부터 육의 사람으로 생성된 것입니다. 육의 사람이란 영이 죽은 사람을 말합니다. 하나님의 성령과 교통을 할 수 없는 사람이 바로 육의 사람입니다. 이 세상에 태어나서 선과 악을 전혀 행한 적이 없는 사람도 영이 죽어서 태어났기 때문에 육의 사람입니다.

육에 속한 사람은 요한복음 6장에 나오는 예수님의 표적을 보고 몰려든 군중들입니다. 요한복음 6장 5절에 "예수께서 눈을 들어 큰 무리가 자기에게로 오는 것을 보시고 빌립에게 이르시되 우리가 어디서 떡을 사서 이 사람들을 먹이겠느냐 하시니" 이 사람들은 스스로 아무 것도 할 수없는 사람들입니다. 예수님이 먹이지 아니하면 허기에 지쳐서 쓰러질 사람들입니다. 오로지 육적인 만족을 위해서 예수님이 필요한 사람들입니다. 도저히 하나님을 통해서 아무것도 공급받을 수 없는 사람들입니다.

출애굽기 14장 11절을 보면, 이스라엘 백성들이 홍해 가에서 입을 열어 불평합니다. "그들이 또 모세에게 이르되 애굽에 매장지가 없어서 당신이 우리를 이끌어 내어 이 광야에서 죽게 하느냐 어찌하여 당신이 우리를 애굽에서 이끌어 내어 우리에게 이같이 하느냐" 430년 동안 저들이 노예 생활을 하던 애굽에서 해방 받아서 저들이 약속의 땅 가나안으로 가는데 불과 얼마 지나지 않아서 그 기쁨은 사라져버리고 앞에는 홍해가 막히고 뒤에는 군사가 쫓아오니까 우리를 차라리 종살이 하게 내버려두지 왜 우리를 건져내갖고 여기서 죽게 하느냐? 우리를 묻을 묘지가 없어서 이곳에 까지 끌고 나오느냐? 다 입을 열고 불평을 합니다. 육에 속한 사람은 문제를 만났을 때 제일 먼저 하는 것이 불평입니다.

어떻게 해서 문제를 해결하려고 하지 않고 핑계를 대고 불평과 불만만 터트립니다. 하나님을 믿고 따라서 나왔지만 영이신 하나님을 모르는 사람들입니다. 할 수 있는 것이 원망입니다. 남의 탓입니다. 모세를 탓하고 하나님을 원망했어요. 문제가 생겼을 때 내가 문제가 무엇일까? 내 자신을 살펴봐야 하는데 당신 때문에 그렇소… 당신 때문에 그렇소… 원망하면 문제가 더 커져버립니다. 하나님께서 하신다는 믿음이 없으니 원망합니다.

이스라엘 백성이 스로 광야에 들어가서 사흘 동안 물을 얻지 못하매 목이 타서 죽을 지경이었습니다. 그러자 호수를 발견했는데 뛰어가서 물을 마셔보니 물이 써서 마실 수가 없었습니다. 백성들은 그만 또다시 절망하고 말았습니다. 사흘 동안 물을 못 마셨는데 물을 발견하고 마셔보니 독이 있어 그들이 먹자 말자 토하고 배를 안고 뒹굴고 말았습니다. 또다시 하나님과 모세를 원망하고 고함 고함을 쳤습니다. 이 사람들은 하나님과 통하는 모세가 없으면 모두 광야에서 죽을 사람들입니다. 성령이 없으니 하나님과 교통할 수가 없기 때문입니다.

그러면 하나님의 성령을 받지 못한 사람은 어떻습니까? 고린도전서 2장 14절을 보십시오. "육에 속한 사람은 하나님의 성령의 일들을 받지 아니하나니 이는 그것들이 그에게는 어리석게 보임이요, 또 그는 그것들을 알 수도 없나니 그러한 일은 영적으로 분별되기 때문이라" 육에 속한 사람은 하나님의 성령을 받지 못한 사람입니다. 하나님의 성령을 받지 못한 사람은 하나님의 성령의 일들을 받지 않습니다. 그들이 보기에는 어리석은 일처럼 보이기 때문입니다. 하나님께서 홍해에 길을 낼 수가 있다는 것을 믿지 못합니다. 모든 것을 합리로 판단하고 결정하는 사람들입니다.

둘째, 혼(이성)에 속한 사람. 요한복음 6장에 보면 예수님의 제자 빌립이 이와 같이 계산이 빠른 사람이었습니다. 예수님께서 "우리가 어디서 떡을 사서 이 사람들을 먹이겠느냐"고 물으니까, 빌립은 계산할 시간도 없이 순식간에 저들에게 조금씩 받게 할지라도 이백 데나리온이나 되는 돈이 부족할 것입니다. 언제 계산을 했는지 순식간에 이백 데나리온이라는 돈이 부족하다고 말했습니다. 그렇기 때문에 자기 계산에 의하면, 군중들을 먹이는 것이 불가능하다고 부정적으로 말했습니다. 빌립의 계산은 정확한 듯 보이지만, 빠르게 계산하는 비상한 두뇌를 가지고 있지만 결정적인 결함이 있습니다. 예수님을 모시고 있는 사람, 예수님을 믿는 사람은 문제가 생길 때, 계산을 할 때 반드시 예수님을 계산에 넣어야 하는데 빌립은 예수님을 계산에 넣지 않았습니다. 목회자가 무엇을 하든지 문제가 생기면 그 문제에 예수님을 계산에 넣어야 되는 것입니다. 예수님이 나와 함께 계셔서 우리가 함께 문제를 해결한다고 생각해야지 예수님을 생각하지 않고 문제만 바라보고 우리가 해결하려고 한다면 잘못을 범하게 되는 것입니다. 하나님이 원하시는 사람은 인간적으로 계산이 빠른 머리가 좋은 사람이 아니라 믿음의 사람을 주님은 원하시는 것입니다. 빌립이 문제만 바라봤기 때문에 큰 실수를 했습니다.

예수님은 어제나 오늘이나 영원히 동일하시며 능치 못하심이 없는 그리스도를 계산해 놓고서 모든 것을 보았더라면 다른 대답이 나왔을 것입니다. 예수님께서는 요한복음 6장 5절로 7절에 "예수께서 눈을 들어 큰 무리가 자기에게로 오는 것을 보시고 빌립에게 이르시되 우리가 어디서 떡을 사서 이 사람들을 먹이겠느냐 하시니 이렇게 말씀하심은 친히 어떻게 하실지를 아시고 빌립을 시험하고자 하심이라" 이 많은 군중을 어디에서 떡을 사서 먹이느냐. 주님이 물으실 때 몰라서 물은 것이 아니라, 어떻게 할 줄 다 아시면서도 빌립의 믿음을 시험해 보셨습니다. "빌립이 대답하되 각 사람으로 조금씩 받게 할지라도 이백 데나리온의 떡이 부족하리이다" 사람의 수는 인산인해인데 어떻게 이 많은 군중을 먹일 수 있겠는가. 돈이 엄청나게 들어서 다 먹이고도 이백 데나리온의 돈이 부족할 것이라고 말했습니다. 그뿐 아니라 떡 살 곳도 없고 왜 예수님이 이런 마음에 들지 않는 질문을 하셨는지 빌립은 기분이 좋지 않았습니다.

그의 눈에는 인산인해인 사람들이 보이고, 광야가 눈에 보이고, 텅 빈 호주머니가 눈에 보이고, 떡살 곳이 없는 것이 눈에 보이지 예수님은 보이지 않았습니다. 예수님과 같이 있는데 예수님을 못 보았습니다. 우리들도 그렇게 생활할 때가 많지요? 예수님이 볼지어다. 내가 세상 끝날까지 항상 너와 함께 있겠다고 말씀하셨는데 문제가 생기면 문제만 보이고 같이 계신 예수님은 안 보입니다. 계산에 넣지 않습니다. 주님이 나와 같이 계시니 주께서 이 문제를 나와 함께 해결해 주실 줄 믿습니다. 주님을 의지합니다. 이렇게 하지 않고 '아이고 나 죽겠다. 이제 큰일 났다. 나는 이 문제로 인하여 파산하겠다.' 그런 부정적인 말을 먼저 하게 되는데 이는 중대한 잘못을 저지르는 것입니다. 우리 인생을 살아가는 경험에 의해서 사물을 판단하면 큰 실수를 하게 되는 것입니다.

인생을 살면서 초년에 실패를 여러 번 계속하고 어려움을 당하면 그 마음에 어떤 생각이 들어오느냐면 '할 수 없다. 못 한다. 안 된다. 나는 능력이 없다.' 그 다음에는 좋은 기회가 생겨나도 그 기회를 잡지 못하고 땅에 붙어서 기어 다니는 것입니다. 사람도 한계를 가지고 있기 때문에 자신의 경험만으로 판단하면, "안 된다, 못 한다, 불가능하다"로 결론을 내리게 되는 것입니다. 그러나 우리는 우리의 능력이나 우리의 경험으로 계산해서는 안 됩니다. 우리는 항상 예수님을 모시고 계산해야 되는 것입니다. 잘 될 때나 못 될 때나 내가 성공했을 때나 못했을 때나 그것은 문제가 되지 않는 것입니다. 예수님이 나와 같이 계시므로 예수님을 계산하고 나가면 주님이 우리를 데리고 사망의 음침한 골짜기에서 승리하게 해주시고 원수의 목전에서 상을 베풀어 주시는 것입니다. 우리가 아무리 계산을 잘 한다고 하더라도, 하나님보다 잘 할 수는 없습니다. 그러므로 하나님께 집중하여 하나님께서 하라는 대로 하는 것입니다.

주님! 저는 이 문제를 해결해야 되는데 내 힘으로는 할 수가 없는 것을 알기 때문에 예수님께 의지합니다. 예수님! 저와 같이 계시므로 계산에 예수님의 실력을 넣어서 계산하므로 돌보아 주시옵소서. 예수님을 꼭 인정하고 환영하고 모셔드리고 의지하고 계산을 해야 되는 것입니다. 전쟁할 때는 상대방의 전력을 먼저 계산해 봅니다. 상대방의 전력을 계산하지 않고 무조건 들어 갔다가는 백전백패하는 것입니다. 이스라엘 백성이 가나안 땅에 들어갈 때 열두 정탐꾼을 보낸 것은 미리 적군의 군사력이나 경제력을 계산에 넣어서 이길 수 있느냐 없느냐를 알아보고 작전 계획을 세우려고 한 것입니다. 열두 명의 정탐꾼을 보냈는데 열 명은 돌아와서 고개를 설레설레 흔듭니다. 어림도 없습니다. 우리는 우리 자신을 그들에게 비교해보니 메뚜기와 같습니다. 감당 못 합니다. 다 사로잡힐 것입니다. 하나님의 말씀을 조금도 생각하지 아니하고 하나님을 계산에 넣지 않고 이스라엘 백성 힘만 바라보고 나가니까 가나안의 족속들을 감당할 수 없다고 말했습니다.

여호수아와 갈렙은 하나님을 계산에 넣고 갔기 때문에 아니요! 그 사람들은 우리 밥입니다. 들어가서 우리가 잡아먹으면 되는 것입니다. 하나님이 우리와 같이 계시므로 그들은 우리의 밥입니다. 완전히 계산이 달랐습니다. 하나님 없는 계산을 하는 사람은 우리는 그들에 비해서 메뚜기라고 말하고 하나님을 넣어서 계산한 그들은 우리는 그들을 잡아먹는 사람이요, 그들은 우리 밥이라고 말한 것입니다. 메뚜기하고 밥하고 얼마나 틀립니까? 메뚜기는 밟아버리면 죽지만 밥은 먹거리가 되는 것입니다. 인생에 다가오는 현실 문제는 하나님과 같이 계시면 다 밥입니다. 현실 문제가 생기면 즐겁게 생각해야지 두려워할 필요가 없는 것입니다. 하나님이 같이 계시기 때문인 것입니다. 우리가 하나님이 계시면 언제나 환경을 바라봐도 두려워하지 않고 예수님을 계산에 넣기 때문에 합력하여 유익이 될 것을 계산하는 것입니다. 하나님을 사랑하는 자 그 뜻대로 부르심을 입은 자들에게는 모든 것이 합력하여 선을 이룬다고 말한 것입니다.

셋째, 영에 속한 사람. 홍해가 막혀있고 뒤에는 바로의 군대가 쫓아와서 430년 만에 애굽에서 탈출한 이스라엘 백성이 원망과 불평을 쏟아놓을 때 가만히 있으라는 말이 나옵니다. 모세가 하나님이 함께 하신다는 음성을 듣고 담대히 말했습니다. 출애굽기 14장 13절, 14절 말씀을 봅니다. "모세가 백성에게 이르되 너희는 두려워하지 말고 가만히 서서 하나님께서 오늘 너희를 위하여 행하시는 구원을 보라 너희가 오늘 본 애굽 사람을 영원히 다시 보지 아니하리라 하나님께서 너희를 위하여 싸우시리니 너희는 가만히 있을 지니라" "하나님께서 우리를 위하여 대신 싸우실 것이므로 너희는 가만히 있을 것이라. 잠잠하고 조용하고 불평하지 말고 가만히 있어라. 그저 주님께서 하라는 대로 순종하고 맡기고 주님 앞에 감사하며 찬양하며 나아갈 것이라." 이것이 바로 하나님이 하실 것을 믿는 살아있는 믿음입니다. 모세가 바로 영에 속한 지도자입니다.

하나님은 모든 개척교회 목회자들이 모세와 같은 영에 속한 믿음의 지도자가 되기를 원하십니다. 모세는 당황하지 않고 하나님께서 하라는 대로 순종합니다. 출애굽기 14장 21절에, "모세가 바다 위로 손을 내밀매 하나님께서 큰 동풍이 밤새도록 바닷물을 물러가게 하시니 물이 갈라져 바다가 마른 땅이 된지라" 모세가 하나님의 음성을 듣고 순종하여 바다 위로 손을 내미니까, 이 바다가 갈라져서 육지와 같이 된 곳을 남자로만 60만 명, 여자와 아이를 합하여 약 300만 명 가까이 되는 이스라엘 백성들이 그 홍해를 육지처럼 건너갑니다. 하나님은 일찍이 홍해 밑에 다가 길을 만들어 두셨습니다. 크리스천이 성령의 인도를 받고 천성을 향해서 가는 길에 일어나는 모든 문제는 하나님께서 모두 아십니다. 문제를 해결할 방법도 만들어 두셨습니다. 하나님께 기도하여 해결할 방법을 알아내고 순종하면 해결이 되는 것입니다. 믿음을 가지시기를 바랍니다.

이스라엘 백성은 이 홍해를 절대로 가르지 못합니다. 이스라엘 백성의 힘으로는 그 물길이 절대로 갈라질 수 없습니다. 그 많은 사람들이 당장 배를 만들 수도 없는 것이고 그중에 헤엄을 잘 쳐서 그 바다를 건너갈 사람이 몇 사람이 되겠습니까? 그러니까 하나님 말씀이 '가만히 있어라. 불평하지 말라. 원망하지 말라. 부정적인 이야기를 쏟아놓지 말아라. 내가 도와줄 것이다.'

하나님은 성도들이 문제를 만나 하나님께 기도하여 해결하면서 하나님을 체험적으로 알아가게 하시는 것입니다. 하나님은 살아계신 하나님이시기 때문입니다. 성도들이 하나님이 살아계신다는 것을 믿게 하기 위하여 문제를 만나 하나님의 역사로 해결되는 것을 체험하게 하십니다.

개척교회 목회자는 담대한 믿음이 없이는 교회를 자립할 수가 없습니다. 하나님은 육신에 속하고 혼에 속한 목회자를 영에 속한 목회자로 바꾸어 사용하십니다. 얍복강을 건너가지 않던 혼에 속한 야곱이 허벅지 관절이 어긋나 장애인이 되니 이스라엘로 개명된 사건을 통해 이해할 수가 있을 것입니다. 쉽게 설명하면 육체에 속한 야곱(유대인)이 장애인이 되니 영적인 이스라엘로 바뀐 것입니다. 이제 영이신 하나님의 음성을 듣고 순종하며 사는 이스라엘로 바뀐 것입니다. 우리 개척목회를 할 목회자들도 영이신 하나님의 음성을 듣고 순종하는 이스라엘로 바뀌어야 합니다. 뜻을 이해를 잘해야 합니다.

바울은 이렇게 말합니다. "하나님의 나라는 말에 있지 않고 능력에 있습니다."라고 말입니다. 우리 크리스천들이 현실 문제를 하나님의 방법으로 해결 받으려면 성령으로 거듭나서 하나님을 영으로 인식하고 하나님과 같은 영적인 상태로 하나님과 교통하려고 해야 합니다. 하나님은 크리스천들이 당하는 현실 문제를 창세전에 알고 계셨습니다. 문제도 알고 계시고 문제마다 해결방법도 예비해 두셨습니다. 그런데 현실문제마다 해결방법이 멀리 있는 것이 아니고 문제 안에 있다는 것입니다. 해결방법은 영이신 하나님께서 알고 계십니다. 영이신 하나님께 해결방법을 알아내려니 영의 상태가 되어야 가능한 것입니다.

하나님께서는 개척목회자들도 현실 문제를 통하여 단련하여 영에 속한 사람이 되도록 하십니다. 교회를 개척하여 자립하려면 자신이 없어져야 합니다. 자신이 없어져야 현실 문제 앞에서 당황하지 않고 기도하여 하나님의 음성을 듣고 순종하게 되는 것입니다. 골리앗을 향하여 하나님의 말씀을 선포하고 물맷돌을 던지는 다윗과 같은 담대한 목회자가 되는 것입니다.

하나님은 개척교회 목회자들이 모두 다윗과 여호수아와 같은 영에 속한 담대한 지도자가 되기를 원하십니다. 다윗은 강하고 담대한 사람이었습니다. 담력이 없으면 초립동 소년이 사자나 곰을 대항하여 싸울 수가 없습니다. 마음에 담력이 있기 때문에 용감하게 사자나 곰을 향해서 나아갈 수 있는 것입니다. 담력이 없이는 블레셋의 거인을 향하여 물맷돌만 가지고서 대적해 나아갈 수가 없습니다. 떨려서 어떻게 나갑니까? 그러나 그는 스스로에게 힘을 주고 용기를 주어서 강하고 담대한 신앙을 가지게 된 것입니다. 하나님께서는 가나안 땅에 들어가는 백성들이 강하고 담대함을 잃어버리고 환경을 바라보고 두려워하고 물러갈 때 그들을 다 싹 쓸어버리고 만 것입니다. 여호수아와 갈렙 만이 "저들은 우리의 밥이다. 우리가 들어가서 점령하자. 강하고 담대한 말을 했을 때" 여호수아와 갈렙 두 사람은 구출해서 가나안 땅에 들어가게 했지만 "우리들 본인 스스로는 보니 메뚜기와 같다. 우리는 쳐들어가지 못한다. 우리 처자가 다 잡힐 것이다. 우리는 애굽으로 돌아가자" 이렇게 말한 사람은 광야로 다 회진시켜서 다 멸망시켜 버리고 만 것입니다.

하나님께서 가나안 땅에 들어갈 여호수아를 보고서 어떻게 격려했습니까? 강하고 담대하라고 말한 것입니다. 여호수아에게 확실한 꿈을 주신 후에 강하고 담대하라고 거듭거듭 강조했습니다. 여호수아 1장에 무려 3번이나 하나님은 꿈도 주시고 약속도 다 주셨는데도 불구하고 여호수아에게 부탁한 것은 마음을 강하게 하고 담대히 하라. 마음을 강하게 먹고 지극히 담대하라고 하신 것입니다. 아무리 꿈이 있고 지식이 있고 믿음이 있어도 담대히 실천하지 않으면 아무 일도 이루어지지 않는 것입니다.

우리 하나님께서는 강하고 담대한 사람을 취해서 하나님의 뜻을 이루시는 것입니다. 이스라엘의 모든 역전의 용사들이 다 두려워서 벌벌 떨 때 소년 다윗이 강하고 담대하게 투구도 쓰지 아니하고 갑옷도 입지 아니하고 목자의 옷 그대로 입고 그는 물 맷돌 하나를 들고 나갔다는 것은 그 마음속에 얼마나 담력이 있었다는 것을 보여 주는 것입니다.

12장 영적인 세계를 눈으로 보려고 하라.

(고전 2:10)"오직 하나님이 성령으로 이것을 우리에게 보이셨으니 성령은 모든 것 곧 하나님의 깊은 것까지도 통달하시느니라"

하나님은 목회자들에게 영적인 세계를 체험하게 하십니다. 영적인 세계를 알아야 하나님과 동행하는 영적인 목회자가 될 수가 있기 때문입니다. 하나님은 성도가 예수를 믿고 교회에 들어오면 성령을 체험하게 하십니다. 성령을 체험하면서 영적인 면에 관심이 많아집니다. 예수를 믿고 교회에 들어오면 성령께서 축복을 받는 것에 관심을 갖는 것에 앞서서 영적인 면에 관심을 갖도록 인도하시는 것입니다. 영적인 눈이 열려서 하늘나라 사람으로 변해야 아브라함의 복을 받을 수 있기 때문입니다. 아브라함의 복을 받으려면 영적인 눈이 열려서 영의 사람이 되어야 하기 때문입니다. 영적인 세계에 관심을 가짐과 동시에 영적인 궁금증이 생깁니다. 능력은 어떻게 받을까? 환상은 어떻게 열릴까? 영적인 세계에 무엇이 존재할까? 영안은 어떻게 열릴까? 성령은사는 어떻게 해야 받을 수 있을까? 영들은 어떻게 분별할까? 방언 기도는 어떻게 받게 될까? 이런 궁금증을 해결하기 위하여 책도 읽고 집회도 참석하여 영의 눈이 뜨이게 됩니다.

세상에서 불신자로 살아갈 때는 영이 육에 눌려서 기능을 제대로 발휘하지 못합니다. 한마디로 갑갑한 인생입니다. 복음을 전도 받고 교회에 나와 예수 믿고 성령으로 세례를 받으면서 처음으로 느끼는 영적인 체험을 하는 것입니다. 인간이 본능적으로 세상을 살아가다가 말씀을 통하여 성령이 운행하시어 빛이 비치고 영적인 눈이 열리며 깨닫기 시작하는 것입니다.

많은 분들이 예수를 믿고 교회에 와서 처음 성령으로 세례를 받으면서 회개의 눈물을 흘립니다. 처음 하나님을 만나는 단계입니다. 저도 처음으로 하나님을 만나 회개의 눈물을 1박2일 동안 흘렸습니다. 정말 주체 못 할 정도로 회개의 눈물을 흘렸습니다. 순간 영이 깨어남으로 지금까지 체험하지 못한 신비한 것들이 보이게 됩니다. 이즈음에 내가 꿈속에서 보니 내 배가 자꾸 불러 오는 것입니다. 아 내가 임신을 했구나~ 아기를 어디로 낳지 하고 걱정을 하는데 갑자기 내 배가 갈라지면서 검은 치타가 죽어서 나오는 것입니다. 그것이 무엇이겠습니까? 혈기입니다. 성령을 체험하니 혈기가 죽어서 나오는 것입니다. 아직 그래도 세상에서의 행동하던 육성이 펄펄 살아있는 시기입니다. 아무것도 모르면서 아는 척을 잘 하는 시기이기도 합니다.

그러나 땅의 사람이 하늘의 사람으로 바뀌어지는 첫 경험이므로 여러 영적인 신비한 체험들이 마음속에 강하게 자리하게 됩니다. 이때에 주의해야 할 것은 나쁜 영의 전이가 된다는 것입니다. 영들의 전이에 대한 자세한 지식은 제가 집필하여 출간한 "하나님의 복을 전이 받는 법"책을 읽어보시면 상세하게 알 수 있을 것입니다. 이 책에는 하나님의 복을 전이 받는 법과 성령의 권능을 받는 법이 상세하게 수록되어 있습니다. 그리고 영들이 어떻게 전이 되는지와 일대일 사역자에게 자주 나타나는 영적손상과 대처 방법에 대하여 제시하고 있습니다.

예수 믿고 교회에 들어와 성령으로 불세례를 체험하고 사람 속에 있던 신령적인 요소가 깨어납니다. 이때부터 성령께서 인도하십니다. 영의 눈이 열리니 영적인 것에 관심을 가지기 시작합니다. 툭하면 자기에게 나타난 영적인 현상을 가지고 상담을 하려고 합니다. 신비한 음성을 들으려고 합니다. 기도 할 때 무엇인가 보이고, 또 보려고 하고, 영물들이 보인다고 자랑도 하기 시작합니다. 영혼이 혼탁하여 혼란스러운 꿈을 많이 꾸기도 하는 시기입니다. 꿈에 뱀이 나타나기도 하고 무당이 보이기도 합니다. 어느 분은 자신이 기도할 때 환상으로 보니 입에서 뱀이 나왔는데 이것이 무엇이냐고 물어보는 사람도 있습니다. 이는 자신의 심령상태를 보여준 것입니다. 자신이 아직도 마귀의 영향 하에 있다는 것을 환상으로 보여준 것입니다. 저도 이 시기에 말로 표현하기 힘든 영적인 현상을 체험했습니다.

기도할 때 얼굴이 일그러진 사람이 나타나 하! 하! 하! 하면서 달려들기도 했습니다. 중이 목탁을 탁탁 치면서 기도를 방해하기도 했습니다. 여자가 머리를 풀어 젖히고 흐느끼면서 울기도 했습니다. 어느 목사님은 호흡을 깊게 하면서 기도를 하니 몸이 뒤틀리는데 이것이 무슨 현상이냐고 질문하기도 합니다. 이는 자신 안에 있는 악한 영의 역사가 성령의 역사에 의하여 밖으로 드러나면서 나타나는 현상입니다. 자기 교회에서 목요일 밤에 기도를 하는데 눈을 감고 기도하면 곡하는 소리가 들린다는 것입니다. 눈을 뜨고 보면 아무도 곡하면서 기도하는 사람이 없었다는 것입니다. 그래서 권사가 하나님에게 기도하니 천사가 기도를 도우면서 기도하는 소리라는 것입니다. 이것은 곡하는 사람 속에 있는 귀신이 곡하면서 기도하는 것입니다.

많은 분들이 이 시기에 이런 경험을 합니다. 자신의 나름대로 판단하여 기도할 때 영물들이 보이고, 환상도 보이니 자신이 제일 믿음이 좋은 사람이라고 스스로 판단하여 교만하게 행동하는 시기입니다. 이는 옛 사람이 죽지 않고 그대로 있기 때문에 자연스럽게 나타나는 현상입니다. 교회에 나와 나름대로는 불같은 성령도 체험했고 열심히 믿음 생활을 한다고 해도 아직 육신에 속하여 환경을 의식하며 살아가는 것입니다. 예수를 믿어도 자신의 자아와 혈기가 남아서 자기 힘으로 어떻게 해보려고 열심히 노력하는 것입니다.

예수를 이용하여 육적인 만족을 얻으려고 합니다. 그러다가 자신의 뜻대로 되지 않는 인생을 깨닫고 자신의 능력으로 세상을 이기기는 역부족하다는 것을 알게 됩니다. 그래서 능력이 있다는 사람을 추종하고 찾는 단계입니다. 능력이 있다는 사람을 분별도 하지 않고 의지합니다. 성도는 빨리 이 단계를 넘어서야 합니다. 일부 성도들은 이 단계에 머물러서 예수를 믿으면서도 오만가지 문제로 고생을 합니다.

성도는 교회에 나와서 축복만 받으려고 하지 말고 말씀과 성령으로 영의 눈을 열어 하나님이 원하시는 수준에 도달하려고 노력해야 합니다. 성령님은 성도를 하나님이 원하시는 영적인 수준이 되게 하려고, 영적인 일에 관심을 갖도록 인도합니다. 저의 경우 성령께서 영적인 궁금증을 주셨습니다. 영적세계를 알아야 한다는 성령의 감동이 저를 주장했습니다. 영적세계에 대하여 연구하고 몰입을 하다가 보니 영적인 세계에 대한 이론이 정립되고 영적세계가 열렸습니다. 영분별을 어떻게 할까! 영분별을 할 수 있도록 하기 위하여 기도했습니다. 영분별 세미나도 참석했습니다. 이렇게 영분별을 하려고 몰입하고 집중하다가 보니 영을 분별할 수 있게 되었습니다.

영안은 어떻게 하면 열릴 수가 있을까 고민하면서 기도하다가 보니 영안의 이론이 깨달아지고 영안이 서서히 열어졌습니다. 깨달은 것으로 책을 집필하여 두 권을 출간했습니다. 어느날 기도하니까, 내 마음 속에서 영들의 전이가 어떻게 이루어질까! 잘못된 영의 전이가 이루어지면 무슨 현상이 나타날까! 하는 감동이 저를 주장했습니다. 영들의 전이에 대하여 관심을 갖다가 보니까, 영적전이에 대한 이론이 정립되고 영들의 전이에 대하여 깨달아지기 시작했습니다.

우리는 성령께서 관심을 갖도록 인도하시는 분야에 전문가가 되려고 의지적인 노력을 해야 합니다. 그 분야에 대한 책도 읽고 체험도 하면서 성령의 인도에 적극성을 보여야 합니다. 성령은 자신의 인도에 적극성을 보이면 전문가가 되도록 감동하시고 훈련을 하십니다. 성령의 인도로 차츰 하나님이 원하시는 수준에 도달하게 되는 것입니다. 성령의 인도하시는 분야에 적극적인 관심을 갖다가 보면 생명의 말씀과 성령으로 영적 민감성이 개발되기 시작을 합니다.

영적 민감성(spiritual sensibility)은 영안을 열고 영적 성장을 이루는데 매우 중요한 요소입니다. 영적으로 민감하다는 것은 영적인 일에 관심이 남다르게 많다는 것을 의미합니다. 관심이 많아야 발전이 있는 법입니다. 세상의 일에도 관심과 흥미를 가지고 있어야 성공할 수 있는 것입니다. 관심과 흥미가 있으면 그 일에 깊이 관여하게 되고 그에 따라서 여러 형태의 도움을 받을 수 있게 됩니다. 무슨 일이든 전문가가 되기 위해서는 먼저 관심과 흥미로부터 시작하는 것처럼 영적 성장 역시 관심과 흥미로부터 시작하는 것입니다.

관심이 있게 되면 그 일에 모든 것을 걸게 됩니다. 관심과 흥미가 있게 되면 오로지 그 일만 생각하게 됩니다. 세상에서도 관심과 흥미가 그 일에 깊이 빠지게 만들고, 그렇게 해서 해당분야의 전문가가 되는 것입니다. 이처럼 영적인 일에도 마찬가지로 관심과 흥미가 있어야 영적인 발전이 이루어지는 것입니다. 그런데 이렇게 민감해지면 우리 마음속에 스스로를 통제하려고 하는 생각이 일어나게 됩니다. 이런 생각이 드는 것은 절제하고 균형을 유지하기 위한 것이라고 봅니다. 너무 지나친 것 역시 바람직하지 못하기 때문입니다. 관심과 흥미를 가지는 것은 좋지만 너무 지나치면 해로울 수 있기 때문입니다. 우리는 이런 교육을 항상 받고 자랐습니다. 모든 일을 절제하고 적당히 해야지 너무 깊이 빠지는 것은 위험하다는 식의 교육을 받고 있기 때문에 한 가지 일에 너무 깊숙이 빠져 드는 것은 바람직하지 못하다고 생각하는 것입니다. 이런 교육을 받고 자랐기 때문에 일반적인 사람들은 어느 정도의 경계선을 긋고 그 선을 넘어가지 않으려고 합니다. 그런데 이런 일반적인 생각은 평범한 사람들에게 해당하는 말입니다. 일반인들은 자신이 하는 일이 따로 있습니다. 그래서 어떤 일에 빠지게 되면 자신이 하는 일을 소홀히 하게 됩니다. 그래서 적당한 수준에서 절제를 하는 것입니다. 그러나 전문가가 되고자 하는 사람은 이런 편견에서 벗어나야 합니다. 하나님에게 쓰임을 받으려면 영적인 일에 깊숙하게 빠져 들어가야 합니다.

영적으로 깊어져서 하나님과 친밀하게 지내려면 평범한 수준을 넘어서야 합니다. 세상에서도 자신이 하는 일에 완전히 빠져 들지 않으면 절대로 전문가가 될 수 없습니다. 영적인 일에 깊은 자가 되려면 오로지 영적인 일에 관심을 가지고 자나 깨나 그 일에만 골몰해야 합니다. 자나 깨나 오로지 영적인 일에 정신을 집중하고 그 변화에 민감해야 합니다. 사람들이 무어라 해도 신경을 쓸 필요가 없습니다. 사람들의 눈치를 보고 그들의 말에 신경을 쓰는 것은 아직 육신적인 성도이기 때문입니다. 영적인 성도가 되어 하나님의 선물을 받으려면 오로지 성령의 인도에만 관심을 가져야 합니다. 적당히 하라, 너무 깊이 들어가지 말라는 것은 마귀의 소리입니다. 모세가 바로에게 이스라엘 백성을 이끌고 삼일 길쯤 광야로 가서 제사를 드리겠다고 하였으나, 바로가 너무 멀리 가지 말라고 합니다(출8:27-28).

영의 눈을 뜨기 위해서는 반드시 성령으로 세례를 받아야 합니다. 그런데 성령으로 세례를 받게 되면 이해하지 못할 두려움이 자신을 주장하게 되는 경우가 많습니다. 우리가 신앙생활을 하면서 가장 극복하기 어려운 부분이 영적 두려움일 것입니다. 우리는 알지 못하는 세계에 대해서 막연한 두려움을 지니고 있습니다. 특히 영적 세계는 일반적으로 잘 알려져 있지 않기 때문에 모든 것이 생소하고 낯설기만 합니다. 특별하게 성령체험은 더욱 생소하고 두렵고 불안하게 합니다. 그러므로 자연적으로 막연한 두려움을 가지고 있는 것입니다. 많은 사람들이 이런 막연한 두려움 때문에 성령으로 세례를 받아 영적 변화를 얻기를 달갑지 않게 생각합니다. 영적인 것을 깨닫고 싶어서 집회에 가려다가 잘못되면 어쩌나 하고 가지 않습니다. 막연하게 두려워하며 가지 않기 때문에 영적 변화를 체험하지 못하는 것입니다. 변화란 성장을 의미하며 성장이란 새로운 세계에 들어가는 것을 말합니다. 영적인 사람으로 변화하기 위해서는 먼저 두려움을 이기는 법을 배워야 합니다. 두려움을 이기는 길은 담대하게 부딪치는 것입니다. 담대하게 뛰어 들어가지 않으면 죽을 때까지 영적으로 변하지 않습니다.

영적인 일은 많은 오해를 불러올 수 있습니다. 영적인 일은 생소하기 때문입니다. 왜냐하면 다수가 영적이지 못하기 때문입니다. 우리는 영적이란 말을 자주 종교적이라는 말과 혼동합니다. 세속적인 일이 아닌 종교적인 일을 하는 것을 영적인 일이라고 표현하지만, 사실 엄격하게 말하면 그 말은 틀립니다. 종교적인 일과 영적인 일은 근본적으로 다릅니다. 전혀 영적이지 않은 사람들도 종교적인 일을 할 수 있습니다. 거듭나지 않고 영적 감동과 흥미를 전혀 느끼지 못하는 사람이라 할지라도 종교적인 일은 얼마든지 할 수 있습니다. 열심만 있으면 종교적인 일은 얼마든지 할 수가 있습니다. 그러나 영적인 일은 성령을 받지 않고는 할 수 없는 일이며, 성령의 움직임을 파악하지 못하고는 전혀 할 수 없는 일입니다. 영이신 하나님에게 쓰임을 받아야 하기 때문입니다.

영적인 일은 영적이지 못한 다수의 신앙인들로 인해서 오해를 받게 됩니다. 예를 든다면 교회는 평안해야 한다는 것입니다. 그래서 예배를 드리며 말씀을 들을 때 영적인 두려움이 찾아오면 자신에게 문제가 있다고 인정하는 것이 아니고, 교회가 문제가 있다고 단정해 버리는 것입니다. 성령의 역사가 일어나면 영적인 두려움이 자신을 주장할 수가 있습니다. 이는 자신의 육체에 역사하는 세력이 두렵게 하는 것인데 이러한 현상이 생소하고 한 번도 들어보지도 체험하지도 못했기 때문에 받아들이지 않는 것입니다. 그래서 마음을 닫거나 장소를 이탈하거나 다시 찾지 않는 다는 것입니다. 그래서 점점 영적 감각이 둔한 사람이 되어 가는 것입니다.

영적 감각이 둔한 사람들은 자신들의 입장을 고수하기 위해서 영적인 사람들을 무시하거나 비난합니다. 이런 일로 인해서 영적인 일에 대해서 두려움을 가집니다. 영적 세계에는 하나님만 계시는 것이 아니라 무수한 악령이 존재합니다. 그러므로 이런 악령에 대해서 두려움을 가지고 있습니다. 악령에 대한 지식이 부족한 사람들은 막연한 두려움을 가지고 있습니다. 이들은 세속적인 지식으로 인해서 마귀에 대해 거부감과 두려움을 지니게 됩니다. 그래서 영적인 눈이 열리지 않게 됩니다. 예수를 믿으나 성령의 역사를 이해하지 못하는 육신적인 신앙인이 되는 것입니다.

두려움은 무지에서 비롯됩니다. 성장과 변화에 대한 올바른 지식이 없기 때문에 자신에게 이상한 변화가 나타나면 두려워합니다. 혹시 잘못되는 것이 아닌가 하고 의심합니다. 다른 사람이 자신들과 다른 행동을 하게 되면 색안경을 쓰고 봅니다. 영적 지식이 부족하기 때문에 자신에게나 주변에서 나타나는 변화를 제대로 이해하지 못하고 두려워합니다. 한국 교회 성도들이 영적인 일에 지식이 부족하기 때문에 막연하게 두려워하는 것입니다. 영적인 일과 영적 세계는 보이지 않기 때문에 목회자와 성도들의 관심밖에 있기 때문입니다. 예수님이 어두운 바다를 걸어서 제자들이 타고 있는 배로 다가왔을 때 제자들은 두려워하면서 떨었습니다. 상식을 초월하는 현상을 목격한 제자들이 겪는 당연한 두려움이었습니다. 우리 역시 상식을 넘어서는 변화가 자신과 주변에서 일어나면 두려워하게 됩니다. 영적인 변화에 대한 지식이 부족하면 우리는 즉시 두려워하게 되고 그런 변화를 받아들이지 못하고 거부하게 됩니다.

영적인 변화는 예고하고 찾아오는 것이 아닙니다. 성령님은 처음 성도를 장악하실 때 비인격적으로 역사하십니다. 성도가 어느 정도 장악이 되면 인격적으로 역사하십니다. 그래서 우리가 생각하지 못한 이상한 변화는 언제라도 우리 가운데 나타날 수 있습니다. 그러므로 우리가 경험하지 못한 것에 대한 지식들을 풍성하게 갖추는 것이 두려움을 이기는 비결입니다. 많은 영적 지식들은 자신의 삶 속에서 다가오는 영적 변화를 자신 있게 맞이할 수 있게 해 줍니다.

두려움은 다수의 선택을 항상 올바른 일로 만듭니다. 우리는 많은 사람이 가는 길이 안전하다고 여깁니다. 다수결의 원칙은 진리처럼 여깁니다. 다수의 선택은 항상 안전하다는 그릇된 상식을 가지고 삽니다. 이것은 우리의 두려움이 만들어낸 잘못된 결론입니다. 성경은 소수의 진리를 자주 언급합니다. 그리고 그 소수의 진리 편에 설 용기를 얻기를 권합니다. 영적인 일은 소수의 편에 서는 일입니다. 그러므로 모험이 따릅니다. 베드로가 물 위에 발걸음을 옮겨놓는 일은 전적으로 모험입니다. 상식을 초월하는 일을 오로지 모험으로 행동했습니다. 영적인 일에는 이런 모험이 절대로 필요하기 때문에 두려움이 없어야 합니다.

하나님의 능력을 덧입는 일은 두려움을 극복했을 때 가능해집니다. 모든 사람들이 불가능하다는 일을 믿음으로 도전하여 성취시키는 일이 능력을 행하는 일입니다. 성공에 대한 아무런 보장이 없습니다. 그렇기 때문에 용기가 필요한 것입니다. 결과를 예측할 수 없는 일을 하는 것은 어리석은 행동임에는 분명합니다. 그러나 이런 일을 할 수 있는 것은 믿음이 있기 때문입니다. 믿음은 두려움을 극복하는 힘이지만 그 믿음을 얻기까지 넘어야 할 산이 많습니다. 두려움을 극복하여 믿음의 길로 나가는 데에는 우리의 노력으로는 사실 불가능합니다. 두려움을 이기기 위해서는 오로지 하나님의 은혜가 필요합니다. 하나님의 은혜는 그냥 얻어지는 것이 아니라 극심한 시험을 통해서 얻어지는 것입니다. 성령의 인도를 받으면서 훈련하며 극복해야 가능합니다.

두려움을 통과하지 않고서는 절대로 영적 성장이 이루어질 수 없습니다. 영적 변화는 사람들에게서 오해도 받을 수 있고, 자신 스스로도 두려워하게 됩니다. 두려움을 이기지 않고서는 성장할 수 없기 때문에 하나님은 우리를 강제로 막다른 길로 이끌어 가지 않으면 안 되게 하시는 것입니다. 그러므로 우리 스스로 영적 변화에 대해서 담대할 필요가 있습니다. 이미 경험한 지도자들의 경험을 자신의 것으로 해서 담대함을 만들어내야 합니다. 선배들의 영적 지식은 담대함을 얻게 하는데 많은 도움이 됩니다. 성도는 체험과 진리를 깨달은 목회자를 잘 만나야 영적인 눈이 빨리 열리게 됩니다.

하나님은 성도와 목회자의 담대함을 기르기 위하여 꿈이나 환상이나 실제 체험을 통하여 영적인 존재들이 실제로 존재하고 있다는 것을 깨달아 알게 하십니다. 이를 위하여 하나님은 성령으로 세례를 받음과 거의 동시에 성령으로 인도하시면서 영적인 눈을 열어 가십니다. 필자의 체험으로는 성령께서 귀신의 공격에 대하여 알게 하십니다. 귀신의 공격을 알게 함과 동시에 천사들이 돕고 있다는 것도 알게 합니다. 제가 하나님의 부름을 받고 신학을 할 때 이런 꿈을 꾸었습니다. 제가 어느 비포장 길을 가는데 길에 빨간 지렁이가 길에 쫙 깔려있어서 발을 내 디딜 수가 없었습니다. 발 걸음을 옮기지 못하고 머뭇거리자, 천사들이 몰려와서 지렁이를 모두 집어 먹어버렸습니다. 그때 제가 깨달은 것은 제가 하나님의 뜻을 이루기 위하여 성령님을 따라가는 길에 어떤 장애물이 나타나도 모두 천사가 도와주니 갈수 있다는 것을 보여 주신 것이라고 믿었습니다. 그 꿈을 꾸고 하나님의 뜻을 이루기 위하여 가는 길에 어려움이 찾아오더라도 하나님이 천사를 동원 하여 보호하여 주신다는 담대함을 가질 수 있었습니다.

어느날 꿈에 진흙탕 길을 자전거를 타고 가는데 자전거가 나 가지를 않는 것입니다. 자전거 페달을 아무리 강하게 발로 돌려 도 자전거가 나가지를 않는 것입니다. 힘이 너무 들어서 길 옆을 보니까, 콘크리트로 만든 배수로가 보였습니다. 배수로를 보니 까, 시커먼 뱀이 머리를 내밀면서 혀를 날름거리는 것입니다. 그 래서 막대기로 끄집어냈습니다. 길로 잡아내 가지고 발로 아무 리 밟아도 죽지 않고 점점 커지는 것입니다. 그래서 습관적으로 찬사들이 나를 도와라, 하니까! 키가 늘씬하게 큰 천사 넷이 군 대 지프를 몰고 와서 지나가니까, 그렇게 크던 미물이 납작하게 되는 것입니다. 미물이 납작하게 됨과 동시에 진흙탕 길이 단단 하고 평탄한 길로 변하는 것입니다. 자전거를 타고 가는데 너무 나 쉽게 잘 나가는 것입니다. 제가 그 꿈을 꾸고 깨달은 것은 내 가 하나님을 따라가는 길이 어렵고 힘이 드는 것은 악한 마귀 귀 신이 방해하기 때문이라는 것을 알게 되었습니다. 당신도 하나 님의 뜻을 따라가는 길이 어렵고 힘이 드는 것은 마귀 귀신이 방 해하기 때문입니다. 성령으로 세례 받아 권능을 개발하고 천사 를 동원하여 방해하는 마귀 귀신을 몰아내기를 바랍니다.

제가 하루는 새벽에 기도하다가 비몽사몽이 되었는데 얼굴이 일그러진 험악하게 생긴 놈이 저에게 이렇게 말하는 것입니다. 야! 강 목사, 자네가 그렇게 병을 잘 고친다면서 하더니 내 병도 고쳐보아라, 하면서 달려드는 것입니다. 내가 습관적으로 내가 예수님의 이름으로 명하노니 더러운 귀신은 물러갈지어다. 하고 대적하니 순간 없어지는 것입니다. 이는 성령께서 저의 담대함을 기르기 위해서 훈련하는 것이라고 생각을 했습니다.

어느날 꿈에 뱀과 지하실에서 싸우는 것입니다. 한창 싸우다가 뱀을 지하실 밖으로 내던졌습니다. 그러자 뱀이 밖으로 내동댕이쳐지고, 저는 지하실에서 나왔습니다. 그 일이 있은 후부터 귀신을 축귀하는 것이 쉬워졌습니다.

어느날은 꿈속에서 사람들과 같이 잠을 잤습니다. 꿈을 깨고 일어나려는데 보니까, 뼈만 앙상하게 남은 죽은 사람의 뼈가 내 옆에 누워 있는 것입니다. 꿈속에서도 제가 놀랐습니다. 성령님은 우리의 담대함을 기르기 위하여 꿈속에서 훈련을 하십니다.

성령의 권능이 부족한 채 영적인 사역을 하면 귀신에게 당한다는 것도 깨달아 알게 하십니다. 제가 '남묘호랭객교'를 믿던 집사를 오후에 불러서 3시간 축귀를 했습니다. 성령의 임재가 되니까, 목구멍이 아주 크게 확장이 되면서 황소울음을 17번을 하면서 귀신이 떠나갔습니다. 축귀를 하고 피곤하여 저녁 9시부터 강단 앞에 침대위에서 잠을 자려고 했습니다. 막 잠이 들려고 하는데 시커먼 놈 둘이 저에게 와서 목을 눌렀습니다. 가위눌림을 당한 것입니다. 어떻게 강하게 누르던지 숨을 쉴 수가 없었습니다. 윅윅하고 소리를 지르니까, 뒤에서 자던 사모가 무슨 일이

냐고 소리를 지르는 것입니다. 그러자 떠나가는 것입니다. 그 일을 당한 후 저는 이렇게 생각을 했습니다. 성령의 강한 무장 없이 축귀를 하면 더 강한 귀신들에게 당할 수가 있구나, 깨달아 알았습니다. 그 후 더 기도를 많이 하고 사역을 하니 그런 일을 당하지 않았습니다. 성령께서는 성령의 강한 무장 없이 축귀를 하면 귀신에게 당할 수 있다는 것도 깨달아 알게 하여 대비하게 하십니다.

제가 깨달은 것은 꿈속에서 예수 이름으로 귀신을 쫓아내고, 천사를 동원하여 마귀와 귀신을 물리치면서 영적인 전쟁을 하니까, 환경이 서서히 풀리는 것입니다. 꿈속에서도 예수이름을 사용하고, 천사를 동원하여 영적 싸움에 승리하면 실제 환경이 열리기 시작을 합니다. 반대로 꿈속에서 귀신의 공격을 물리치지 못한다면 환경의 어려움이 해결되지 않습니다. 성령하나님이 영적인 눈을 열고, 영적인 사고를 하면서 하나님의 일꾼으로 사명을 감당하게 하기 위하여 미물들을 통하여 훈련하시는 것입니다.

영적인 눈을 열기 위해서 그렇게 하시는 것입니다. 필자의 체험으로는 성령으로 세례를 받고 심령을 치유를 받기 시작하면 꿈이나 환상이나 실제 고통을 통하여 영적인 세력과 싸우도록 하십니다. 이를 위하여 각종 영물들을 꿈이나 환상이나 실제 상황을 통하여 대치하게 하십니다. 영물들과 대치를 하면서 영적인 면을 이해하게 함과 동시에 영적인 눈을 열어 가시는 것입니다. 이는 모든 목회자와 성도가 필히 통과해야 하는 과정입니다. 두려워말고 영적인 세계를 깨달아 알기 바랍니다.

13장 문제가 생기는 원인을 깨닫기 원하라.

(약1:14-15)"오직 각 사람이 시험을 받는 것은 자기 욕심에 끌려 미혹됨이니, 욕심이 잉태한즉 죄를 낳고 죄가 장성한즉 사망을 낳느니라"

개척목회자는 성도들의 문제가 어떻게 해서 생기는지 알고 대처할 수 있어야 합니다. 하나님은 현실 문제를 통하여 성도들을 영적으로 바꾸시기 때문입니다. 하나님은 목회자들도 반드시 현실 문제를 통하여 영적으로 바뀌도록 성령으로 인도하시면서 훈련하십니다. 하나님은 우리를 잘되게 하시려고 예수를 믿게 하셨습니다. 하나님의 뜻은 예수를 믿는 성도가 이 땅에서 영과 진리로 예배를 드리며 마음의 천국을 이루고 삶에서 아브라함의 복을 받아 누리며 살다가 천국에 입성하는 것입니다. 그런데 어떤 성도는 하는 것마다 잘되고, 어떤 성도는 하는 것마다 안 됩니다. 이유가 무엇일까요? 그것은 영적인 문제입니다. 하나님과의 관계가 열렸는가, 아닌가의 차이에서 나타나는 현상입니다. 하나님과 관계가 열리지 않으니 사단의 집요한 방해가 있다는 것입니다. 이를 방지하기 위하여 하나님은 자신을 준비하는 시간을 갖기를 원하십니다. 하나님의 부름을 받고 교회에 나와서 자신을 준비하는 것입니다. 준비라는 것은 과거를 말씀과 성령으로 자신을 정리하여 에덴동산에서의 영성으로 회복하는 것입니다. 하나님과 관계를 열라는 것입니다.

창세기에 나오는 요셉을 보면 알 수가 있습니다. 요셉은 장차 애굽의 국무총리가 된다는 것을 몰랐습니다. 꿈을 꾸게 했을 뿐이지 장차 애굽의 국무총리가 된다는 것을 몰랐습니다. 하나님만 알고 계셨습니다. 하나님께서 애굽의 국무총리가 될 것을 아시고 요셉을 훈련하신 것입니다. 훈련이 바로 보디발의 집에서 10년간 종살이를 하는 것입니다. 10년간 종살이로 끝난 것이 아니라, 보디발의 아내의 모함을 받아 감옥에 들어가 3년을 지내게 합니다. 이렇게 종살이 10년 감옥생활 3년을 하면서 요셉을 훈련하십니다. 훈련하시고 때가 되니 바로의 궁에 들어가도록 상황을 조성하십니다. 바로 왕이 꿈을 꾸었는데 해석할 자가 없었습니다. 그때 감옥에서 만났던 술 맡은 관원장의 소개로 바로 왕을 만납니다. 사람의 인연을 통하여 하나님의 역사가 일어납니다. 이때까지 요셉은 국무총리가 된다는 것을 모릅니다. 꿈을 해석해주자 바로 왕이 감동하여 애굽의 총리가 됩니다.

하나님께서는 성도를 불러서 훈련하시고 반드시 시험을 하십니다. 하나님의 말씀대로 순종하는지 순종하지 않는지 믿음을 시험하십니다. 사람이 아무리 달콤한 말로 유혹을 해도 속지 않고 하나님의 말씀을 따르는지 시험하십니다. 하나님의 시험에 통과해야 하나님께 선물을 받으면서 세상을 살아갈 수가 있습니다. 성령의 인도를 받으면서 생명의 말씀을 순수하게 삶에 적용하여 하나님의 시험을 통과하기를 바랍니다. 성도가 예수를 믿고 교회생활을 함에도 불구하고 되는 것이 하나도 없는 이유는 이렇습니다.

첫째, 하나님의 말씀에 순종하지 않아서 당합니다. 하나님의 말씀에 순종하지 않으면 하나님과 관계가 멀어집니다. 하나님과 관계가 없는 사람이 됩니다. 예수를 믿는 성도라도 하나님의 은혜를 받으면서 살아가려면 말씀에 순종해야 합니다. 하나님께서는 요한복음 14장 21절에서 "나의 계명을 지키는 자라야 나를 사랑하는 자니 나를 사랑하는 자는 내 아버지께 사랑을 받을 것이요. 나도 그를 사랑하여 그에게 나를 나타내리라" 하나님의 말씀에 순종하지 않으니 자신이 하는 일에 하나님의 보호가 없는 것입니다. 마귀와 귀신이 역사하니 되는 것이 하나도 없게 되는 것입니다.

창세기 1-2장에 잘 나타나 있습니다. 하나님께서 엿새 동안 홀로 일하셔서 천지를 지으신 장면을 우리는 잘 볼 수 있습니다. 첫째 날 주님께서 어둠을 변하여 빛으로 만드실 때에 그 옆에 아담은 없었습니다. 이튿날 하나님께서 하늘위의 물과 하늘아래의 물로 나뉘어지고 궁창이 생겨나도록 만드실 때 하나님 곁에 아담은 없었습니다. 셋째 날에 천하의 물이 한곳으로 모이고 육지가 드러나고, 열매 맺는 나무와 풀이 돋아나게 할 때도 하나님 옆에 아담은 없었습니다. 넷째 날에 해와 달과 별들을 지으셔서 낮과 밤을 비추게 할 때도 아담은 그 곁에 없었습니다. 다섯째 날에 공중의 새들과 물속에 가지가지 물고기를 만드실 때도 아담은 그 곁에 없었습니다. 여섯째 날에 하나님께서 각종 짐승과 곤충들을 다 만드실 때도 눈을 닦고 봐도 아담은 그 곁에 없었습니다. 일곱째 날 이제 마지막 날 하나님께서 하늘을 쳐다보아도 있을 것을 다 지어 놓으시고 땅과 바다 밑을 보셔도 지을 것은 다 지으신 후에 하나님께서는 흙으로 사람을 빚으시고 그 코에 생기를 넣어주시니 사람이 생기게 되었습니다.

아담과 하와는 모든 만물을 하나님께서 지으시고 난 다음 제일 마지막에 지으셨습니다. 그러므로 하나님은 마지막 아담과 하와를 지으시고 이레째 쉬셨습니다. 이 사실을 보면 일의 시작도 하나님께서 일의 성취도 하나님 즉, 완성도 하나님께서 홀로 하신 사실을 우린 잘 볼 수 있습니다. 아담과 하와는 맨 나중 지음을 받았습니다. 아담과 하와가 할 일은 하나님께서 이미 다 이루어 놓으신 일을 즐거워하고, 하나님의 말씀에 순종하고 믿고 예배드리며 누리는 일밖에는 다른 할 일이 없었습니다. 아담과 하와가 하나님께 나와서 이런 질문을 했다고 합시다.

"하나님 우리가 지음을 받고 오늘은 첫째 날인데 우리가 할 일이 무엇입니까?", "나는 너희들 없이 엿새 동안 만물을 지어놓고 오늘은 이레째 나의 안식일이다. 이날이 너희가 이 세상에 태어난 첫날이다. 너희가 할 일은 아무것도 없다. 너희는 하나님이 지으신 만물을 즐거워하고 기뻐하며 순종하고 믿고 예배하며 누리기만 하면 된다." 그렇게 말씀하실 것입니다.

아담은 하나님의 말씀에 순종해야 하나님께서 창조한 모든 것을 누릴 수가 있는 것입니다. 하나님은 아담에게 말씀을 주셨습니다. 창세기 2장 16-17절 "여호와 하나님이 그 사람에게 명하여 이르시되 동산 각종 나무의 열매는 네가 임의로 먹되, 선악을 알게 하는 나무의 열매는 먹지 말라 네가 먹는 날에는 반드시 죽으리라 하시니라" 그런데 뱀의 유혹에 속아 말씀에 순종하지 못했습니다. 순종하지 못하자 에덴을 떠나 고생의 길에 들어선 것입니다. 여호수아 7장에 보면 아간이라는 사람이 나옵니다. 하나님은 여리고성을 점령하면 "너희는 온전히 바치고 그 바친 것 중에서 어떤 것이든지 취하여 너희가 이스라엘 진영으로 바치는 것이 되게 하여 고통을 당하게 되지 아니하도록 오직 너희는 그 바친 물건에 손대지 말라. 은금과 동철 기구들은 다 여호와께 구별될 것이니 그것을 여호와의 곳간에 들일지니라. 하니라"(수 7:18-19). 말씀했습니다. 그런데 아간은 여리고성을 점령할 때 하나님의 말씀을 불순종하고 하나님의 것을 도적질했습니다. 이 일로 아이성 전투에서 실패합니다. 아이성 전투에서 실패한 여호수아가 하나님께 기도하니 하나님의 것을 도적질 했다고 하십니다. 여호와 앞에서 뽑으니 아간이 뽑혔습니다.

아간이 하는 말입니다. "내가 노략한 물건 중에 시날 산의 아름다운 외투 한 벌과 은 이백 세겔과 그 무게가 오십 세겔 되는 금덩이 하나를 보고 탐내어 가졌나이다 보소서 이제 그 물건들을 내 장막 가운데 땅 속에 감추었는데 은은 그 밑에 있나이다 하더라"(수 7:21). "여호수아가 이스라엘 모든 사람과 더불어 세라의 아들 아간을 잡고, 그 은과 그 외투와 그 금덩이와 그의 아들들과 그의 딸들과 그의 소들과 그의 나귀들과 그의 양들과 그의 장막과 그에게 속한 모든 것을 이끌고 아골 골짜기로 가서, 여호수아가 이르되 네가 어찌하여 우리를 괴롭게 하였느냐 여호와께서 오늘 너를 괴롭게 하시리라 하니, 온 이스라엘이 그를 돌로 치고 물건들도 돌로 치고 불사르고, 그 위에 돌무더기를 크게 쌓았더니 오늘까지 있더라. 여호와께서 그의 맹렬한 진노를 그치시니 그러므로 그 곳 이름을 오늘까지 아골 골짜기라 부르더라"(수 7:24-26). 말씀에 순종하지 않아 가족이 멸망을 당했습니다. 예수님은 마귀가 시험할 때 하나님의 말씀에 순종하여 마귀의 시험을 통과했습니다. 지금 성령이 역사하는 교회 시대를 살아가는 성도들에게 믿음의 본을 보이셨습니다. 성령의 인도를 받으며 말씀에 순종하면 하는 일에 성령의 역사가 일어나 잘 풀립니다.

둘째, 자기 생각대로 행동하기 때문입니다. 예수를 믿는 성도가 자기 생각대로 한다는 것은 마음에 하나님이 계시지 않는 다는 증거입니다. 하나님께서 함께하시지 않으니 하는 일에 마귀가 역사하기 때문에 되는 것이 없는 것입니다. 창세기 13장 8절로 9절에 보면 "아브라함이 롯에게 이르되 우리는 한 골육이라 나나 너나 내 목자나 네 목자나 서로 다투게 말자 네 앞에 온 땅이 있지 아니하냐 나를 떠나라 네가 좌하면 나는 우하고 네가 우하면 나는 좌하리라" 그러자 육신에 속한 롯이 자기의 생각대로 행동을 합니다. 창세기 13장 10-11저에 보면 "이에 롯이 눈을 들어 요단 지역을 바라본즉 소알까지 온 땅에 물이 넉넉하니 여호와께서 소돔과 고모라를 멸하시기 전이었으므로 여호와의 동산 같고 애굽 땅과 같았더라. 그러므로 롯이 요단 온 지역을 택하고 동으로 옮기니 그들이 서로 떠난지라" 롯이 하나님께 물어보지 아니하고 자기의 생각과 마음대로 눈에 좋게 보이는 소돔

땅에 들어갔습니다. 롯이 육의 눈으로 볼 때 소돔과 고모라가 여호와의 동산처럼 좋아서 선택하여 들어간 곳인데 그곳에서 소돔과 고모라 사람들의 불법한 행실 때문에 의로운 심령이 상하고 말았다는 것입니다. 벤후 2장 8절 말씀을 보면 "이 의인이 저희 중에 거하여 날마다 저 불법한 행실을 보고 들음으로 그 의로운 심령을 상하니라"고 했습니다. 의인이라도 소돔과 고모라라는 장소가 롯의 가정을 완전 파괴해버린 것입니다. 소돔과 고모라가 유황불 심판을 받을 때 숟가락하나 제대로 가지고 나오지 못했으며…. 롯의 아내는 소금기둥이 되었으며…. 롯과 딸들은 근친상간까지 하게 됩니다. 의인이라도 자기 마음대로 선택하면 반드시 선택한 대가가 주어지는 것입니다.

다윗은 우리아의 아내 밧세바를 자기 마음대로 범합니다. 밧세바를 자신의 마음대로 범한 연고로 인하여 수많은 가정의 고통을 당합니다. 하나님께 물어보고 행하지 않은 일에는 반드시 고통이 따라오게 되어있습니다.

모세입니다. 바로의 궁에서 자란 모세가 하루는 동족이 생각나 사건의 현장에서 애굽 사람이 히브리사람을 치는 것을 발견하고 주변에 아무도 없는 것을 보고 자기 동족을 구하려 애굽 사람을 죽여 모래 속에 감춥니다. 모세가 다음날 현장으로 다시 나가자 히브리동족 두 사람이 서로 싸우는 것을 보고 말리려하자, 그들은 모세가 애굽 사람을 죽인 것을 알고 그 일을 고발하려고 하므로 큰 위기를 느낀 모세는 미디안으로 도망을 갑니다. 하나님의 아브라함과 이삭과 야곱의 약속을 지키시기 위한 섭리와 계획하심을 따라 때를 기다려야 했으나, 모세는 자신의 생각과 자신의 힘으로 동족을 구하려 하다가 광야에 가서 40년간 훈련을 받으면서 스스로 아무것도 할 수 없는 나약함을 깨달았던 것입니다.

예수를 믿고 교회에 들어와 믿음 생활하는 성도들 역시 세상에서 환란과 풍파를 당하는 근본원인은 자기 생각을 가지고 마음대로 하는 것에서 발생을 합니다. 그러다가 모세와 같이 자기 스스로 아무것도 할 수 없다는 나약함을 깨닫게 됩니다. 자신을 알고 세상에서 매사를 행할 때 하나님의 말씀에 따라 행하고 순종하여 환란과 풍파를 당하지 않게 되는 것입니다.

셋째, 무엇을 하면 된다는 잘못된 믿음 때문입니다. 하나님은 마음 중심이 하나님께 향하기를 원하십니다. 마음 중심으로 하나님을 사랑하기 원하십니다. 하나님은 마음을 중요하게 생각하십니다. 하나님은 마음을 다하고 목숨을 다하여 하나님을 사랑하라고 하십니다. 하나님께서 사람을 창조하신 이유가 이렇습니다. 하나님은 사람을 하나님을 담는 그릇으로 지었습니다(롬 9:23). 사람은 마치 장갑이 손을 표현하고, 손의 움직임을 따라 움직이듯, 하나님을 안에 담아 그분을 따라 그분을 표현하도록 지어졌습니다(창 1:26). 그래서 하나님은 사람들이 마음중심으로 하나님을 예배하며, 하나님의 음성을 듣고 순종하며 살아가기를 원하십니다. 하나님은 사람에게 무엇을 해주기를 원하시는 것이 아니고, 하나님의 수족같이 움직여 주기를 원하시는 것입니다.

쉽게 표현한다면 하나님께서 하라는 대로 움직이기를 원하신다는 것입니다. 사도행전 17장 24-25절에서 "우주와 그 가운데 있는 만물을 지으신 하나님께서는 천지의 주재시니 손으로 지은 전에 계시지 아니하시고, 또 무엇이 부족한 것처럼, 사람의 손으로 섬김을 받으시는 것이 아니니, 이는 만민에게 생명과 호흡과 만물을 친히 주시는 이심이라" 하나님은 사람의 손으로 섬김을 받지 않는 분입니다. 하나님은 예수님을 믿는 자들에게 생명과 호흡과 만물을 친히 주신 하나님이십니다.

이제 답이 나왔습니다. 하나님을 위해서 무엇을 하려고 하지 말라는 것입니다. 하나님께서 하라는 대로 순종하라는 것입니다. 내가 무엇을 하면 하나님이 나를 돌보아 주신다가 아니라, 하나님께서 하라고 하는 대로 순종해야 된다는 것입니다. 하나님이 사람을 창조하신 이유가 사람으로 하여금 하나님을 표현하게 하려고 사람을 창조하신 것입니다. 하나님께서 사람을 만드신 목적은 창세기 1:26에 기록되었습니다. "하나님이 가라사대 우리의 형상을 따라 우리의 모양대로 우리가 사람을 만들고 그로 바다의 고기와 공중의 새와 육축과 온 땅과 땅에 기는 모든 것을 다스리게 하자 하시고" 하나님은 사람을 만드신 목적이 땅과 땅에 속한 생물을 다스리기 위한 것임을 알 수 있습니다.

그러나 인간의 타락으로 사람은 땅과 땅에 속한 모든 것을 정상적으로 다스릴 수 없게 되었습니다. 그러므로 사람에게 다스림을 받아야 할 피조물도 정상적인 다스림을 받지 못한 것입니다. 이것은 인간의 타락에 따라 그들도 같이 저주를 받았기 때문입니다(창 3:17). 그래서 우리가 해야 될 일은 마귀에게 빼앗긴 영역을 되찾아 오는 것이지, 무엇을 하면 하나님이 감동하셔서 원하는 것을 이루어 주시는 것이 아닙니다. 사람이 영이신 하나님을 감동시키려니 얼마나 힘이 들겠습니까? 하나님은 말씀과 성령으로 무장한 권능을 사용하는 군사가 되기를 원하시는 것입니다.

많은 목회자들이 성도들에게 헌금을 하게 하려고 마태복음 19장 27-30절을 애용합니다. 베드로가 예수님에게 이야기했습니다(마태 19:27~30). "보소서 우리가 모든 것을 버리고 주를 따랐사온대 그런즉 우리가 무엇을 얻으리이까?" 이에 예수께서 대답하셨습니다. "세상이 새롭게 되어 인자가 자기 영광의 보좌에 앉을 때에 나를 따르는 너희도 열두 보좌에 앉아 이스라엘 열두 지파를 심판하리라. 또 내 이름을 위하여 집이나 형제나 자매나 부모나 자식이나 전토를 버린 자마다 여러 배를 받고 또 영생을 상속하리라." 이를 설명하면 이렇습니다. '세상이 새롭게 되어'란 예수님이 부활하셔서 승천하시면 하나님의 영광스러운 보좌에 앉는다. 나(예수님)를 따른 "그대들도 열두 보좌에 앉아서, 이스라엘의 열두 지파를 심판할 것이다."이는 예수님을 따르면 이 땅에 하나님의 나라를 건설하다가 예수님이 재림하시면 열두 보좌에 앉아서, 이스라엘의 열두 지파를 심판할 것이라는 뜻입니다. "내 이름을 위하여 집이나 형제나 자매나 부모나 자식이나 전토를 버린 자마다 여러 배를 받고 또 영생을 상속하리라" 예를 든다면 혈통의 유산 상속을 포기하고('버린 자마다'라는 뜻은 세상에 마음이나 소망을 두지 않고) 예수님을 믿고 성령으로 거듭난 영의 사람이 되어 예수님을 주인으로 모시면 이 땅에서나 하늘에서 영생을 얻게 된다는 말입니다.

우리는 이 말씀을 바르게 이해해야 합니다. 예수님을 주인으로 모시는데 방해가 되어 전토와 혈육을 버린 자에게 여러 배로 돌려주고 영생을 선물로 준다는 말씀입니다. 아무런 조건이 없이 예수님을 주인으로 모시는데 방해가 되어서 전토를 버리고 혈육을 버린 사람을 말합니다. 더 깊게 설명하면 전토와 혈육으로 인하여 온전하게 영이신 예수님을 주인으로 모시는데 방해가 되어 버린 것을 말하는 것입니다. 만약에 예수님을 주인으로 모시기 위하여 자신을 준비하며 소유가 없어졌더라도, 예수님이 원하시는 심령으로 변화되면 여러 배로 돌려받고, 영생까지 소유한다는 말입니다. 육적인 상태에서 인간적인 생각과 조건을 가지면 하나님의 손이 움직이지 않습니다. 소유를 팔아서 하나님께 바쳤다고 바로 돌려받는 것이 아니라, 예수님이 원하시는 심령으로 변화되었을 때 돌려받게 됩니다.

마태복음 19장 20-22절에 부자 청년의 이야기가 나옵니다. "가서 네 소유를 팔아 가난한 자들에게 주라"는 말의 영적인 뜻은 청년에게 땅의 것에 소망을 두지 말고 예수님을 쫓으라는 것입니다. 이 청년은 자신의 의로 충만한 사람이라는 뜻입니다. 한마디로 땅에 가진 것이 많은 사람입니다. 그런 땅의 것이 많은 상태로는 예수님을 마음 중심에 주인으로 모시고 따를 수가 없다는 것입니다. 그래서 소유를 버리고 마음 중심으로 예수님을 따르라는 말입니다. 하나님은 단지 우리의 행위가 아닌 마음 중심의 사랑을 받고 싶으신 것입니다. 마음 중심으로 예수님을 주인으로 모시고 따르라는 것입니다. 하나님을 중심에 모시기 위하여 내 것을 내려놓을 때 하늘의 보화인 그리스도가 우리 가슴속에 충만해지는 것입니다. 그런데 청년은 예수님의 말씀을 육으로 해석하여 가진 것이 아까워서 따르지를 못한 것입니다. 예수님의 말씀대로 순종했으면 돌려받을 수 있었습니다.

하나님은 이렇게 마음 중심이 하나님의 것이 되기를 원하십니다. 그렇기 때문에 자신이 "신학을 하여 목사를 하면 내 질병이 치유된다. 우리 가정의 물질 고통이 해결된다. 사업의 어려움이 해결된다. 내가 소유를 팔아 하나님께 바치면 문제가 해결된다. 자신이 하나님을 열심히 섬기면 우리 자녀들이 잘된다. 자신이 열심히 기도하면 우리 딸의 질병이 치유된다. 이렇게 무엇을 하면 된다"는 행위의 신앙은 잘못된 신앙으로 문제의 원인이 해결되지 않는 것입니다. 하나님은 영이십니다. 마음중심으로 영이신 하나님을 주인으로 모시는 신앙이 되어야 합니다. 무엇을 하면 나의 문제가 해결된다. 이는 잘못알고 오해한 신앙입니다.

자신이 말씀과 성령으로 장악이 되어 마음 중심이 하나님께 향하여 하나님의 음성을 듣고 순종해야 성령의 역사로 문제가 해결되기 시작을 합니다. 그러니까, 말씀과 성령으로 치유되어 하나님의 마음에 합한 심령이 되지 않으면 아무리 열심히 해도 하나님의 역사는 일어나지 않습니다. 하나님은 영이신 자신과 교통하여 하나님의 말씀을 듣고 순종하는 영적인 성도를 원하시는 것입니다. 자신을 만드는 시간을 가져야 합니다. 즉, 땅의 사람이 하늘의 사람으로 바뀌는 시간을 가져서, 에덴동산에서의 영성을 회복하면 하나님의 축복을 받게 된다는 것입니다. 혈통의 문제가 해결이 되어 하나님의 음성을 듣고 순종할 수 있어야 합니다.

　넷째, 방해하는 세력이 있기 때문입니다. 많은 성도들이 실패하는 이유가 있습니다. 자신에게 역사하면서 되는 것이 하나도 없게 하는 존재가 있다는 것을 망각하고 살아갑니다. 이 방해하는 영적인 존재가 떠나가지 않으면 방해하는 세력으로 인하여 무엇을 해도 되지 않는 것입니다. 예를 들어 설명하면 공무원으로 지내던 성도의 친가에서 '남묘호랭객교'를 믿어 영적 정신적인 고통이 찾아왔습니다. 도저히 직장 생활을 할 수 없는 처지가 되었습니다. 어느 신령한 사람에게 찾아가서 상담을 했더니, 당신은 사명이 있는데 사명을 감당하지 않아 영육의 문제가 왔다는 것입니다. 신학을 하여 목사가 되어 사명을 감당하면 영적 정신적인 질병이 치유된다는 것입니다.

　그래서 본인이 금식을 하면서 기도했더니 마음에 감동하기를 신학을 하여 목사를 하라는 감동이 자신을 주장했습니다. 그래서 직장을 그만두고 신학을 했습니다. 목사가 되었습니다. 목회가 되지 않습니다. 왜 사명을 감당하려는데 목회가 되지 않을까요? 조상들이 남묘호랭객교를 믿게 한 영적존재가 방해하기 때문에 목회가 되지 않는 것입니다. 이 분은 영적인 면에 무지하여 불필요한 고통을 당한 것입니다. 직장 생활을 못하게 영적 정신적인 고통을 받게 한 세력은 남묘호랭객교의 영입니다.

　자신은 금식하며 기도하여 하나님의 응답을 받았다고 하는데 응답한 존재는 남묘호랭객교의 영입니다. 남묘호랭객교의 영이 잘 되지 못하게 방해하기 위하여 신학을 하여 목회를 하라고 응답한 것입니다. 자신은 하나님의 음성을 듣고 결정했다고 우기지만 영적으로 보면 귀신입니다.

이 분은 이를 인정하고 남묘호랭객교의 영과 싸워서 이겨야 목회가 됩니다. 절대로 남묘호랭객교의 영이 떠나가지 않으면 목회는 되지 않습니다. 이분이 직장생활을 할 때 자신이 직장 생활을 못하도록 영적 정신적인 문제를 일으킨 존재가 귀신이었음을 알았다면 말씀과 성령으로 치유 받아 남묘호랭객교의 영을 몰아냈으면 직장생활을 계속했을 것입니다. 이렇게 남묘호랭객교의 영이 역사하는 성도가 이 영적인 문제를 해결 받지 않고 "다른 일을 해도"되지 않습니다. 하는 것마다 실패합니다. 반드시 말씀과 성령으로 치유하여 심령에 천국이 이루어져야 무엇을 해도 잘되는 것입니다. 예수를 믿는 성도가 말씀과 성령의 역사로 심령이 장악되어 하나님의 나라가 되면 하나님께서 성령으로 역사하시기 때문에 잘되게 되어있습니다. 자신이 그릇이 되면 하나님께서 무엇을 하도록 인도하신다는 것입니다. 그렇기 때문에 무엇이 잘 안되면 다른 것을 하려고 하지 말고 지금 현재 안 되는 원인을 찾아서 해결해야 되는 것입니다. 자신을 하나님의 나라를 만들라는 것입니다. 본인이 깨달아 인정하고 관심을 가지고 바뀌려고 하고 성령이 역사해야 가능한 일입니다.

어떤 분이 개인 사업을 하다가 사업이 되지 않아 부도가 나서 도저히 할 수가 없었습니다. 어머니가 하시는 말씀이 할머니가 무당을 했다는 것입니다. 신령하다는 사람을 찾아가 예언을 들으니 목회 사명이 있으니 신학을 하여 목사가 되어야 한다는 것입니다. 그래서 철야하며 자신이 기도하니 목회를 하라는 감동이 왔습니다. 결론을 말씀드리면 이분이 목사가 되어 목회를 하면 목회역시 되지 않습니다. 왜 그럴까요? 혈통에 역사하는 무당의 영이 계속 역사하면서 잘못되게 하여 영육의 고통을 가하여 망하게(죽게) 하려고 역사하기 때문입니다.

이분은 신학교 가서 공부하여 목사가 되는 것이 우선이 아니고, 생명의 말씀과 성령의 역사로 자신의 혈통에 역사하는 악한 영의 역사를 치유를 받아야 합니다. 악한 영의 역사가 치유되면 목회 하지 않고 사업을 해도 잘됩니다. 무슨 사업이나 장사를 해도 늘 잘 되는 사람이 있고, 반대로 늘 안 되는 사람이 있습니다. 그 배경에는 우선 사단의 집요한 방해가 있다는 사실을 인식하기 바랍니다. 생명의 말씀과 성령의 역사로 하나님과 관계를 열어 방해하는 세력을 몰아내야 늘 잘되는 사람이 될 수 있습니다. 아브라함의 복을 누리려면 자신과 생업에 하나님의 나라가 이루어져 방해하는 세력이 떠나가야 무엇이든 잘 됩니다.

다섯째, 예수님을 누리지 못해서 당합니다. 예수를 믿고 성령으로 거듭난 성도는 영적인 존재입니다. 그런데 일부 목회자와 성도들이 영적이지 못합니다. 상식적으로 합리적으로 믿음 생활을 합니다. 예수를 믿는 것과 교회에 헌금하는 것, 목회자가 되는 것, 이런 일들을 성령께서 하도록 인도하신다고 믿어 버립니다. 성령님만이 그렇게 인도했다고 의심 없이 믿어버립니다. 알고 보면 아닙니다. 마귀와 귀신들도 음성을 들려주고, 미혹한다는 것입니다. 한마디로 말해서 귀신이 목회자가 되도록 감동하고, 예수를 믿게 하고, 교회에 헌금도 하게하고, 재산도 팔아서 교회에 바치게 한다는 것입니다. 그러나 되지 않습니다. 귀신이 방해하기 때문입니다. 그렇게 하여 점점 더 하나님과 멀어지게 만드는 것입니다.

그러나 성령의 역사가 일어나는 곳이나 집회는 악착같이 방해한다는 것입니다. 만약에 가려하면 부부간의 불화가 일어나게 합니다. 생각하지 못한 일이 일어나 가지 못하게 합니다. 만약에 들어갔다면 꾸벅꾸벅 졸게(필자가 많이 체험했습니다) 만들고, 마음에 강한 거부가 일어나게 하여 장소를 이탈하도록 역사한다는 것입니다. 영적인 면에 무지하고 순진하면 당한다는 것입니다. 주변에 보면 무당이 예수를 믿으라고 했다는 것입니다. 귀신이 어느 교회로 가라고 했다는 것입니다. 귀신이 그 교회는 가도 되고, 어느 교회는 가면 안 되다고 한다는 것입니다. 만약에 귀신이 가지 말라고 한 교회를 갔다가 오면 머리가 아프고 어지럽게 하는 고통을 가한다는 것입니다. 그러니 자신하고 맞지 않는다고 가지 않는 것입니다. 어찌하든지 귀신은 합리를 이용하여 귀신에 대하여 무지하게 만들고 관심 밖으로 여기게 하여 떠나가지 않습니다. 초대교회는 성령의 역사로 인하여 교회가 탄생했습니다. 바울도 아나니아가 안수하여 눈에서 비늘이 벗어진 다음에 사도로서 임무를 감당했습니다. 이런 귀신들의 영향에서 벗어나는 길은 성령의 역사밖에 없습니다. 생명의 말씀과 성령의 역사로 하나님과 교통하는 사람으로 바뀌어야 합니다.

14장 하나님과 관계를 열려고 노력하라.

(시편 139:4-8)"여호와여 내 혀의 말을 알지 못하시는 것이 하나도 없으시니이다. 주께서 나의 전후를 두르시며 내게 안수하셨나이다. 이 지식이 내게 너무 기이하니 높아서 내가 능히 미치지 못하나이다. 내가 주의 신을 떠나 어디로 가며 주의 앞에서 어디로 피하리이까, 내가 하늘에 올라갈찌라도, 거기 계시며 음부에 내 자리를 펼찌라도 거기 계시니이다."

목회자는 하나님과 관계가 무엇보다도 중요합니다. 하나님과 관계가 열려야 한다는 것은 개척목회는 하나님께서 원하시는 것을 해야 하기 때문입니다. 하나님과 관계가 열리지 않으니 어떤 목회를 해야할지 몰라서 40년을 방황하는 목회자가 있습니다. 하나님께서 개척 목사에게 원하는 특별한 사역이 있습니다. 원하는 사역을 해야 성령의 역사가 일어나 자립하고 성장하는 것입니다. 하나님께서는 하나님과 관계를 여시기 위하여 예수님을 보내주셨습니다. 그리고 믿는 자들에게 성령이 마음 안에 임재하도록 하셨습니다. 성령을 통하여 하나님과 관계를 열기 위해서 하나님의 깊은 배려입니다. 그만큼 하나님은 자녀들과의 관계를 중요하게 생각을 하십니다. 하나님과 관계가 열려야 목회자로서 소명을 감당할 수 있을 것입니다. 그런데 안타까운 것은 일부 목회자라고 자처하시는 분들이 하나님과 관계를 열려고 하지 않고 무조건 열심히 하려고 합니다. 하나님은 육체를 가지고 열심히 하는 것을 달갑게 여기지 않으십니다. 하나님과 관계가 열려서 성령으로 하나님의 뜻을 알고 순종하기를 원하시는 것입니다. 하나님은 영이시기 때문입니다. 영이신 하나님과 말씀과 성령으로 관계가 열리면 모든 것은 하나님이 하십니다.

크리스천들이나 영적인 지도자나 할 것 없이 예수를 믿는 순간 죽었습니다. 그리고 다시 예수로 태어났습니다. 예수를 믿고 성령으로 거듭난 성도가 인생을 살아가면서 일어나는 모든 일은 자신의 일이 아닙니다. 죽은 자는 일을 할 수가 없는 것입니다. 다시 사신 예수님의 일입니다. 예수를 믿을 때, 자신은 죽고, 예수로 다시 태어났기 때문입니다. 이제 자기가 세상을 사는 것은 자신 속에 주인으로 임재하신 예수님이 사시는 것입니다. 성도는 자신 앞에 있는 문제를 자신의 능력이나 힘으로 하지 말아야 합니다. 예수님의 일이므로 예수님께 문의하여 예수님께서 하라는 대로 순종하면 믿음을 보시고 예수님이 하십니다.

일부 크리스천들이나 목회자들이 자신 앞에 일어나는 일을 자신의 힘으로 하려고 합니다. 하나님의 일을 인간인 자신의 힘으로 하려고 하니 얼마나 힘이 들겠습니까? 자신의 힘으로 인생을 살아가려니 힘이 들고 버거워서 탈진이 찾아오기도 합니다. 목회자들도 마찬가지입니다. 목회는 예수님의 일인데 자신의 힘으로 하려고 합니다. 그러다가 힘들어서 목회를 포기하기도 합니다. 예수님을 믿고 성령으로 거듭난 크리스천이나 목회자나 할 것 없이 하나님과 관계를 열어, 성령의 인도를 받으면서 문제를 해결하는 것입니다. 성령님께 질문하여 지혜를 받아 해결하는 것입니다. 푯대를 향하여 가는 길에 부딪치는 모든 일은 예수님의 일이라고 믿는 믿음이 중요합니다. 문제가 나타나거든 하나님께 기도하는 것입니다. 하나님 이 문제를 어떻게 해결해야 합니까? 기도하여 성령께서 감동하시는 대로 순종하면 성령께서 문제를 해결하시는 것입니다. 문제를 만나거든 하나님께 기도하여 알려주신 지혜대로 순종하여 통과하시기를 바랍니다.

우리는 모두 관계 속에 살아가고 있습니다. 관계를 떠나서 존재하는 사람은 한 사람도 없습니다. 관계 속에서 태어나 관계 속에서 살아갑니다. 관계를 떠나서는 삶의 의미나 가치를 찾을 수 없습니다. 가장 아름다운 사랑도 관계를 떠나서는 생각할 수 없습니다. 이 세상은 관계를 맺으려고 애를 씁니다. 좀 더 유익을 얻으려고, 좀 더 덕을 보려고 보다 나은 사람이 있으면 관계를 맺으려고 합니다. 국가적인 차원에서도 마찬가지입니다. 외교라고 하는 것 역시 관계입니다. 관계라는 말은 대단히 중요합니다.

실제로 영향력 있는 사람과 관계를 잘 맺으면 덕을 보는 경우가 있습니다. 동창관계라든지, 친구관계라든지, 선후배관계라든지 이 세상을 살아가는 데는 관계가 중요합니다. 그러나 이보다 더 중요한 관계는 하나님과의 관계입니다. 영적인 지도자는 무엇보다도 하나님과 관계가 열리는 것이 중요합니다. 관계를 잘 맺은 사람과 맺지 못한 사람은 차이가 있습니다. 아무래도 관계를 잘 맺은 사람이 세상을 살아나가는데 더 많은 유익을 얻습니다.

첫째, 하나님과 관계가 열린 자의 축복. 하나님은 크리스천이나 목회자를 축복하려고 불러서 예수를 믿게 했습니다. 쉽게 말해서 하나님의 부름을 받고 예수님을 믿었다는 것입니다. 그러니까, 예수님을 믿고 교회에 다니는 사람치고 하나님의 음성을 듣지 못한 사람은 아무도 없습니다. 자신이 듣지 못해서 그렇지 하나님의 부르심을 받고 마음이 열렸기 때문에 예수님을 영접한 것입니다. 마음이 열렸기 때문에 예수님을 믿었고 교회에 나온 것입니다. 세상의 법은 인간의 행위를 규정합니다. 하지만 천국의 법은 사람의 마음까지 다스립니다. 마음이 따라줘야 예수를 믿을 수 있다는 것입니다. 그래서 하나님은 순종이 제사보다 낫다고 하시는 것입니다. 마음이 예수를 믿고 교회에 다니는 것에 동의 했다는 것입니다. 이제 말씀과 성령으로 하나님과의 관계를 열어야 합니다. 하나님은 영이시기 때문에 우리 안에 성령으로 오셔서 크리스천이나 목회자가 영적인 상태가 되어 하나님과 관계를 열도록 배려하셨습니다. 하나님과 관계를 여는 것의 가장 기본적인 것이 영과 진리로 예배드리며 성령으로 기도하는 것입니다.

그런데 사람은 누구나 다 하나님과 관계가 있습니다. 어떤 사람은 하나님을 믿지 않기 때문에 하나님과 관계가 없다고 생각할지라도 모두 하나님의 도우심 속에서 살아갑니다. 선한 자든 악한 자든 하나님과 관계가 있습니다. 예수님을 믿는 자는 하나님과 관계가 화평의 관계를 맺고 있지만(롬5:1), 하나님을 믿지 않는 사람은 죄인의 관계, 형벌의 관계를 말합니다. 아담과 하와는 본래 하나님과의 관계가 축복의 관계였습니다. 그런데 아담이 하와의 말을 듣고 금단과를 먹고 범죄 함으로 이 관계가 깨어진 후에는 사망의 관계, 저주의 관계, 멸망의 관계가 되고 말았습니다.

우리는 살아가면서 다른 사람과의 관계가 없다고 생각하여 고독해하는 사람이 있습니다. 이성 관계, 부모관계, 친구관계, 동료관계 등 아무런 관계가 없어도 하나님과의 관계가 되어 있는 사람은 결코 불행하지 않습니다. 에녹은 하나님과 삼백년 동안 동행했습니다(창5:22). 동행했다는 말은 관계를 맺었다는 말입니다. 노아도 하나님과 동행했습니다(창6:9). 하나님과 동행한 사람 곧 하나님과 관계한 사람은 복을 받았습니다. 에녹은 죽음을 보지 않고 하늘로 올리워가는 축복을 받았습니다. 노아는 홍수 심판의 때에 구원의 축복을 받았습니다. 아브라함, 이삭, 야곱, 요셉은 하나님과 관계한 자로 모두 축복을 받은 자들입니다. 요셉 같은 경우는 하나님과의 관계를 끊으려고 하는 유혹이 많았으나 끝까지 하나님과의 관계를 갖고 있다 보니 축복을 받았습니다.

세상은 돈이 있는 사람과 관계를 맺으려고 사람들이 찾아오다가 돈이 없으면 관계를 끊어버립니다. 건강하면, 힘이 있으면, 뭔가 영향력이 있으면, 도움을 받을만하다고 생각하면 관계를 맺으려고 찾아오다가도 그 모든 것을 상실하면 외면하는 것이 세상입니다. 그리고 나이가 많아지면 관계가 끊어집니다. 부부관계가 끊어지고, 자식들도 결혼을 해서 관계가 끊어지고, 이웃들은 늙었다고 외면을 하니 관계가 끊어집니다. 세상의 관계들은 이렇게 끊어지기도 하지만, 하나님과의 관계는 절대로 끊지 말아야 할 것입니다. 어떤 환난이 와도, 고난과 역경이 와도, 괴롭고 답답한 일을 만나도 끊지 맙시다. 그래야 축복을 받습니다. 하나님은 우리가 변하지 않는 한 절대로 떠나가지 않으시는 분입니다.

둘째, 하나님과 관계를 맺은 자와 관계를 맺자. 목회자는 특별하게 하나님과 관계를 열어야 합니다. 아니 관계가 돈독해야 합니다. 서로 주거니 받거니 하는 관계가 되어야 합니다. 그래야 휘하에 있는 성도들이 목회자를 통하여 하늘의 복을 받을 수 있기 때문입니다. 세상은 자기에게 유익할 것 같으면 관계를 맺습니다. 아무나 관계를 맺지 않습니다. 그러나 우리는 무엇보다도 하나님과 관계를 맺은 자와 관계를 맺어야 하겠습니다. 노아의 가정을 봅시다. 노아가 하나님과 관계를 맺었습니다. 홍수의 때에 하나님과 관계를 맺은 노아로 인하여 그의 자녀들이 구원을 받았습니다. "너와는 내가 내 언약을 세우리니 너는 네 아들들과 네 아내와 네 자부들과 함께 그 방주로 들어가고…(창6:18)" 노아의 자녀와 자부들의 믿음이 좋은 것은 아니었습니다. 그들의 아버지로 인하여 방주에 들어가게 된 것입니다. 이것을 보면 하나님과 관계를 맺은 자와 관계를 맺은 것이 축복입니다.

아브라함은 하나님과 관계를 맺은 자입니다. 그 아브라함에게 롯이 있었습니다. 롯은 하나님과 관계있는 아브라함이 축복을 받을 때에 그도 역시 축복을 받았습니다. 뿐만 아니라 소돔과 고모라에 전쟁이 있을 때에 롯은 재물과 함께 끌려가게 됩니다. 아브라함이 이 사실을 알고 군사를 이끌고 찾아가 다시 데려옵니다(창14장). 롯의 축복은 이것으로 끝나지 않습니다. 소돔과 고모라 성이 멸망당할 때에 하나님과 관계있는 아브라함의 중보로 말미암아 살아남게 되는 놀라운 축복을 받습니다(창19장). "하나님이 들의 성들을 멸하실 때 곧 롯의 거하는 성을 엎으실 때에 아브라함을 생각하사 롯을 그 엎으시는 중에서 내어 보내셨더라(창19:29)."

야곱 역시 하나님과 관계를 맺은 사람입니다. "내가 너와 함께 있어 네가 어디로 가든지 너를 지키며 너를 이끌어 이 땅으로 돌아오게 할찌라. 내가 네게 허락한 것을 다 이루기까지 너를 떠나지 아니하리라(창28:15)." 야곱은 외삼촌댁에 머물게 됩니다. 본래 라반의 집은 부유한 집이 아니었습니다. 그런데 하나님과 관계가 열린 야곱으로 인하여 축복을 받았습니다. 이것을 모르는 외사촌들은 자기들 때문에 야곱이 축복을 받은 줄로 착각하고 말았습니다(창32:1-3). 이런 것을 볼 때에 하나님과 관계를 맺은 자와 관계를 맺는 것이 얼마나 큰 축복인가를 알 수 있습니다. 그러나 마귀는 이 하나님과의 관계를 끊으려고 하고, 하나님과 관계 맺은 자와 의 관계를 끊으려고 애를 쓰고 있습니다. 우리는 속지 말아야 합니다. 여전히 하나님과 관계를 맺고, 하나님과 관계를 맺은 자와 관계를 맺는 자가 되어야 하겠습니다.

우리 기독교인의 본분과 사명이 무엇입니까? 두 말할 것도 없이, 하나님과 좋은 관계를 맺고 살아감으로써, 하나님께서 우리에게 베풀어주시는 은혜로 말미암아 참으로 인간다운 삶을 살아가는 것입니다. 즉, 예수를 믿는 우리에게 있어서 가장 중요한 것은 하나님과 올바른 관계를 맺고 사는 것입니다.

만일 목회자가 하나님을 제대로 모시고 살지 못함으로써, 그

관계가 올바르지 못하거나 끊어지게 될 경우, 그 결과가 어떻게 되겠습니까? 만일 그렇게 된다면, 그동안 우리가 애써 수고한 모든 것들이 한 순간에 물거품이 되고 말 것입니다. 다시 말해서, 참으로 허무하고 애통한 일이 발생하게 되는 것입니다. 그럼에도 불구하고, 예수를 믿는 사람들 중에는 하나님과의 관계를 너무나 소홀히 여기는 사람들이 적지 않습니다.

사도 바울이 로마서에서 말하기를 '사람은, 마음으로 믿어서 하나님과 올바른 관계를 맺게 되는 것이고, 그 믿음을 다른 사람에게 입으로 고백함으로써 확실한 구원을 얻게 된다(10:10)'고 했습니다. 이와 같이, 우리가 하나님과 올바른 관계를 맺고 살아가면서 우리가 원하는 바를 하나님께 아뢸 경우, 하나님께서는 우리에게 넘치는 복을 아낌없이 주신다고, 사도 바울은 로마서 10장 12절에서 분명히 말하고 있습니다.

이런 사실은, 예수를 믿는 사람이라면 기본적으로 알고 믿어야 하는 진리입니다. 이 진리는, 우리 신앙인에게 있어서 가장 확실하게 믿어야 할 '믿음의 바탕이요 핵심'이라 할 수 있습니다. 예를 들어서, 자동차의 엔진이 고장 날 경우, 그 차는 어떻게 되겠습니까? 그 자동차는 아무 쓸모가 없을 것입니다. 엔진을 고쳐 사용하던지, 아니면 새 것으로 바꿔야 합니다. 마찬가지입니다. 목회자에게 있어서 하나님과의 올바른 관계 설정은 자동차의 엔진과도 같습니다. 다시 말해서, 우리가 하나님과 올바른 관계를 맺고 살아야만, 우리의 모든 수고와 노력이 헛되지 않을 뿐더러, 우리가 그토록 원하는 아름답고도 행복한 인생을 살아갈 수가 있게 되는 것입니다.

셋째, 하나님과 관계있는 것을 선택하자. 하나님과 관계를 맺었다는 것은 무엇을 말합니까? 바리새인과 같은 사람이 있습니다. 바리새인은 종교인이지 신앙인은 아닙니다. 주님은 저들을 향하여 "화 있을 찐저"라고 책망하셨습니다(마23:15,16,23). 형식적인 그리스도인이 있습니다. 교회 안에 있다고 해서 모두가 다 거듭나고 하나님과 관계를 맺은 사람이라고는 할 수 없습니다. 교회를 다닌다고 해서 다 하나님과 관계를 맺은 사람이라고 할 수 없습니다.

뿐만 아니라, 목회자가 능력을 행사한다고 해서 다 하나님과 관계를 맺은 사람이라고 볼 수 없습니다. 이는 모든 목회자가 가슴에 새기고 명심해야 합니다. 많은 목회자들이 귀신을 축사하고 병을 고치고, 내적치유하고, 열매가 나타나지 않는 성령의 역사를 일으킨다고 다되었다고 착각하는 분들이 있습니다. 분명하게 이것이 다가 아닙니다. 하나님의 말씀 안에서 모세를 생각해 보시고, 다윗을 생각해 보시고, 엘리사나 엘리야를 생각해 보시기를 바랍니다. 모두 하나님과의 관계를 열기 위해서 혹독한 광야 훈련을 치렀습니다. 쉽게 되는 것이 아닙니다. 필자에게 여러 목회자들이 오셔서 안수를 받아서 쉽게 능력을 전이 받아 어떻게 해보려는 생각을 하시는 분들이 있습니다. 그렇게 안수한번 받아서 성령의 강한 불, 한번 받아서 되는 것이 아닙니다. 전인격이 성령으로 장악이 되어 하나님 화 되어야 합니다. 그래야 하나님과 관계가 열리는 것입니다. 모세는 광야훈련을 40년을 받았습니다.

다윗은 사울 왕에게 쫓겨서 잠을 제대로 자지 못하면서 광야훈련을 10년을 받았습니다. 그렇게 광야훈련을 하는 동안에 자신들은 죽어 없어지고, 하나님만 바라보고 순종하는 사람으로 변화된 것입니다. 그래서 예수님은 "나더러 주여! 주여! 하는 자마다 천국에 다 들어갈 것이 아니요 다만 하늘에 계신 내 아버지의 뜻대로 행하는 자라야 들어가리라(마7:21)." "그 날에 많은 사람이 나더러 이르되 주여! 주여! 우리가 주의 이름으로 많은 권능을 행치 아니하였나이까(22). 주께서 말씀하시기를 내가 너희를 도무지 알지 못하니 불법을 행하는 자들아 내게서 떠나가라(23)"고 하셨습니다. 능력을 행사한다고 해서 다 하나님과 관계된 것이 아닙니다. 하나님과 관계없이 능력을 행사하기도 합니다.

그러면 누가 하나님과 관계를 맺은 사람입니까? 그는 성령으로 거듭난 사람입니다. 성령으로 전인격이 장악이 된 사람입니다. 성령의 인도를 받는 사람입니다. 하나님을 마음으로 사랑하는 사람입니다. 성경 누가복음 7장 37-49절에 보면 예수님께서 바리새인의 집에 초청을 받아 가셨는데 그 집에 들어가자마자 그 동네의 여자 죄인 한 사람이 따라오며, 주님 앞에서 눈물을 예수님의 발에 방울방울 떨어뜨리며 울었습니다. 예수님께서 자리에 앉으시자 그 여인은 머리채를 내려 눈물로 얼룩진 예수님의 발을 닦고, 그 위에 자신이 귀하게 간직한 향유를 부었습니다. 그러자 함께 와 있던 동네 사람들은 속으로 예수님을 비난했습니다. "예수님이 만일 선지자이면 이 여인이 얼마나 더러운 죄인인줄을 아시고 근처에 오지도 못하게 할 텐데 예수님은 진짜 선지자가 아닌가보다" 그때 예수님께서 그 생각을 아시고 주인을 부르셨습니다. "시몬아 내가 네게 질문할 것이 있다. 여기에 빚을 진사람 둘이 있는데 한 사람은 5백 데나리온, 또 다른 한 사람은 5십 데나리온의 빚을 졌다. 두 사람이 다 그 빚을 갚지 못하므로 탕감을 해준다면 누가 탕감해 준 사람을 더 사랑하겠느냐" 시몬은 '물론 많이 탕감을 받은 자가 더 많이 사랑하겠지요'라 대답했습니다. 그러자 예수님께서 "네 말이 옳다 내가 네 집에 들어올 때 이 여인은 눈물로 내 발을 적시고 머리로 닦고 끊임없이 내 발에 입 맞추고 향유를 부었다. 그런데 내가 들어올 때 너는 나에게 발 씻을 물도 주지 아니하였고 입 맞추지도 아니하였고 머리에 감람유도 붓지 아니하였다. 그래서 이 여인은 나를 많이 사랑하므로 이 여자의 많은 죄가 용서를 받았느니라" 말씀하시고, 그 여인을 보시고 "네 믿음이 너를 구원하였으니 평안히 가라"고 하셨습니다. 예수님은 이 여인의 절실한 죄악의 문제를 해결해 주셨습니다. 이 여인은 마음속의 죄책으로 말미암아 주야로 고민하였으나 예수님께서는 그 여인의 죄악을 해결해 주신 것입니다. 시몬은 행위(율법)를 중요하게 생각을 한 것입니다. 예수님은 한 차원 깊은 마음으로 예수님을 사랑한 것을 인정하신 것입니다. 하나님은 이렇게 마음으로 하나님을 사랑하는 사람과 관계를 열어 가십니다. 하나님과 깊은 관계를 맺으시려면 마음으로 하나님을 사랑해야 합니다.

예수의 생명이 그 안에 있는 자입니다. 또한 하나님을 두려워하는 자가 하나님과 관계를 맺은 자입니다. 모든 삶을 하나님께서 보시기 때문에 두려워합니다. 그리고 하나님의 징계도 알고 심판도 알고 형벌도 아는 자입니다. 이런 자가 하나님과 관계를 맺은 자입니다. 하나님과 관계를 맺은 자는 언제나 무엇을 하든지 하나님과 관계된 것을 선택하여야 할 줄 믿습니다. 직장을 선택할 때에도, 동업을 할 때에도, 이성교제를 하더라도 무슨 일을 하든지 하나님과 관계된 자를 선택하고, 하나님과 관계된 것을 선택하시기를 바랍니다. 하나님께서 축복하실 것입니다. 하나님과 관계있는 명예, 권력, 돈이라면 의미가 있습니다. 하나님과 관계가 없는 자는 부끄러움을 당하게 됩니다(계6:15).

넷째, 하나님과 관계있는 자를 떠나지 말라. 우리가 교회를 나올 수 없는 곳으로 이주할 때에 하나님과의 관계있는 곳을 찾아야 합니다. 하나님과 관계를 가졌다가 떠난 자들이 많습니다. 통일교로, 여호와의 증인으로, 천부교로 빠지고 말았습니다. 하나님과의 관계를 떠나면, 하나님과 관계있는 자를 떠나면 위험합니다. 우리는 언제나 어디서든지 하나님과의 관계 속에 살아야 합니다. 그리고 잘 못해서 하나님과 관계없는 곳에 빠져있으면 빨리 나와야 합니다.

아담과 하와가 하나님과의 관계에서 떠났을 때에 사망이 왔습니다. 그들에게 불행이 찾아왔습니다. 롯은 하나님과 관계가 있는 아브라함을 떠났을 때에 모든 소유를 빼앗겼고, 그가 살던 곳은 유황불로 심판을 받고 말았습니다. 그는 심판을 받을 때에 재물을 하나도 건지지 못했습니다. 우리는 하나님과 관계있는 자를 떠나서는 절대로 안 됩니다. 정말로 중요한 것입니다.

오늘 본문인 시편 138편은 다윗의 시입니다. 다윗은 하나님께 범죄한 자입니다. 그러면서도 다윗은 하나님과 관계있는 자입니다. 다윗 또한 하나님께서 자기를 버리시지 않고 관계하시는 것을 알았습니다. 그래서 이 시를 읊은 것입니다. 하나님은 하나님과 관계있는 자가 범죄할지라도 그의 기도를 응답하시고(3), 낮은 자를 하감하시고(6), 환난 중에 다닐지라도 소성케 하시고 오른 손으로 붙드셔서 구원하십니다(7). 그래서 다윗이 하나님께 감사하고 있습니다(1). 하나님과 관계가 있는 것이 축복입니다.

결론입니다. 목회자는 무엇보다도 하나님과의 관계를 중요하게 생각을 해야 합니다. 우리가 하나님의 뜻을 저버리고 살면, 하나님과의 올바른 관계가 끊어지고 맙니다. 그렇게 될 경우, 우리는 하나님의 보호와 사랑을 받을 수가 없게 되는 것입니다. 한번 생각해보십시오. 우리가 하나님의 보호를 받지 못하고 살면, 우리 인생은 어떻게 되겠습니까? 결과적으로 불행하게 되는 것은 말할 것도 없거니와, 그 생명까지도 위협받게 되는 것입니다. 그런데, 그처럼 하나님을 등지거나 그 뜻을 저버리고 사는 사람들을 보면, 그 형편이 어느 정도 여유롭게 되었을 때에, 그런 어리석음에 빠지는 것을 볼 수 있습니다. 사실, 그 사는 형편이 여유롭게 되었다면, 그 무엇보다 먼저 하나님께 진심으로 감사드려야 할 것입니다. 목회자는 성령의 인도를 받으면서 하나님께 집중하며 무엇이든지 주인이신 하나님께 물어보고 행하는 습관이 되어야 합니다.

신명기 26장 말씀에는, 모세가 이스라엘 백성들에게 말씀하신 내용이 나오고 있습니다. 모세는 말하기를 "너희는 하나님께서 주시는 땅에 들어가서 편안히 살게 될 날이 올 것이다. 그러면, 너희는 그 땅에서 거둔 첫 열매를 광주리에 담아 제사장에게 가져가야 한다. 그때, 제사장은 그 광주리를 가져다가 하나님의 제단 앞에 놓을 것이다(3-4)"라고 했습니다.

모세는, 백성들이 첫 열매를 바칠 때마다, 하나님께 이렇게 신앙고백을 해야 한다고 가르쳤습니다. "일찍이 우리 조상은 떠돌아다니며 살았습니다. 그런데, 흉년이 들어 굶주리게 되자, 애굽으로 이민을 갔습니다. 하지만, 애굽 사람들이 우리 조상들에게 강제 노동을 시키며 괴롭히자, 우리 조상들은 하나님께 부르짖어 호소하게 되었고, 이에 하나님은 우리 조상들의 호소를 들으시고 우리 민족을 애굽 땅에서 건져내주셨습니다. 하나님께서는 우리 민족을 이 거룩한 곳으로 인도해주시고, 젖과 꿀이 흐르는 이 땅을 우리에게 주셨습니다. 그리고 이제, 여호와 하나님이 우리에게 주신 이 땅에서, 우리가 농사지어 거둔 첫 열매를 이렇게 바칩니다."

오늘날 우리가 이처럼 살게 된 것은 누구 덕분이라고 생각하십니까? 말할 것도 없이, 기독교신앙을 가진 사람들은 주인되신 하나님의 은혜라 고백하고, 그 은혜에게 감사하면서 살아가야 합니다. 그럴 때, 하나님과 우리는 올바른 관계를 지속하게 되는 것입니다. 그처럼, 올바른 관계가 지속될 때, 하나님은 이전보다 더 큰 은혜와 사랑을 우리에게 베풀어주십니다. 개척교회는 하나님과 관계가 열려야 자립성장 할 수 있습니다.

15장 기도를 바르게 하려고 노력하라.

(엡6:18~20)"모든 기도와 간구를 하되 항상 성령 안에서 기도하고 이를 위하여 깨어 구하기를 항상 힘쓰며 여러 성도를 위하여 구하라. 또 나를 위하여 구할 것은 내게 말씀을 주사 나로 입을 열어 복음의 비밀을 담대히 알리게 하옵소서 할 것이니, 이 일을 위하여 내가 쇠사슬에 매인 사신이 된 것은 나로 이 일에 당연히 할 말을 담대히 하게 하려 하심이라"

목회자는 기도를 바르게 할 줄 알아야 합니다. 많은 분들이 기도는 평상시에 하기 때문에 대수롭지 않게 생각을 하고 정확하게 배우려고 하지를 않습니다. 목회자라면 기도를 어떻게 해야 바르게 하여 하나님의 음성을 들을 수 있는지 의문점을 가지고 대해야 합니다. 하나님은 예수를 믿고 성령으로 거듭난 우리에게 성령 안에서 기도하라고 하십니다. 제가 그동안 성령치유 사역을 하다가 체험한 것은 성도들의 기도가 바르지 못하다는 것입니다. 기도가 바르지 못하니 성령의 인도를 받지 못하여 영적으로 변화되지 못하는 것입니다. 기도는 많이 하는 데 자신이 변화되지 못하고 영육의 문제가 치유도지 못한다는 것입니다. 성도가 예수를 믿고 만사가 형통한 삶을 살아가려면 기도를 바르게 해야 합니다.

기도가 바르지 못하면 믿음 생활의 모든 부분이 잘못되는 것입니다. 우리나라 성도들의 영적인 열심은 알아주지 않습니까?

그런데 변화되지 못하고, 성령으로 충만하지 못하고, 성령의 권능을 받지 못하고, 삶이 바뀌지 않는 것은 기도가 잘못되었기 때문입니다. 기도를 바르게 하면 성령의 인도를 받아 전인격이 변화되기 시작을 합니다. 성도가 하나님의 복을 받는 것은 전인격이 성령의 지배를 받아야 가능한 것입니다. 기도가 바뀌어야 합니다. 무조건 많이 한다고 잘하는 기도가 아닙니다. 성령으로 바르게 해야 합니다. 그래서 성도가 신앙생활을 하는 가운데, 가장 어려운 것 한 가지가 바로 기도입니다. 기도하는 습관이 되지 않으면 기도생활을 꾸준히 지속적으로 해 나가는 것이 얼마나 어려운 가를 우리는 경험하며 살아가고 있습니다. 기도는 기본이 있습니다. 기도의 기본을 적용하지 않고 기도함으로 아무리 열심히 그리고 오래 기도를 해도 참 평안을 누리지 못하는 것입니다.

우리는 기도를 바르게 알아야 합니다. 기도는 하나님과 사귀는 것입니다. 하나님과 가까이 하는 것입니다. 하나님과 함께 시간을 보내는 적극적인 행위입니다. 하나님과 사랑을 나누는 시간입니다. 하나님께 사랑을 고백하고 감사하는 시간입니다. 우리의 삶에서 가장 깨어있는 시간, 하나님의 소리를 듣는 시간입니다. 자신을 치료하는 시간입니다. 예수를 믿는 성도가 하는 기도는 세상 사람들이 하는 기도와 다릅니다. 자신이 매일 철야하며 새벽기도를 해도 영육이 변화되지 않고, 환경이 어려운 것은 세상적인 기도를 하기 때문입니다. 예수를 믿는 성도가 하는 기도는 다음과 같은 원칙을 가지고 해야 합니다.

첫째, 성령 안에서 기도하라. 바른 기도생활을 위해서 '좋은 기도의 습관'이 중요하긴 하지만 그 보다 더 중요한 것이 있습니다. 그것은 바로 기도의 영을 받아 가지고 있는 겁니다. 우리가 새벽기도를 생각해볼 때 우리가 항상 새벽에 그 시간에만 살아가는 것이 아니지 않습니까? 우리가 예배당 안에서만 살고 있지는 않지 않습니까? 우리가 가정에서나 직장에서나 세상에서 살아갈 때 우리 앞에 다양하게 펼쳐지고, 우리에게 다가오는 그런 도전과 문제, 그 어려운 상황 속에서 우리의 기도가 정해진 기도의 제목만으로는 우리 삶을 다 감당하지 못해요. 그래서 좋은 기도의 습관을 갖는 것도 중요하지만, 우리가 기도의 영을 가지고 성령 안에서 기도하는 것 그것은 더욱 중요합니다. 마치 내 영이 기도의 영이신 성령 안에 푹 잠겨 있는 것처럼 내가 하루 24시간 어디에서 무엇을 하고 있든지 하나님과 끊임없는 교통가운데서 내 삶이 진행되는 것, 그것이 바로 기도의 영을 가지는 것인데, 이것이 바로 기도생활의 이상이라고 할 수 있습니다. 그래서 하나님 말씀은 우리에게 '성령 안에서 기도하라''성령으로 기도하라'라는 말씀을 여러 번 당부하십니다.

그 중 한 곳인 에베소서 6장 18절을 같이 읽겠습니다. "모든 기도와 간구를 하되 항상 성령 안에서 기도하고 이를 위하여, 깨어 구하기를 항상 힘쓰며, 여러 성도를 위하여 구하라" 과거 개역에는 '무시로 성령 안에서 기도하라'고 했는데, '무시로'란 항상 이란 뜻입니다. 영어로 always 또는 all times입니다.

그렇다면 어떻게 기도하는 것이 '성령 안에서 기도'하는 것일까요? '성령 안에서 기도한다'는 의미는, "성령의 영성과, 성령의 지성과, 성령의 감성을 따라서 기도하는 것이다" 라고 말할 수 있습니다. 또, 성령의 임재 가운데 기도하는 것입니다. 실제적으로 성경에 보면, 성령께서 우리를 위하여 말할 수 없는 탄식으로, 성령의 생각이 삼위일체 하나님과 합치된 상태에서 우리 안에 와계신 성령께서 우리를 위하여 계속 기도하고 계십니다. "이와 같이 성령도 우리의 연약함을 도우시나니, 우리는 마땅히 기도할 바를 알지 못하나 오직 성령이 말할 수 없는 탄식으로 우리를 위하여 친히 간구하시느니라. 마음을 살피시는 이가 성령의 생각을 아시나니 이는 성령이 하나님의 뜻대로 성도를 위하여 간구하심이니라.(롬8:26~27)"

'성령 안에서 기도하라'는 엡6장 18절의 말씀을 실행 할 수 있는 그 약속이, 이 로마서 말씀에 주어져 있습니다. 로마서 8장 26~27절속에는, 성령의 [영성] [지성] [감성]이 나타나 있어요. 성령의 영성은 무엇과 같은가요? 어머니의 영성과 같지요. 어머니는 자녀들을 한없는 사랑으로 용납해주고 품어줍니다. 그러한 것처럼 성령은 포근한 영성, 온유하신 영성, 인자하신 영성으로서 마치 어머니가 자식을 위해 기도하듯이, 성령께서 우리를 위하여 기도하고 계신다는 거예요. 우리는 무엇을 위하여 기도하는지도 모르고, 우리 앞에 어떤 일이 일어날지도 모릅니다.

그렇기 때문에 성령께서 '우리를 위하여 마땅히 무엇을 위해서 기도할지 모르지만, 우리를 위하여 앞서 기도'하고 계신다는 것입니다. 성령의 영성이 그러하단 것입니다. 또 성령의 영성은, 성령은 지성을 가진 인격체이셔서 우리를 위해서 기도 할 바를 명확하게 인지하시고, 그리고 그 생각을 갖고 기도하고 계십니다. 롬8장 27절 말씀에 성령은 지성을 지니신 분이시다. 라는 것을 보여주는 한 표현이 있습니다. '마음을 살피시는 이가 성령의 생각을 아시나니' '성령의 생각'이라고 했습니다. 성령은 생각하신다. 즉, 지성을 지니신 분이십니다. 우리를 향하신 그 성령의 생각이 얼마나 많은지 시편 40편 5절에 이런 말씀이 나옵니다.

"여호와 나의 하나님이여 주의 행하신 기적이 많고 우리를 향하신 주의 생각도 많도소이다" 우리의 부모가 자녀를 위해서 기도하지 않습니까? 자녀에 대한 모든 사정을 헤아리고 살펴서 자녀를 위해서 기도합니다. 부모는 자녀를 위해서 기도하지만, 자녀는 부모를 그렇게 생각하지 않아요. 자기 인생이 바쁘기 때문에 내리 사랑을 해서 부모는 자녀를 위해서 그렇게 안타깝게 간절히 기도하지만, 자녀들은 그 부모에 대한 마음을 헤아리지 못합니다. 저도 자녀를 위해서 기도하면서 '이 아이들이, 부모인 내가 이렇게 하나님 앞에서 간절히 자기들을 위해 기도하는 것을 알고 지내기나 하나?' 그런 생각을 할 때가 있습니다.

마찬가지로 우리는 별로 하나님을 생각하지 못하고 살아가지만 성령께서 우리를 위하여, 해변의 모래보다 더 많으신 그 생각, 그 사랑의 생각을 가지고 우리를 위해서 기도하고 계십니다. 또한 성령은 감성을 지닌 분이십니다. 로마서 8장 26절 말씀에 성령의 감성을 보여주는 한 어구 한 표현이 있습니다. "말할 수 없는 탄식으로 우리를 위하여 기도하시는 성령님"이라고 했습니다.

성령은 감성을 가지고 계세요. 우리는 성령을 근심하게 할 수도 있고, 우리는 성령을 기쁘시게도 할 수 있습니다. 성령이 인격적으로 우리를 대해주십니다. 이 말씀이 보여주는 바대로 성령님은 어머니와 같은 그런 넓으신 자애로우신 사랑의 영성을 지니셨고, 또한 성령은 생각을 가지신 지성을 지니신 인격체이시고, 성령은 우리를 위하여 말 할 수 없는 탄식으로 하나님 앞에서 기도하시는 감성을 지니신 분이십니다. 성령께서 우리 안에 오셔서 우리를 위해 그토록 기도하시는 그 성령의 영성과 지성과 감성을 따라 기도하는 것이 성령님 안에서 기도하는 것입니다.

둘째, 성령으로 기도하라. 우리에게 그 기도는 필요하죠. 내 생각대로, 내 욕심대로, 내 마음대로 기도하는 것이 아니라, 내 영이 성령 안에 잠긴 것처럼 성령이 그 영성과 지성과 감성을 따라서 기도하는 것, 그것이 바로 우리가 지향하는 이상적인 기도입니다. 예를 들어서 설명 드립니다. 이미 세월이 지나서 다 잊어버리셨겠지만, 부모님들이 어린 자녀들을 키울 때, 자녀들이 막 글자를 깨우쳐 갈 나이일 때 글씨 쓰는 법을 가르쳐 주지 않습니까? 그때 어떻게 가르쳐 주셨어요? 아이가 글자를 삐뚤삐뚤 쓰니까 엄마나 아빠가 아이를 품안에 안고 아이의 작은 손을 내가 손으로 잡고 연필을 쥔 아이의 손을, 내가 붙잡아서 글자를 써갑니다. 마찬가지로 기도할 줄 모르는 우리들을 성령께서 안으시고 품으시고, 나의 작은 손을 그 권능의 손으로 붙드셔서 내게 기도하는 법을 가르쳐 주신다는 거예요. 부모가 어린자녀든 장성한 자녀든 자녀를 위해서 밤낮 기도하듯이 성령께서 우리에게 오셔서 나는 의식도 하지 못하는데, 나는 느끼지도 못하는 사이에 나를 위하여 말할 수 없는 탄식으로, 그 많으신 성령의 사랑의 생각을 갖고서, 하나님의 뜻에서 합치된 방향으로 나를 위하여 기도하고 계시는데 내가 그것을 깨닫고 성령의 인도를 따라 기도하는 것이 바로 성령 안에서 기도하는 것입니다.

그것이 그토록 중요한 이유는 우리가 성령 안에서 기도하게 되면, 우리가 중언부언 하는 기도는 하지 못하죠. 여전히 우리는 내 짧은 욕심이 들러붙은 그런 마음의 손을 가지고 기도를 하는데, 우리가 점차적으로 성령 안에서 변화를 받게 되면, 우리가 마음속에 품게 되는 소원과 우리가 하나님께 아뢰는 기도의 제목들이 하나님의 뜻에 합치되는 방향으로 내 그 기도가 바뀐다는 것입니다. "이와 같이 성령도 우리의 연약함을 도우시나니 우리는 마땅히 기도할 바를 알지 못하나 오직 성령이 말할 수 없는 탄식으로 우리를 위하여 친히 간구하시느니라." 우리의 기도가 성령 안에서 드려지게 되면 우리가 간구하는 것이 하나님의 뜻에 맞게 되니까 하나님께서 하나님의 뜻을 이루어주시지 않겠습니까?

로마서 8장 28절에 보면 "우리가 알거니와 하나님을 사랑하는자 곧 그 뜻대로 부르심을 입은 자들에게는 모든 것이 합력하여 선을 이루느니라." 하셨습니다. 우리 기도가 성령 안에서 드려지는 기도, 우리의 뜻이 하나님의 뜻에 합치되는 방향으로 변화받게 되면, 우리가 기도하는 바를 하나님이 응답해 주실 뿐만 아니라, 우리를 둘러싼 삶의 환경을 하나님께서 절대주관 가운데 품으시고, 붙드시고, 변경하시고, 조정하셔서 모든 것들을 합력하여 선을 이루게 해 주신다는 겁니다.

그러니까 로마서 8장 28절에 '성도의 모든 것을 합력하여 선을 이루신다'는 구절은, 문맥상 26절과 연결해서 해석할 때, 성령 안에서 기도하는 성도에게, 모든 것이 합력해서 선이 이루어진다는 뜻입니다. 즉 28절의 '성도의 모든 것이 합력해서 선을 이루는' 은총은 26절의 성령 안에서 기도하며 살아가는 자에게 주어지는 축복입니다. 시편 37편 4절 말씀에도 '또 여호와를 기뻐하라. 저가 내 마음의 소원을 이루어 주시리로다.'라고 하셨습니다.

우리 기도가 성령 안에서 기도하는 것으로 점차로 바뀌어서 우리가 성령 안에서 하나님을 기뻐하며 살아가게 될 때, 성령님께서 우리 마음속 안에 있는 모든 소원들을 아시고 헤아리시고 살펴셔서, 우리로 하여금 하나님께 기도드려서 그 소원들을 다 이루게 해주시기 때문에 성령 안에서 기도하는 것이 그토록 중요합니다. 그런데 혹자는, '성령 안에서 기도 한다.'는 것은 방언기도 하는 것을 뜻한다고 하여 성령 안에서 기도와 방언기도를 동일시합니다. 저는 부분적으로는 맞는다고 생각해요. 그러나 다 맞는 것은 아니고, 부분적으로 맞습니다. 성령께서 우리에게 방언의 은사를 주시면, 그 사람은 그 방언기도를 하는 가운데 성령 안에서 기도하게 됩니다. 성령의 영성과 지성과 감성에 내가 편입되어서 내가 그 의미를 다 모르고 기도하는 사이에도 내가 성령 안에서 기도하는 것으로, 나의 기도가 바뀔 수가 있어요. 그래서 방언기도는 귀중한 은사입니다.

그런데 '성령 안에서 기도하는 것'을 [방언기도]로 한정해 놓으

면, 그런데 진정 하나님 안에 구원받은 하나님 자녀들 가운데서
도 아직 방언기도를 하지 않는 사람들도 많습니다. 방언이라는
것은 은사입니다. 은사는 다양하게 모든 사람에게 주어지는 것
이지, 한 은사를 모든 그리스도인에게 나누어 주시는 것은 은사
가 아니예요. 내가 비록 방언의 은사를 받지 못했지만, 남이 가
지고 있지 않은 은사가 나에게 주어집니다. 섬김의 은사, 구제
의 은사, 가르침의 은사, 예언의 은사, 병 고침의 은사 등, 방언
의 은사 말고도 더 많은 은사들이 있습니다. 그런데 '성령 안에
서 기도하는 것'을 방언기도로만 한정해놓으면, 방언기도를 하
지 않는 다른 그리스도인은 성령 안에서 기도할 수 없는 것으로
되니까. 그것은 말이 안 되는 것이지요. 그러므로 방언은사를 받
지 않은 많은 그리스도인들도, 성령 안에서 기도할 수 있습니다.

셋째, 성령으로 기도하는 방법. 기도에 대하여 바르게 알아야
합니다. 많은 성도들이 문제가 있으면 무조건 기도하면 문제가
풀어지는 줄로 알고 있습니다. 그래서 무조건 기도하라고 합니
다. 그렇지 않습니다. 기도는 하나님의 음성을 듣는 것입니다.
문제의 원인에 대하여 하나님께 질문하여 하나님께서 알려주시
는 것을 해결하면서 기도해야 합니다. 예를 든다면 회개라든가,
용서라든가, 하나님께서 알려주시는 레마를 받아 순종하며 기도
해야 문제가 풀어지는 것입니다. 막연하게 문제를 해결하여 주
시옵소서. 하며 기도하면 문제가 해결되지 않습니다. 반드시 하
나님이 알려주시는 해결 방법을 적용하여 해결하면서 기도해야
문제가 풀어지는 것입니다. 예를 든다면 이렇게 기도하라는 것

입니다. 가정에 물질문제가 있어서 물질문제가 해결이 되기를 기도할 때의 경우입니다. 물질을 해결하여 주시옵소서. 하지말고… 하나님! 어떻게 해야 물질 문제가 해결이 되겠습니까? 이렇게 기도하라는 것입니다. 기도를 계속하다가 보면 하나님께서 알려주시는 방법이 있습니다. 방법대로 순종하면 물질 문제가 해결이 되는 것입니다. 남편의 승진을 위하여 기도할 때도 딱 당해서 우리 남편 승진되게 하여 주시옵소서. 하지말고, 하나님! 어떻게 하면 우리 남편이 이번에 승진할 수가 있겠습니까? 기도를 계속하다가 보면 하나님께서 알려주시는 방법이 있습니다. 방법대로 순종하면 승진이 되는 것입니다. 성도들이 바르게 알아야 할 것은 자신이 당하는 문제는 하나님의 문제라는 것을 믿어야 합니다. 그래서 자신에게 일어나는 문제는 하나님이 해결해야 합니다. 왜냐하면 자신은 예수를 믿을 때 죽었습니다. 다시 예수로 태어났습니다. 지금 예수 인생을 사는 것입니다. 그렇기 때문에 성령으로 기도하여 영의 상태가 되면 하나님께 해결 방법을 질문하여 응답받은 대로 조치를 해야 문제가 해결되는 것입니다. 그렇기 때문에 문제를 해결하려면 기도하지 않으면 안 되는 것입니다. 성령으로 기도하여 영의 상태가 되어야 내적인 상처도 치유되고, 귀신도 떠나가고, 병도 고쳐지고, 문제도 해결되고, 하나님의 음성도 들을 수가 있는 것입니다.

성령으로 기도하는 것은 성령의 임재가운데 성령 안에서 기도하는 것을 말합니다. 마음으로 기도하여 마음의 문이 열려야 영으로 기도하게 되는 것입니다. 영으로 기도하는 것이 성령으로 기도하는 것입니다. 그렇기 때문에 먼저 마음의 기도로 마음의 문을 열어야 영으로 기도할 수가 있는 것입니다. 성령으로 기도하는 비결은 이렇습니다. 숨을 들이 쉬고 내 쉬면서 주여! 숨을 들이 쉬고 내 쉬면서 주여! 숨을 들이 쉬고 내 쉬면서 주여! 자연스럽게 주여! 주여! 를 하면 되는 것입니다. 방언으로 기도할 줄 아는 분들은 호흡을 들이쉬고 내쉬면서 방언기도하고, 호흡을 들이쉬고 내쉬면서 방언기도를 합니다. 즉 내면의 활동이 강화되어 자신의 마음속 영 안에 계신 성령이 밖으로 나오시게 해야 합니다. 코로는 바람을 들이쉬고 배꼽 아랫배로 호흡을 하는 것입니다. 호흡을 들이쉬고 내쉬면서 주여! 주여! 주여! 하다가 성령께서 감동을 주시는 것이 있습니다.

예를 든다면 "자녀를 위하여 기도하라!"하실 수도 있습니다. 그러면 자녀를 위하여 기도하는 것입니다. 자녀에게 문제가 있는 것도 할 수가 있습니다. 자녀에게 바라는 것이 있으면 그것을 기도해도 좋습니다. 기도를 마치고 다시 주여! 주여! 주여! 하면서 기도를 합니다. 다시 성령께서 너의 물질문제를 기도하라고 하실 수도 있습니다. 물질문제를 기도합니다. 물질문제가 어떻게 해서 생겼는지 하나님에게 질문하며 기도합니다. 죄악으로 인한 것이라면 회개를 합니다. 회개하고 죄악을 타고 들어온 귀신을 축귀합니다. "예수 이름으로 명하노니 선조들의 죄를 따라 들어와 물질 고통을 주는 귀신아 물러가라" 소리는 크지 않아도 됩니다. 성령이 충만한 상태이므로 귀신들이 잘 떠나갑니다. 다시 다른 기도를 위하여 주여! 주여! 주여! 하면서 기도를 합니다.

그러면 성령께서 다시 감동을 합니다. 너의 건강을 위하여 기도하라! 그러면 자신의 건강을 위하여 기도합니다. 기도하면서 하나님에게 질문을 합니다. 하나님! 저의 어느 부분이 문제가 있습니까? 하면서 기도하여 조치를 취하면 됩니다. 무엇을 결정해야 할 경우는 어느 정도 기도하여 성령으로 충만한 상태가 되면 지속적으로 문의 하는 것입니다. 이것을 어떻게 해야 합니까? 이것을 어떻게 해야 합니까? 이것을 어떻게 해야 합니까? 지속적으로 질문을 하면 문득 떠오르는 생각이 있습니다. 이것이 하나님의 방법입니다. 이것을 해결하면 치유가 되는 것입니다. 이것이 성령으로 기도하는 것입니다. 어려울 것이 없습니다.

자신의 생각이나 욕심을 내려놓고 순수하게 성령을 따라 기도하는 것입니다. 보통 성도님들이 하시는 말씀대로 기도분량이 채워지니까 성령께서 알려주신 것입니다. 기도분량이 채워졌다는 것은 성령님이 역사하실 수 있는 영적인 상태가 되었다는 것입니다. 절대로 성령은 육의 상태에서 응답을 주시지 못합니다.

반드시 성령으로 충만한 영의 상태가 되어야 레마를 들려주십니다. 그러므로 영의 상태가 되도록 성령으로 깊은 영의기도를 해야 합니다. 영의 상태에서 하나하나 감동이나 음성으로 알려주시는 것입니다. 기도의 성공요소는 영의 상태에 들어가는 것입니다. 영의상태에서 성령님과 교통할 수가 있기 때문입니다. 성령님과 교통하는 기도가 되어야 하나님의 복을 받아 누릴 수가 있습니다. 개척목사는 성령으로 기도하면서 하나님의 뜻을 알아 바른 길을 따라가야 자립성장 합니다.

4부 예수님께서 위임한 권능을 사용하라.

16장 설교의 권위를 나타내려고 해야 한다.

(행4:31)"빌기를 다하매 모인 곳이 진동하더니 무리가 다
성령이 충만하여 담대히 하나님의 말씀을 전하니라"

목회자는 하나님의 말씀(설교)과 성령의 역사로 교인들을 하
나님께로 인도하고 있습니다. 과거에는 특별한 경우를 제외하
고, 교인들은 거의 대부분 출석하는 교회의 목회자로부터 설교
나 성경공부 그리고 여러 가지 목회 프로그램을 접하며 신앙을
키웠습니다. 그러나, 인터넷과 기독교 텔레비전 등 다양한 언론
매체의 발달로 인해 이제는 안방에서도 국내굴지의 설교자들뿐
아니라, 해외의 잘 나가는 설교자들의 설교와 강의도 접할 수 있
으며, 마음만 먹으면 언제든지 유명한 교회의 질 높은 프로그램
에 참가하거나 경험할 수 있는 세상이 되어버렸습니다.

이러한 변화된 상황은 '개척 목회자들'에게는 큰 부담이 아닐
수 없습니다. 왜냐하면, 자기 교회 교인들이 자신의 설교와 성경
공부, 그리고 다른 프로그램에 집중하기보다는 인터넷이나 다른
매체를 통해 소위 잘 나가는 목회자들의 설교와 강의 등으로 쏠
리고 있기 때문입니다. 자신의 필요를 다른 곳에서 공급 받으려
고 하기 때문입니다. 개척목회자가 설교에 권위를 나타내지 못
한다면 자립하기가 심히 어렵습니다. 개척목회자에게는 설교가

생명과 같기 때문입니다.

개척목회자가 설교를 할 때 설교자로서의 권위가 있어야 합니다. 그 권위의 근거는 설교자의 외형적인 풍채에서 오는 것일까요? 아니면 세상에서 많은 공부를 했다는데서 오는 것일까요? 외형적으로 조건이 완벽하게 잘 갖추어져야 권위가 세워지는가요? 그런 것은 설교자의 권위일 수 없습니다. 이런 것으로 설교자의 권위를 삼으려고 개척을 한다면 백번 망하게 됩니다. 그런 권위 앞에 복종하는 성도는 아마 한명도 없다는 것을 경험하게 될 것입니다. 강단에서 설교하는 목사는 성령으로 세례를 받고, 성령으로 충만한 영의 상태에서 말씀을 전할 때 진정한 설교의 권위가 나타나는 것입니다.

목회자의 권위는 설교의 권위에서 찾을 수 있을 것입니다. 그런 설교의 권위의 근거는 말씀과 성령의 역사입니다. 이 같은 권위의 근거는 설교의 정당성을 보장해 줍니다. 성령으로 충만한 상태에서 영으로 말씀을 전하면서 순간순간 성령께서 감동하시는 레마를 받아 전할 때 설교자의 권위가 드러나는 것입니다.

첫째, 설교의 권위는 사람이 아니라, 하나님의 말씀과 성령에 기초한다. 설교가 권세를 갖는 까닭은 설교자 개인 혹은 그 자신의 이름에 기초한 것이 아닙니다. 설교의 권위는 설교자의 인간적 재능에 기초하지 않습니다. 설교의 권위는 오로지 설교자가 전달하고 증거 하는 생명의 말씀에 연관됩니다. 사도 바울은 이것을 반복하여 증거 합니다. "…너희가 우리에게 들은 바 하나님의 말씀을 받을 때에 사람의 말로 받지 아니하고 하나님의 말씀으로 받음이니 진실로 그러하도다. 이 말씀이 또한 너희 믿는 자 가운데서 역사하느니라"(살전 2:13). 즉, 그리스도께서 친히 바울을 통해 교회에 말씀하시는 것과 같습니다(고후 5:20). "따라서 우리는 성경에서 성령이 모든 권위와 위엄을 제사장이나 예언자나 사도들이나 사도들의 후계자들에게 주실 때 사실상 인간 자신에게 주신 것이 아니라, 그들에게 임명되는 직분에 주셨다는 것을 여기서 기억해야 합니다. 왜냐하면 그들이 직분으로 부름을 받을 때, 동시에 그들은 자기 자신들에게서 나오는 그 어떤 것도 전하지 말고 오직 주님의 입에서 나오는 생명의 말씀만 전하라는 명령을 받았기 때문입니다." 그러므로 설교의 권위는 사실상 설교자의 입에서 나오는 하나님의 말씀 안에 담겨 있습니다. 성령으로 충만한 가운데 하나님의 말씀만을 운반할 때 설교자의 권위가 나타나는 것입니다.

둘째, 설교의 권위는 삼위일체 하나님께서 설교 사역에 함께 역사하신다는 사실에 기초한다. 부활하신 그리스도께서 제자들에게 복음을 전파하라고 대 사명을 주실 때 주님께서 함께 하시겠다는 약속의 말씀으로 축복하셨습니다. "볼지어다. 내가 세상 끝날까지 너희와 항상 함께 있으리라"(마 28:20). 사도들의 복음 전파 사역은 인간적인 노력과 수고에 그치고 마는 것이 아닙니다. 성령 하나님께서 친히 권능으로 사도들에게 임하시어 그리스도의 증인으로 사역하게 하십니다. "오직 성령이 너희에게 임하시면 너희가 권능을 받고 예루살렘과 온 유대와 사마리아와 땅 끝까지 이르러 내 증인이 되리라 하시니라"(행 1:9). 사도 바울은 성도들의 삶과 더 나아가 복음 증거의 사역이 영적 전쟁임을 명확하게 인식하였습니다. 그러므로 그는 에베소교회 성도들에게 편지하기를 "성령의 검 곧 하나님의 말씀"을 가지고 마귀를 대적할 뿐만 아니라, 자신이 "복음의 비밀을 담대히" 알리도록 성령 안에서 깨어 기도하기를 요청하였습니다(엡 6:17~19).

오늘도 연약한 혈육을 가진 설교자가 천국 열쇠권을 가지고 복음을 담대히 증거할 수 있는 까닭은 설교자가 그리스도의 보냄을 받았으며, 하나님 말씀이 지닌 고유한 구원의 능력, 그리고 삼위일체 하나님께서 설교 사역에 함께 역사하심에 그 뿌리를 둡니다. 설교는 오로지 하나님의 말씀을 성령의 감동하심을 받아 담대하게 전할 때 설교는 최고의 권위를 갖습니다. 바로 그 때 설교는 천국의 문을 열고 닫는 권세를 갖습니다.

셋째, 설교는 예언이다. 설교는 단순히 성경을 해석하고 가르치고 생활에 적용시키는 것이 아닙니다. 설교(예언)는 예수님의 마음을 전하는 것입니다. 여기서 예수님을 전한다는 것은 단순히 전도나, 예수님에 대해 가르치는 것을 의미하는 것이 아닙니다. 실제로 예수님의 마음을 전하고, 살아계신 초자연적인 권능을 가지신 예수님을 전해야 합니다. 현실문제를 해결하시며 천국을 체험하게 하시는 예수님을 전해야 합니다. 설교자는 예수님의 살아계심을 증거하고 사람들을 예수님께로 인도하는 것입니다. 설교를 통하여 살아서 역사하시는 예수님의 생명을 전하는 것입니다. 메뉴판이 음식을 대신할 수 없는 것처럼, 성경이 예수님을 대신할 수 없습니다. 즉 예수님에 대해서 아는 것이, 예수님을 체험하여 닮아가는 것을 대신할 수는 없습니다. 따라서 모든 설교(예언)자는 살아계신 예수님을 증거 해야 합니다. 하늘나라의 생명을 전해야 합니다.

지금도 초자연적으로 역사하시고 계시는 예수님을 전해야 합니다. 지금도 성령으로 살아서 역사하시면서 현실 문제를 해결하고, 병을 고치며, 상한 마음을 치유하시며, 귀신을 축귀하시고 천국을 만드시는 예수님을 전해야 합니다. 예수님 앞에 나오면 모든 문제를 해결 받는 다는 소망과 믿음을 대언해야 합니다. 설교는 하나님께서 목회자를 통하여 생명을 살리려는 하나님의 계시(예언)을 전하는 성스러운 업무입니다.

어떤 목사님이 필자에게 "목사님은 예언이 뭐라고 생각하십니까?" 하고 물으신 적이 있습니다. 그래서 제가 예언에 대해서 이렇게 설명했습니다. 많은 사람들이 예언을 앞으로 될 일을 미리 말하는 것으로 알고 있는데, 그것은 예언의 기능 중 일부일 뿐입니다. 베드로후서 1장 21절에 "예언은 언제든지 사람의 뜻으로 낸 것이 아니요 오직 성령의 감동하심을 입은 사람들이 하나님께 받아 말한 것임이니라." 예언은 사람이 성령의 감동을 통해 하나님께 받은 말을 하는 것입니다. 즉 예언은 단지 미래의 일을 예고하는 것이 아니라, 성령께서 깨닫게 하시고 알려주시는 하나님의 계시(말씀)를 설교로 전달하는 것입니다. 성령께서 설교자를 감동하시어 전하게 하시는 말씀 안에는 칭찬, 책망, 위로, 교훈, 권면….등 여러 가지 내용이 있을 수 있습니다. "그러나 예언하는 자는 사람에게 말하여 덕을 세우며 권면하며 안위하는 것이요."(고전14:3). 그래서 구약의 예언서들을 보면 미래에 대한 예언뿐 아니라, 이 모든 것이 포함되어 있는 것입니다.

그리고 진정한 예언은 성령의 감동하심을 따라, 예수님의 말씀(계시)을 설교로 전하는 것입니다. 구약의 선지자들의 예언 중, 가장 진수가 되는 것이 무엇입니까? 메시아인 예수님에 대한 예언입니다. "예수의 증거는 대언의 영이라 하더라."(계 19:10). 이 구절에 나오는 "예수의 증거는 대언의 영이라"라는 부분을 다른 번역본으로 보면 현대인의 성경은 이렇게 번역했습니다. "예수님을 증거 하는 것은 다 예언의 영을 받아서 하는 것뿐이니, 너는 하나님에게만 경배하여라." 더구나 쉬운 성경은 이 부분을 다음과 같이 이해하기 쉽게 잘 번역했습니다. "이 모든 예언을 하게 하신 것은 예수님을 더 증언하기 위해서일 뿐이다." 이처럼 예언은 예수님을 증거 하기 위한 것입니다.

실제로 예수님을 증거 하는 것이 예언의 궁극적인 목적입니다. 따라서 목회자(선지자)의 사역은 예언이 얼마나 적중(맞추었느냐)했느냐가 아닙니다. 요즈음 많은 크리스천들이 예언에 대하여 바르게 인식하고 있지를 못합니다. 목회자(선지자=예언사역자)들 역시 바르게 알고 예언 사역을 하지 않고 있습니다. 앞으로 일어날 일에 대하여 족집게 예언을 좋아한다는 것입니다. 예언을 사람의 앞으로 일어날 일을 맞추는 것에 중점을 둔다는 말입니다. 물론 이것도 포함은 됩니다. 그러나 예언은 인류를 향한 예수님의 마음을 전하는 것입니다. 예언 사역(설교)의 도구로 성령의 감동하심 가운데 얼마나 예수님을 잘 전하고, 사람들을 예수님께로 인도 했느냐 로 평가받게 됩니다. 그렇기 때문에 설교를 하시는 목회자(선지자=예언사역자)는 예수님께서 어떤 분인가를 바르게 전해야 합니다. 성령의 임재가운데 영적인 상태에서 설교를 해야 합니다. 그래야 대상자가 예언의 말씀을 듣고 예수를 영접하게 되는 것입니다. 현실 문제를 가지고 고통당하면서 어찌할 바를 모르는 사람에게 예수님께 나오면 모든 문제가 해결이 된다는 희망을 전달할 수가 있어야합니다.

그런 의미에서 가장 위대한 선지자는 세례요한입니다. 그는 여자가 낳은 자 중에 가장 큰 자요, 선지자들의 대표인 엘리야의 심령과 능력으로 온 선지자였습니다. 그런데도 개인 예언을 거의 하지 않았습니다. 그는 오로지 예수님을 증거 했습니다. 심지어는 자신의 제자들마저 예수님께로 떠나보냈습니다. 이것이 바로 최고의 사역입니다. 주님은 모든 사역자들이 세례요한처럼 되기를 원하십니다.

우리가 알아야 할 것은 비단 예언(설교)선지자뿐 아니라, 사도와 복음전하는 자, 그리고 목사와 교사도 같은 기준으로 사역을 평가받게 됩니다. 그러므로 설교(예언)를 할 때 얼마나 해석을 정확하게 하고 전달을 잘 했느냐가 중요한 것이 아니라, 얼마나 예수님을 잘 증거하고 사람들을 실제로 예수님께로 인도했느냐가 중요합니다.

시편 23편 푸른 초장과 맑은 시냇물가가 나오는데, 예수님이 곧 푸른 초장이요, 쉴만한 물가입니다. 목자가 양들을 푸른 초장과 맑은 시냇물가로 인도하듯이 목회자들은 마땅히 성도들을 설교를 통하여 예수님께로 인도해야 합니다. "내가 아버지께로서 너희에게 보낼 보혜사 곧 아버지께로서 나오시는 진리의 성령이 오실 때에 그가 나를 증거하실 것이요."(요 15:26).

이처럼 성령님은 예수님을 증거 하기 위해 이 땅에 오셨습니다. 지금 우리 안에서 역사하시고 계십니다. 그러므로 사도에서 목사에 이르기까지 자기의 부르심과 은사와 직분이 무엇이든 우리는 예수님을 전해야합니다. 부름 받아 나온 자들을 예수님의 인격을 닮아가도록 설교(예언)와 성령의 역사로 바꾸는 사역을 해야 합니다. 그것이 우리 모두의 사명입니다.

사람들을 예수님께로 인도하는 것이 얼마나 중요한 일인지 아십니까? 목회자가 실제로 예수님을 증거 하면 사람들이 예수님을 추구하고 만나고, 교제하게 됩니다. 그러면 예수님이 그들을 말씀과 성령으로 변화시킵니다. 그 결과 놀랄 정도로 변화됩니다. "그런즉 누구든지 그리스도 안에 있으면 새로운 피조물이라. 이전 것은 지나갔으니 보라 새것이 되었도다."(고후 5:17).

이 말씀에 의하면 누구든지 "그리스도 안에 있으면" 새로운 피조물이라고 했습니다. 사람은 누구나 그리스도 안에서 변화됩니다. 바른 복음을 듣고 성령의 인도를 받으면 변화되게 되었습니다. 즉 우리를 예수님의 인격으로 변화시키는 분은 바로 성령님입니다.

그래서 바울이 예수님은 우리에게 지혜와 의로움과 거룩함과 구속함이 되신다고 말한 것입니다. 따라서 목회자들이 설교를 통해 실제로 예수님을 증거하고 사람들을 예수님께로 이끌면, 사람들이 변화되고 지속적으로 성장합니다. 성도들을 변화되게 하려면 설교(예언)를 통해 단순히 성경이 아니라, 지금도 살아서 역사하시는 예수님을 전합니다. 이런 성령이 역사하시는 설교만이 성도들을 변화시킬 수 있습니다.

넷째, 설교는 레마를 선포해야 한다. 목회자는 설교를 준비할 때나 설교할 때 성령의 임재 가운데 순간순간 성령의 감동하심을 받아 선포해야 합니다. 레마를 받아 선포할 때 기적이 일어나기 때문입니다. 내가 성경을 다 안다고 해서 하나님의 기적이 일어나는 것은 아닙니다. 성경을 다 알고 하나님에 대한 신학적인 지식을 다 알고, 뜻을 다 안다고 하더라도 내게 기적이 일어나지는 않습니다. 성령의 임재가운데 하나님이 내게 하나님의 뜻을 따라 특별히 말씀해 주기를 간구하면서 하나님의 말씀을 받아야 하는 것입니다.

베드로가 깊은 곳에 가서 그물을 던져 고기를 잡았습니다. 베드로가 깊은 곳에 가서 그물을 던져 고기를 많이 잡은 것을 보니 '우리도 다 깊은 곳으로 들어가자. 깊은 곳에 들어가서 그물을 던져 다 잡자.' 던져도 아무것도 안 잡힙니다. 베드로가 깊은 곳에 가서 그물을 던진 이유는 주님이 말씀하셨기 때문인 것입니다. "깊은 곳에 가서 그물을 던져 고기를 잡아라." 이것은 일반적인 말씀이 아니라, 베드로에게 특별히 주신 레마의 말씀인 것입니다. 베드로와 제자들이 풍랑이 일어나는 바다를 괴롭게 배를 저어 가다가 밤 사경에 물 위로 걸어오시는 예수님을 보고 주시여 나를 물 위로 걸어오게 하소서. 주님이 오라고 했습니다.

베드로가 배에서 내려 물 위로 걸어갔습니다. 왜냐 주님이 베드로에게 말했습니다. 예수님이 물 위로 걸어오라고 했습니다. 그러나 베드로처럼 다른 사람들이 물 위로 걸어오면 다 빠져 죽어요. 왜? 베드로는 주님의 개인적인 말씀을 받았기 때문인 것입니다. "믿음은 들음에서 나며 들음은 그리스도의 말씀으로 말미암느니라" 그리스도가 직접 말씀하시는 말씀을 들어야 믿음이 생겨나는 것입니다.

성경은 일반적인 모든 사람에게 주신 책으로써 하나님의 대한 지식을 알고 하나님에 대한 뜻을 아는 책이지만은 우리가 직접적인 믿음의 역사를 가지려면 오늘날도 성경을 통해서 성령이 우리에게 직접적인 말씀을 해야 하는 것입니다.

성경 사도행전을 보면 제사장 스게와의 일곱 아들이 귀신들린 자를 앞다 놓고 난 다음에 말했습니다. 바울이 전하는 예수 그리스도의 이름에 의지해서 네게 명하노니 귀신아 나와라. 귀신이 하는 말이 예수도 내가 알고 바울도 내가 아는데 너는 누구냐? 그냥 덮치매 일곱 아들이 옷이 다 찢겨서 빨개 벗고 혼비백산하여 도망을 쳤습니다. 왜? 바울은 주님의 직접적인 명령을 듣고 주님의 권세를 받아 개인적인 권세를 받아서 귀신을 쫓아냈지만은 스게와의 제사장은 바울이 말한 것을 그냥 인용해서 했지, 직접 주님께 말씀을 듣지 못하기 때문에 귀신이 순종할 리가 없는 것입니다.

그러면 어떻게 하면 개인적인 말씀을 받을 수가 있을까요? 이 것은 굉장히 중요합니다. 우리가 개인적인 주의 말씀을 받으면 오늘날도 주께서 놀라운 역사를 베푸시는데 어떻게 개인적인 말씀을 받을까요? 먼저 성경을 통하여 일반적인 하나님의 뜻을 알아야 합니다. 하나님이 누구신지를 성경을 통해서 알아야 되고 일반적으로 창세기부터 계시록까지 말씀을 읽고 설교를 들어서 하나님의 뜻을 알아야 우리가 하나님의 뜻대로 구해야 하나님이 응답을 해 주시지 하나님의 뜻에 어긋난 곳에 '말씀을 주옵소서. 말씀을 주옵소서.' 해봤자 아무 소용이 없습니다.

우리가 성경을 읽고서 병 고치는 것이 하나님의 뜻인 줄 알기 때문에 아버지여, 내게 치료의 말씀을 주옵소서. 병 고치는 것이 아버지의 뜻이오니 내게 치료의 말씀을 주옵소서. 어떻게 해야 저의 병을 고칠 수 있겠습니까? 주님께 부르짖어 기도하면 어느 날 말씀 속에 "목사에게 안수를 받아라. 그러면 내 병이 치유될 것이다." 아니면 "기독 서점에 가서 신유에 관한 책을 읽어라. 책을 읽다가 보면 신유의 은사가 있는 목사를 만나게 될 것이다. 그 사람을 통해서 네병이 나을 것이다." 알려주신 방법 대로 순종하면 질병에서 치유가 되는 것입니다.

뜻을 알고 기도해야 말씀을 받을 수 있지 뜻을 모르고 기도해서야 말씀을 받을 수 있나요? "주 예수를 믿으라. 그리하면 너와 네 집이 구원을 얻으리라"고 하므로 우리 남편을 구원하여 주시옵소서. 구원받는 것이 하나님의 뜻이라고 하니깐… 간절히 부르짖어 기도할 때 어느 날 "하나님께서 이제 안심하라. 네 남편이 구원 받았느니라." 그러면 말씀을 받았습니다. 그 때로부터 남편이 변화 받기 시작한 것입니다.

그러므로 우리가 성경 말씀을 통해서 먼저 하나님의 뜻을 알아야 우리가 개인적으로 주는 말씀을 구할 수가 있는 것입니다. 그리고 난 다음에는 하나님의 뜻이 개인적으로 임하시기까지 간구하며 기다려야 되는 것입니다. 하나님의 말씀을 알고 하나님의 뜻을 알았는데 내게도 하나님의 말씀을 주시기 위해서는 내가 성령의 임재상태에서 구해야 합니다. "구하라, 주실 것이요, 찾으라, 찾을 것이요, 문을 두드리라, 그러면 열릴 것이라."고 하셨으므로 주님께 나와서 구해야 합니다.

그리고는 성령님의 감동을 구해야 합니다. 오늘날 아버지 하나님과 예수님은 성령님의 감동을 통해서 우리에게 말씀하시는 것이기 때문에 우리가 성령 충만하고 성령님을 인정하고 환영하고 모셔 드리고 의지하며 보혜사 성령이여 아버지 하나님과 우리 주 예수 그리스도의 뜻을 따라 내게 말씀하여 주시옵소서. 성령은 우리에게 종종 꿈을 통해서 개인적으로 말씀할 때가 많이 있습니다. 야곱이 얼룩덜룩 하게 살구나무, 단풍나무, 신풍나무의 가죽을 벗겨서 짐승들 앞에 놓고 새끼를 가질 때 얼룩 덜룩이를 갖게 한 것도 야곱은 꿈을 꾸었습니다. 꿈을 꾸어서 개인적으로 말씀해 주신 것입니다. 그리고 요셉도 하나님의 꿈을 통해서 요셉에게 말씀하여 주셨습니다.

오늘날도 성령께서 우리에게 확실하게 꿈을 통하여 마음속에 레마, 즉 개인적인 말씀을 주실 때가 있습니다. 또 환상을 통해서 성령께서 우리에게 말씀하실 때가 있는 것입니다. 바울은 드로아에서 기도할 때 환상이 나타나서 마게도냐인이 여기에 와서 우리를 도우라. 하나님의 말씀이 환상을 통해서 바울에게 임했습니다. 베드로는 피장 시몬의 집에서 점심때에 옥상에 올라가서 기도할 때 하늘에서 보자기가 내려오면서 짐승들을 보내면서 잡아먹으라고, 그리고 그 짐승들은 이방인을 상징하는 것입니다.

고넬료 가정에서 온 병사들이 와서 문을 두드리고 베드로를 찾을 때에 성령께서 두려워말고 따라가라고 하셨습니다. 환상을 통해서 말씀하신 것입니다. 오늘날 좀처럼 우리에게는 환상을 통해서 말씀하지는 않지만은 그러나 요사이도 가끔가다가 환상을 통해서 말씀하실 때가 있습니다. 주로 많은 말씀을 하시는 것은 마음에 고요한 음성을 통해서 말씀하여 주시는 것입니다. 기도를 하고 있는데 마음이 뜨거워지면서 마음에 말씀이 임하시는 것입니다. 저는 기도할 때 종종 마음에 하나님의 지식과 총명이 머무는 것을 체험합니다. 간절히 기도하는데 마음이 뜨거워지면서 마음속에 내가 생각지도 않은 하나님의 말씀이 마음속에 임하는 것입니다.

그리고 특별히 교회에 와서 설교를 들을 때에 하나님의 말씀이 내 마음속에 와 닿습니다. 저것은 내게 하는 말씀이다. 엠마오로 가던 제자가 예수 그리스도께서 말씀하실 때에 그대로 마음이 뜨거워졌다고 말했습니다. 우리에게 말씀하시고 우리에게 성경을 풀어 주실 때 우리 속에서 마음이 뜨겁지 아니하냐고 말했습니다. 주일날 교회에 와서 말씀을 들을 때에 마음이 뜨거워지면 하나님이 자신에게 말씀하시는 것입니다. 그냥 한 쪽 귀로 듣고 한 쪽 귀로 흘려보낸 것은 그것은 아니지요. 내 마음에 기쁜 감동과 함께 뜨거워지면 그 설교를 통해서 하나님이 내게 말씀해 주시는 것입니다.

세상의 술 취함과 방탕함과 도박과 악한 습관에 묶여서 고생한 사람도 거기에서 놓여남 받기 위해서 기도할 때에 하나님이 말씀(레마)을 주시면 순식간에 놓여남을 받습니다. 강단에서 목회자가 성령이 감동하는 말씀(레마)를 전할 때 성령께서 필요한 성도에게 레마가 되게 하십니다. 문제가 있는 자가 설교를 듣는 순간 성령께서 감동하시면 성령께 질문하여 확증을 잡고 순종하면 질병에서도 치료받고 가난에서도 해방을 받습니다. 레마의 말씀을 받고 행하면 자유를 얻게 되고 마음의 평안과 확신도 말씀을 받고 행하면 평안과 확신이 임하게 되는 것입니다. 우리는 기록된 말씀 위에 토대해서 성령이 살아있는 현재 내 마음속에 들리는 말씀으로 해 주시기를 기대해야 되는 것입니다. 기록된 로고스가 아니라 내 귀에 들려오는 '레마'를 받아야 하는 것입니다. 레마를 듣고 그대로 말하고 행동할 때 역사가 일어나는 것입니다. 목회자는 성령으로 레마의 말씀을 받아서 선포하는 훈련을 부단하게 해야 합니다. 말씀을 담대하게 선포할 때 기적이 일어나기 때문입니다. 목회자는 말씀의 권위를 나타내야 하나님께 쓰임을 받을 수가 있습니다.

17장 안수사역의 권위를 사용해야 한다.

(행19:6-7)"바울이 그들에게 안수하매 성령이 그들에게 임하시므로 방언도 하고 예언도 하니 모두 열두 사람쯤 되니라"

하나님은 목회자의 권위를 나타내기 위하여 안수 사역을 하기를 원하십니다. 모두 안수 사역으로 성도들의 믿음을 활성화하는 사역자들이 다 되기를 바랍니다. 안수 사역은 영적인 사역 중에서 대단히 중요한 사역입니다. 그런데 일부 목회자는 안수사역을 하지 않는 분들도 있습니다. 그러나 성경을 보면 예수님도 병자들을 안수하여 치유한 사례가 많이 있습니다. "열여덟 해 동안이나 귀신 들려 앓으며 꼬부라져 조금도 펴지 못하는 한 여자가 있더라. 예수께서 보시고 불러 이르시되 여자여 네가 네 병에서 놓였다 하시고 안수하시니 여자가 곧 펴고 하나님께 영광을 돌리는지라."(눅13:11-13).

우리는 예수님의 치유사역의 본을 따라야 합니다. 저는 지금까지 십년을 넘게 성령치유 사역과 성령의 세례를 베푸는 사역을 했습니다. 그런데 안수를 하지 않을 때보다 안수를 할 때 더 강력한 치유의 역사가 일어났습니다. 그러므로 성령사역을 하는 사역자는 안수 사역를 하는 것이 좋습니다.

안수 사역시 영적 기름부음에 대해 집중을 해야 합니다. 즉, 안수 사역시 성령의 불이 들어가는가, 안 들어가는가? 어떤 느낌이 감지되는가? 어떤 기름부음이 오는가? 어떤 사람이 넘어지고 안 넘어지는가? 어떤 안수 방법을 사용할 것인가? 등등을 성령의 초자연적인 계시로 알아서 사역을 해야 합니다. 예를 든다면 불안수를 할 것인가? 손안수를 할 것인가? 눈안수를 할 것인가? 질병이나 통증이 일어나는 특정 부위에 안수할 것인가는 성령의 감동에 따라 행해야 합니다.

첫째, 안수 사역의 기능. 안수를 어떤 부위에 할 것인가? 질문하는 분들도 있을 것입니다. 사람에게는 각각 부위별로 혈이 있습니다. 혈이 많은 부위에 손을 얹고 안수를 하면 됩니다. 예를 든다면 머리에는 백회라는 혈이 있습니다. 백회의 혈 부위에 손을 얹고 안수 사역을 하면 되는 것입니다. 발바닥의 경우는 용천혈이 있습니다. 이 부분에 손을 얹고 안수하면 혈을 통해서 성령의 불이 들어가 성령의 역사가 잘 일어나는 것입니다. 안수 사역을 하는 방법은 다음과 같습니다.

① 축복 기도는 말 그대로 축복하면서 기도하는 것입니다(창 48:9-14).

② 눈에 대한 안수 사역은 이렇게 합니다. 눈에는 혈이 많이 있습니다. 그러므로 양손가락을 눈과 눈 위의 뼈 부분을 겹치게 대고 성령의 불을 집어넣는 것입니다. 주의해야 할 것은 눈을 압박하면 눈이 터질 수도 있으니 가만히 눈 위에 손가락을 올리고 안수하면 될 것입니다.

③ 손에 대한 안수는 손바닥에 혈이 많이 있습니다. 살며시 손바닥을 마주치면서 안수하면 됩니다. 특별히 이성간에는 주의가

요구됩니다.

④ 머리에 성령의 불 안수는 피 사역자를 바르게 눕게 하고 머리에 오른 손을 얹고 안수하면 되는 것입니다. 이 때 피 사역자에게 호흡을 들이쉬고 내쉬면서 안수를 받으라고 해야 합니다. 호흡은 성령의 역사를 돕는 활동인 것입니다.

⑤ 발에 대한 안수사역은 발바닥의 용천부위에 손을 얹고 안수하는 것입니다. 저는 특별한 사람에게만 합니다. 저는 저의 사모 외에 다른 사람에게 한 번도 발안수를 하지 않았습니다. 저의 사모는 저에게 발 안수를 많이 받았습니다. 지금 성령의 역사가 강하게 나타나고 있습니다. 어떤 날은 저에게 발 안수를 받고 몸이 뜨거워서 잠을 제대로 자지 못한 날도 있었다고 했습니다. 성령의 강력한 불이 들어가 머리끝까지 올라갑니다.

우리가 영적인 사역자, 성도가 되려면 안수하는 것을 두려워하지 말아야 합니다. 또한 안수 받는 것도 두려워 말아야 합니다. 그리고 실패를 두려워하지 말아야 합니다. 내가 한다는 생각을 하지 말고 전적으로 성령께서 하신다고 생각하고 편안하고 자연스럽게 손을 얹고 안수하면 됩니다. 많은 목회자가 안수 사역을 꺼리는 이유는 자신이 안수한 후에 질병이나 문제가 해결되지 않으면 망신을 당할 위험성이 있으니 안하는 것입니다. 그러나 성령의 역사는 전적으로 하나님의 뜻입니다. 치유가 되어도 하나님이 치유하신 것입니다. 치유가 되지 않아도 하나님이 하지 않은 것입니다. 그러므로 성령치유 사역자는 실습 대상을 많이 만들어서 안수사역을 많이 해보아야 합니다. 그래야 담대함이 생깁니다. 안수 사역시 안수 사역자는 권능이 있어야 하고, 안수를 받는 사람은 믿음이 있어야 합니다. 그리고 하나님의 역사가 함께해야 치유나 문제 해결의 역사가 일어나는 것입니다.

안수 사역은 눈으로 보는 것이 아니라 성령의 임재로 느끼는 감동으로 보는 것입니다. 그러므로 안수를 많이 해보아야 합니다. 그러면 자연스럽게 느끼고 알 수가 있습니다.

둘째, 안수에 대한 견해들

① 케네스 해긴 목사 "나는 기적을 믿는다."의 저자의 경우는 안수는 교회사역에 있어서 행하는 사역자와 행하지 않는 사역자와는 근본적으로 틀립니다. 그 이유는 안수를 행하는 사역자에게는 성령께서 피사역자가 권위를 느끼게 만들어줍니다.

예를 든다면 어떤 교회는 목회자가 설교와 다른 것들은 별 볼일 없는데도 그 교회가 충만한 이유는 그 목회자가 예배 후에 30분 이상 통성 기도를 하게 한 후에 안수사역을 하기 때문입니다. 그런데 안수를 안 하면 교회에 문제가 생긴다고 합니다. 저에게는 많은 목회자가 찾아오셔서 상담을 합니다. 와서 이구동성으로 하는 말이 안수를 하지 않았더니 교회에 문제가 생겼다고 합니다. 안수를 하세요. 안수를 자주 받으세요.

② 오랄로버츠 목사의 경우는 오른 손의 민감성을 이용합니다. 즉 그는 안수를 하면서 그 사람에 대한 영적 상태를 알아낸다고 합니다.

③ 저의 경우도 오른 손의 민감성을 이용하여 사역을 합니다.

손을 얹으면 상대의 심령의 상태나 영의 막힘 등의 문제가 저의 손을 통하여 영으로 전이 되어 알게 됩니다. 이는 무어라고 글로 표현하기가 좀 난해합니다. 제가 조언하여 준다면 안수를 많이 해보라는 것입니다. 그러면 자연적으로 습득하게 될 것입니다.

셋째, 안수사역자가 알아야 할 사항. 안수 받을 때 불세례를 체험합니다. 성령은 뜨겁게 기도하며 사모하는 자에게 역사하시어 체험하게 하십니다. 성령으로 뜨겁게 기도하는 자에게 안수할 때 성령의 불세례가 임합니다. "이에 두 사도가 저희에게 안수하매 성령을 받는지라"(행8:17). "바울이 그들에게 안수하매 성령이 그들에게 임하시므로 방언도 하고 예언도 하니"(행19:6).

이 말씀은 안수 자로부터 성령의 능력의 전이현상이 일어남을 의미합니다. 그러나 성령의 능력이 전이가 일어나는 사람이 있고 전이되지 않는 사람이 있습니다. 능력의 전이가 일어나는 사람은 마음이 열려 성령이 역사할 수 있는 심령이 준비된 영적인 사람입니다. 성령의 능력의 전이가 이루어지는 사람은 영적 교류가 이루어지고 있는 성령의 역사에 장악당한 사람입니다. 안수하는 사역자와 영적 교류가 이루어 질 수 있는 사람은 이는 믿음으로 받아드리는 사람이며 마음이 열려 있는 사람입니다. 강하게 성령의 능력전이가 이루어지면 안수 할 때 회개가 터지기도 하고, 방언이나 예언이 터지기도 하며, 질병이 치유되기도 하며, 잠복된 귀신이 발작하기도 하며 때로는 넘어지기도 하며, 혼수상태에 빠질 수도 있으며 심하면 입신의 경지에 이르게도 됩니다.

저는 보통 성령 집회 할 때에 안수를 많이 하는 편입니다. 그래서 안수 사역에 대하여 체험을 많이 했습니다. 그러나 아무렇게나 안수를 한다고 성령의 불세례를 받는 것이 아닙니다. 안수 사역을 하는 영적인 방법이 있습니다. 우선 상대방이 안수를 받으려고 마음의 문을 열어야 합니다. 마음의 문이 열려서 안수를 받아야 성령의 역사가 일어나는 것입니다. 저는 상대방이 마음의 문이 열렸는지, 안 열렸는지 신체 일부에 손을 얹어보면 당장 압니다. 하도 안수를 많이 해왔기 때문입니다. 그러면 마음이 열린 사람에게 먼저 안수를 합니다. 마음이 열리지 않은 사람은 기다리는 것입니다. 보통 다른 사람이 안수 받고 성령으로 충만해지면 마음을 열게 됩니다. 그러면 손을 얹고 안수를 합니다.

한 손은 머리에 얹고, 한손은 등 뒤에 얹고 안수를 합니다. 그러면서 안수를 받는 사람에게 호흡을 하게 합니다. 호흡을 들이쉬고 내쉬라고 합니다. 이는 성령이 역사할 수 있도록 통로를 열어드리기 위하여 하는 영의 활동입니다. 그러면서 가만히 손을 얹고 안수를 합니다.

사역자는 이러한 사람들에게 안수 할 때는 성령의 능력이 빨려 들어가는 듯한 느낌을 느끼거나 안수 받는 자는 뜨거운 기운이 자신에게 들어오는 것을 지각하게 됩니다. 성령이 더욱 강하게 역사 하는 상태와 조건을 이해하는 것이 능력이며, 말씀과 진리를 똑바로 알고 영적인 맥을 뚫어 평소에 영분별이 있는 영성훈련과 기도훈련으로 더 큰 능력이 전이 될 수가 있습니다. 능력의 전이가 일어나지 않는 사람은 그리스도인이라 할지라도 말씀으로 영이 깨어나지 않는 영적인 어린아이 즉 육신적인 사람입니다. 여러 가지 장애 요인을 가지고 있는 사람으로서 ①영적인 장애 또는, ②혼적인 장애 혹은 ③육체적인 장애를 지니고 있는 사람입니다. 안수할 때 이러한 것을 말해 속칭 "기도가 쑥쑥 잘 들어간다."라고 말하기도 하며 생퉁이라서 "전혀 돌덩이 같다"라고 하기도 합니다. 사역자는 이러한 능력의 전이 현상이 잘 이루어지지 않는 장애요인을 잘 알고, 사역자는 영적인 장애를 제거하는 자신 만의 방법을 가지고 있어야 효과적인 성령사역을 할 수가 있습니다.

이런 장애가 있는 사람은 말씀과 영의기도 찬양을 통하여 장애요인을 제거해야 합니다. 그러므로 사역자나 피 사역자 공히 성령 충만을 받는 자기 방법을 개발하여 자기 자신을 훈련시키며, 심령이 어린아이의 심령이 되는 영성훈련을 통하여 예수의 생명과 능력이 나타날 수가 있는 것입니다. 성도들에게 나타나는 이 장애요인을 처리 할 수 있도록 할 수 있는 자가 성령치유 사역자요, 영성훈련을 인도하는 인도자가 될 수 있습니다. 이러한 영적 혼적 육신적인 장애요인을 잘 이해하고 분별하는 것이, 육신의 질병의 원인이나, 영과 혼 즉 심령의 문제를 진단하는 영안이 열리는 요인 중에 하나요, 하나님의 나라를 이해하고, 진리를 헤아리게 되는 열쇠라 할 수 있습니다. 구체적이고 세밀한 것은 각 장마다 설명되어지는 부분을 서로 연결하여 이해하게 되면 성령의 불세례를 베풀고 받는 영적인 원리의 맥을 뚫게 됩니다. "내 말과 내 전도함이 지혜의 권하는 말로 하지 아니하고 다만 성령의 나타남과 능력으로 하여 너희 믿음이 사람의 지혜에 있지 아니하고 다만 하나님의 능력에 있게 하려 하였노라"(고전2:4-5). "우리 산자가 항상 예수를 위하여 죽음에 넘기움은 예수의 생명이 또한 우리 죽을 육체에 나타나게 하려 함이니라"(고후4:11).

제가 성령치유 사역을 하며 안수 할 때 많은 분들이 성령의 불세례를 체험합니다. 십년 이상을 성령체험을 하려고 이곳저곳을 헤매고 다녀도 성령을 체험하지 못한 분들도 몇 번만 안수 받으면 성령의 불세례를 체험합니다. 성령은 말이 아니고 실제라는 것을 체험합니다. 그리하여 많은 분들이 마음의 상처가 치유되고 구습이 치유되어 영적으로 변하니 한번 오시면 계속해서 오시면서 성령의 은혜를 체험합니다. 그리하여 목회자는 영계와 영안이 열려 목회의 길이 열리고 목회를 잘하고 있습니다. 성도들은 불치의 질병이 치유되고 부부관계가 회복되고 재정의 문제가 풀리니 모두들 기뻐하고 있습니다.

1) 안수 능력을 강화시키는 원리와 착안사항. 몇 사람을 놓고 각각에 대하여 안수를 시험해 보라는 것입니다. 그러면 각 사람에 대한 서로 다른 느낌이 있음을 알게 됩니다. 그것이 안수사역의 유익한 점입니다. 같은 사람에게 그냥 얼굴만 보고 감동을 대언을 해보고, 다시 안수하면서 감동을 대언 해보세요. 손을 얹고 감동을 대언하는 경우 더 명확한 감동의 대언을 할 수 있음을 알게 될 것입니다. 이것이 안수의 놀라운 능력입니다. 좌우지간 두려움을 버리고 많이 해보아야 합니다.

2) 안수시 생각할 점. 안수할 때 능력이 흘러들어가는가, 들어

가지 않는가? 영적 사역자는 이 부분에서 민감해야 합니다. 일단 안수가 들어간다면 거기에는 어떤 희망이 있기 때문입니다. 만약 안 들어간다면 방해하는 세력을 분별하면서 제거하라. 영적인 눌림이 있다는 것입니다. 눌림을 제거해야 안수가 들어갑니다. 분별하고 명령하여 눌림을 제거하세요. 그래도 안 되는 경우 금식을 하게 하세요. 안수 사역시 자신이 지금 자신의 영이 어떠한 상태인가 자각할 줄 알아야 합니다. 자신의 영적인 상태를 아는가? 내 영의 감각으로 사역을 하는 지. 즉, 성령의 깊은 임재 하에 있는지. 성령이 충만한 상태인지. 아니면 내 혼의 감각(머리=지식)으로 사역을 하는지를 알아야 합니다. 분별하여 만약에 혼의 감각으로 사역을 한다면 고치고 발전시켜야합니다.

예를 든다면 내 영이 어디에 있는가? 내 영이 아래로 내려앉은 경우는 이렇습니다. 성령으로 충만하지 못하여 영이 침체 시에는 졸리기도 하고, 기도가 안 되고, 짜증이 잘 나고, 마음이 우울하고, 가슴이 답답하기도 합니다. 실제로 악령이 역사하면 영을 아래로 누르고 밀어 내립니다. 악령은 우리의 마음 안에 있는 영을 압박하여 충만하지 못하게 영을 누릅니다. 사역자는 자신의 영을 분별할 줄 알아야 합니다.

많은 사람들을 대상으로 성령집회를 인도할 때 자신의 영이나 피 사역자의 영이 눌려 있다면 영을 깨워야 합니다. 시간이 있고 장소가 허락되면 일으켜 세워서 영적인 찬양을 두곡정도 부르고, 피 사역자들에게 호흡을 들이쉬고 내쉬라고 하면서 성령의 불! 성령의 불하면서 불을 던지세요. 영이 눌려있으면 그 사람의 영적인 상태가 가리 워서 보이지 않으니 영을 깨워서 영이 눌림에서 뜨게 해야 합니다. 만약에 자신의 영이 눌려있다면, 호흡을 깊게 하면서 배에서 나오는 발성기도나 방언기도를 충분히 하여 자신의 영의 상태가 충만하게 된 다음에 사역에 임하는 습관을 들여야 합니다. 절대로 혼적인 사역이 되지 않도록 해야 합니다. 혼적인 사역이 길어지면 자신에게 육적인 문제가 나타나기도 합니다.

3) **안수 받는 사람이 알아야 할 사항.** 안수 받을 성도는 안수 사역을 하는 사역자의 신앙상태를 알아야 합니다. 보이는 면만 보지 말고 열매를 보아야 합니다. 제가 지금까지 체험한 바로는 5년 이상 성령사역을 했는데 시시비비가 없었다면 문제가 없는 사역자입니다. 사역자가 믿을만 하다면 안수를 받는 것입니다. 사역자가 머리든지 어느 특정부위든지 손을 얹고 안수할 때 안수를 받는 성도는 다른 말이나 행동을 하지 말아야 합니다. 그냥 호흡을 들이쉬고 내쉬면서 사역자에게서 역사하는 성령의 기름부음을 끌어들이는 것입니다. 이때 호흡은 최대한 크게 해야 합니다. 호흡을 하는데 호흡이 배꼽아래까지 들어오도록 최대한 크게 호흡을 해야 사역자에게 역사하는 성령의 기름부음을 끌어들일 수가 있습니다. 숨을 깊이 들이쉬면서 사역자에게서 역사하는 성령의 불을 끌어들이는 것입니다. 깊은 호흡을 하면서 성령의 불을 끌어들이시기 바랍니다. 어느 정도 시간이 지나면 자신에게서 성령의 역사가 나타납니다. 이때에는 성령께서 하시는 일에 크게 반응해야 합니다. 이때 말과 행동에 있어서 크게 반응하기 바랍니다. 성령께서 하라는 대로 순종하는 것이 좋습니다.

될 수 있으면 크게 반응을 하는 것이 좋습니다. 더 강하게, 으으으 아 뜨거워하면서 성령의 역사하심을 환영하고 받아들여야 합니다. 떨리면 떨어야 합니다. 울음이 나오면 울어야 합니다. 성령은 인격이기 때문에 자신이 받아들이는 만큼 역사하는 것입니다. 그러므로 성령께서 역사하는 대로 따라가는 것이 좋습니다. 이렇게 성령의 불을 끌어들이면 성령의 불세례가 임합니다. 말로 표현 할 수 없는 뜨거운 성령의 불을 체험하게 됩니다.

4) 영이 눌려있거나 자고 있을 때 해결하는 방법

① 영을 깨우라 입니다. 안수하며 피 사역자에게 호흡을 깊게 들이쉬고 내쉬라고 하고 명령하세요. 묶임은 풀릴지어다. 막힌 영은 뚫어질지어다. 자는 영은 깨어날지어다. 영의 통로는 열릴지어다. 하면서 영에게 명령하세요, 이때 본인이 아멘!, 아멘! 하고, 배에서 나오는 소리로 주여! 하고 부르짖게 하세요. 다른 방법 호흡을 최대한 깊게 들이쉬고 내쉬게 하세요.

② 영을 뜨게(올라오게)하라 입니다. 안수하면서 그 영혼에게 "영은 깨어날지어다." "영은 깨어날지어다." "막힌 영은 뚫어질지어다." "영의 기도가 터질지어다." "눌린 영은 올라올지어다." "영은 깰지어다." "영은 깨어날지어다." "깊은 곳에서 성령의 능력이 올라올지어다." "영의 기도가 터질지어다." "영을 막고 있는 악한 영은 떠나갈지어다." 하며 영에게 명령하세요. 그 이유는 귀신이 그 사람의 상처를 이용하여 영을 압박하고 누르기 때문입니다.

악한 영에게 강하게 눌린 사람의 경우에는 풀어, 풀어, 하면서 "영을 압박하는 귀신은 떠날지어다." "기침으로 올라올지어다.”본인에게는 깊게 호흡을 하면서 주여! 주여! 기도하라고 하여 막힌 영의 통로를 뚫어야 합니다.

③ 그저 성령을 흘려보내는 것입니다. “성령님 임하소서, 평안하게 하소서.” 그러면서 본인에게는 호흡을 들이 쉬고 내쉬고 하라고 하면서 안수하세요. 그리고 명령하세요. “성령으로 장악이 될지어다.” “평안이 임할 지어다.” “막힌 영의 통로는 열릴 지어다.”하고 낮은 소리로 명령하면서 1-2분간만 안수하세요. 너무 길게 하면 성령의 역사가 밖으로 나타나 성도가 두려워할 수도 있습니다.

세 가지 방법 중에 첫째 방법과 두 번째 방법은 성령의 체험을 한 성도에게 하는 것입니다. 강력한 성령의 역사가 나타나는 방법입니다. 그러므로 초신자들에게는 하지 않는 편이 좋습니다. 성령의 역사를 이해하지 못하여 두려워할 수가 있습니다. 아직 성령체험을 하지 않은 초신자들에게 세 번째 방법이 가장 좋은 방법입니다. 좌우지간 안수를 많이 해서 시행착오를 겪어야 이를 이해할 수가 있습니다.

넷째, 안수를 받고 불세례를 받은 사례. 할렐루야! 먼저 저의 영육의 병을 치료하여 주신 하나님께 감사와 영광을 돌립니다. 그리고 매 시간마다 안수와 기도를 해주신 목사님과 사모님께 감사를 드립니다. 저는 서울 신사동에서 목회를 준비하고 있는 최○○ 목사입니다. 4년 전에 하나님의 은혜로 서울 강동에서 개척을 하여 목회를 하다가 도무지 교회가 되지를 않아서 다른 지역으로 이전을 하려고 준비하던 중 경제적인 어려움이 있어 목회를 접게 되었습니다. 그 후 우리 가정에 물질적으로 영적으로 환경적으로 너무나 어려운 일들이 찾아오게 되어 정말 하루하루를 살아가는 것이 지옥 같은 생활이었습니다.

그러던 중 우연한 기회에 기독 서점에 들렀는데 "영안을 밝게 여는 비결" 과 "구원을 누리며 사는 비밀" 이라는 책을 구입하여 읽게 되었는데 거기에 충만한 교회에서는 주마다 성령내적치유 집회를 한다는 글을 보게 된 것이 계기가 되어 충만한 교회를 알게 되었고 치유집회에 참석하게 되었습니다.

치유집회 참석하는 첫날부터 아주 놀라운 하나님의 역사가 저에게 일어났습니다. 불같은 성령의 역사가 저를 장악했습니다. 정말 뜨거웠습니다. 목회를 잘해보려고 성령의 불의 역사가 있는 곳이라면 안 가본 곳이 없을 정도로 다 다녀 봤는데 정말 강한 불을 체험했습니다.

목사님이 기도시간마다 안수할 때 뜨거운 성령의 불의 역사로 제 마음속의 깊은 상처와 더럽고 추한 악한 것들이 괴성을 지르면서 떠나는 것을 보게 되었습니다. 집회를 한 두주 참석하다보니까, 진정한 제가 보여지고, 제 속의 모든 문제들이 치유되면서 하나님의 평강이 저의 마음 가운데에 임하면서 감사와 찬송과 기쁨이 찾아오게 되었고 생활의 활력이 넘쳐 나게 되었습니다.

또한 제가 왜 이렇게 영육으로 고통을 당했는지 알게 되었습니다. 그리고 왜 목회를 할 때마다 실패를 하는지도 알게 되었습니다. 그래서 먼저 제안에 있는 잘못된 원인을 알게 되니 무엇보다도 감사했습니다.

계속 은혜를 받아 장기적으로 집회에 참석하겠다는 믿음이 생겼습니다. 그래서 계속 참석한지 몇 달이 지나서 하나님은 저에게 아주 놀라운 은혜와 성령의 은사들을 주셨습니다. 상대방을 보면 과거와 미래가 다 읽어지는 지식의 말씀의 은사와 예언의 은사가 나타났습니다. 목사님에게 상담을 했더니 조금 더 치유 받고 사용하라고 권면해 주셨습니다. 앞으로 이 은사를 개발하여 교회를 다시 개척하여 목회할 때 사용할 것입니다. 제가 교회를 두 번 개척하여 실패를 하고 보니 목회는 말같이 쉽게 되는 것이 아니라는 것을 알게 되었습니다. 제 안에서 성령의 역사가 있어야 한다는 것을 알게 되었습니다.

이제 집에 가서 사모와 아들을 안수 기도할 때 성령의 역사가 일어나 사모가 치유되고 우리 아들도 치유가 잘 이루어집니다. 그리고 무엇보다도 체계적이며 영적인 많은 지식을 쌓고 있다는 것입니다. 정말 이곳은 사람을 영적으로 변화 시키는 성령의 역사가 있는 곳입니다. 매주 다른 과목을 배우고 성령으로 기도하고 목사님 안수할 때 치유 받고 성령의 불을 받았습니다.

제가 여기 와서 이제 목회에 자신감이 생겼습니다. 분명히 성령하나님은 저에게 다시 기회를 주실 것이라는 믿음을 가지고 개척을 위해 준비하고 있습니다. 이제 어디에 가서 개척을 하더라도 자신감이 넘칩니다. 성령의 역사가 저와 함께 한다는 것을 체험하자 자신감이 생깁니다. 그리고 담대함도 생깁니다. 저를 이곳에 인도하신 하나님께 감사와 영광을 돌립니다. 그리고 매 시간 영적인 말씀과 체험으로 강의를 해 주시고 안수기도로 치유하여 주시는 목사님 사모님에게 감사를 드립니다.

충만한 교회에서는 매주 토요일 10:00-12:30까지 각각 2시간 30분씩 개별 특별 집중치유 시간을 갖고 있습니다. 한번에 4-6명밖에 할 수 없으므로 1주일 전에 지정된 선교헌금을 입금하시고 예약을 합니다.

*대상은 이렇습니다. 여기서도 저기서도 치유와 능력을 받지 못한 분/ 지금 천국과 아브라함의 복을 누릴 분/ 불치병, 귀신역사를 빨리 치유 받을 분/ 목과 허리디스크, 허리어깨통증, 근육통, 온몸이 아프고 무거움에서 치유해방 받고 싶은 분/ 자녀나 본인의 우울증, 공황장애, 조울증, 불면증을 빨리 치유 받을 분/ 가슴이 답답하고 기도하기가 힘이 드는 분/ 축복과 영의 통로를 뚫고 싶은 분/ 성령의 불세례를 체험하고 싶은 분/ 최단기간에 현실문제 해결할 분/ 빨리 성령치유 능력을 받고 싶은 분입니다.

마음의 천국을 누리고 싶은 분은 믿음을 가지고 오시기만 하면 무슨 문제라도 치유되고 해결이 됩니다. 염려하시지 말고 성령께서 감동하시면 오셔서 빠른 시간에 치유 받고 권능을 받아 쓰임을 받으시기를 바랍니다.

반드시 일주일 전에 선교헌금을 전화 확인하시고 입금 후 예약해야 합니다(전화 02-3474-0675).

18장 성령의 권능을 관리하고 사용해야 한다.

(행3:1-10)"제 구 시 기도 시간에 베드로와 요한이 성전에 올라갈새, 나면서 못 걷게 된 이를 사람들이 메고 오니, 이는 성전에 들어가는 사람들에게 구걸하기 위하여 날마다 미문이라는 성전 문에 두는 자라. 그가 베드로와 요한이 성전에 들어가려 함을 보고, 구걸하거늘 베드로가 요한과 더불어 주목하여 이르되 우리를 보라 하니, 그가 그들에게서 무엇을 얻을까 하여 바라보거늘 베드로가 이르되 은과 금은 내게 없거니와 내게 있는 이것을 네게 주노니 나사렛 예수 그리스도의 이름으로 일어나 걸으라 하고, 오른손을 잡아 일으키니 발과 발목이 곧 힘을 얻고 뛰어 서서 걸으며 그들과 함께 성전으로 들어가면서 걷기도 하고 뛰기도 하며 하나님을 찬송하니 모든 백성이 그 걷는 것과 하나님을 찬송함을 보고 그가 본래 성전 미문에 앉아 구걸하던 사람인 줄 알고 그에게 일어난 일로 인하여 심히 놀랍게 여기며 놀라니라"

목회자는 예수님이 부여하신 권능을 사용하여 하나님의 살아 역사하심을 나타내야 합니다. 하나님께서 함께하는 목회자는 안수할 때 성령의 역사가 일어나는 것입니다. 말씀을 전할 때, 안수할 때, 기도할 때 성령의 역사가 일어나야 하나님이 동행하는 목회자입니다. 하나님께서 동행하면 반드시 기사와 이적이 동반되는 것입니다. 하나님께서 마음 성전의 주인 된 증거를 모든 성도들이 눈으로 보고 느끼도록 역사하여 주시는 것입니다. 목회자가 예수님의 권능을 나타내지 못한다면 유대인의 선생인 랍비와 똑같습니다. 목회자는 예수를 믿고 성령으로 거듭난 사람이기 때문입니다. 예수님의 이름에는 분명하게 권세가 있습니다. 성도들에게 세상에서 가장 가치 있는 이름 하나를 찾으라고 한다면 "예수 그리스도의 이름"임을 찾아야 합니다.

예수의 이름의 뜻이 "구원"입니다. 예수님은 요한복음 14장 6절에서 "내가 곧 길, 진리, 생명이라고 하시며 나로 말미암지 않고는 아버지께로 올 자가 없다"고 하셨습니다. 죄에서 자유 함을 얻는 유일한 길이요. 요한복음 14장 13절에 "너희가 내 이름으로 무엇을 구하든지 내가 시행하리니" 하나님께 기도하여 응답 받을 수 있는 이름입니다. 이런 기도의 약속은 대단한 약속입니다. 그래서 성도들은 열심히 예수 이름으로 성령 안에서 기도해야 합니다. 그러나 기도는 열심히 하는데 아무 일도 일어나지 않는 일이 대부분입니다. 또한 그것을 이상하게 여기지도 않습니다. 자신의 능력이 없어서, 믿음이 적어서, 죄가 있어서 등으로 생각하고 기도를 포기합니다.

그럼 과연 예수 이름의 권세는 언제 누구에게 나타나는 것일까요? "먼저 생각할 것은 우리가 이 땅에서 예수 그리스도의 이름을 부르는 의미를 알라"기도는 나를 위한 것이 아니라, 하나님을 위한 것임을 잊지 말아야 합니다. 즉 예수 이름을 사용하는 목적이 나를 위함이 아니라, 하나님의 영광을 위함이어야 한다는 것입니다. 예수의 이름은 내가 하나님을 이용하도록 주신 것이 아니라, 하나님께서 나를 사용하시기 위해 주신 이름이라는 말씀입니다. 이를 알고 성령으로 기도해야 합니다. 성령 안에서 예수님의 권세가 나타나는 것입니다.

성령 안에서 예수님의 이름으로 기도할 때 하나님이 들어주시고 응답하여 주십니다. 우리가 '예수님의 이름으로' 기도하는 것은, 예수님께서 돌아가시기 전에 제자들에게 마지막으로 부탁하신 말씀 때문입니다. 물론 '예수님의 이름으로' 기도할 때에는, 예수님의 가치와 목적과 성품이 그 기도 속에 포함되어 있어야 합니다. 즉 성령의 임재가운데 성령으로 기도해야 합니다. 그 구체적인 기도의 내용이 바로 주님이 가르쳐주신 주기도문에 담겨 있습니다.

무엇보다 우리가 기도하는 대상이신 하나님에 대해서 오해를 풀어야 합니다. 우리의 기도는 억지로 떼를 써서라도 인색한 하나님에게 우리가 원하는 것을 받아내는 고집스러운 행위가 아니라, 단순하고 솔직하게 필요한 것과 성령님이 감동하시는 것을 믿음으로 간구하는 것입니다.

그리고 '예수님의 이름으로' 기도할 때에 우리가 받게 될 가장 좋은 응답은 바로 '성령'이라는 것을 알아야 합니다. 기도할 때 성령을 주십니다. 이것이 바로 예수님께서 우리에게 '예수님의 이름으로' 기도하라고 가르쳐주신 진정한 이유입니다. 이 부분에 대해서 조금 더 깊이 묵상할 필요가 있습니다. 예수님께서 승천하시기 전에 제자들에게 남겨주신 말씀은 "오직 성령이 너희에게 임하시면 너희가 권능을 받고 예루살렘과 온 유대와 사마리아와 땅 끝까지 이르러 내 증인이 되리라 하시니라."(행1:8)입니다. 누가복음 11장에서 주님은 우리가 '예수님의 이름으로' 기도하면 '성령'을 받게 될 것이라고 말씀하셨습니다. 여기 사도행전 본문에서는 '성령'이 임하면 '권능'을 받게 될 것이며, 그 '권능'을 받아야 땅 끝까지 이르러 '주님의 증인'이 될 수 있다고 하셨습니다. 그리고 오순절 성령강림을 통해서 실제로 주님께서 약속하신 성령이 제자들에게 하나씩 임했습니다.

자, 그렇다면 제자들이 성령이 임함으로써 받게 된 '권능'이 구체적으로 무엇일까요? 오순절 성령강림절 당일에 제자들이 다른 나라의 말로 '방언'을 말함으로써 예수 그리스도의 복음이 선포되는 정말 놀라운 일이 나타났습니다. 그러나 '방언'을 '권능'이라고 표현하기에는 무언가 충분하지 않다는 느낌입니다. 성령이 임하심으로 제자들이 받게 된 '권능'이 무엇일까요?

베드로가 행한 오순절 설교에서 이 '권능'의 의미가 잘 설명되고 있습니다. "이스라엘 사람들아 이 말을 들으라. 너희도 아는 바와 같이 하나님께서 나사렛 예수로 큰 권능과 기사와 표적을 너희 가운데서 베푸사 너희 앞에서 그를 증언하셨느니라."(행 2:22)입니다.

베드로는 예수님께서 이미 '권능'을 나타내셨다고 이야기합니다. 예수님께서 행하신 '권능'(權能)이란 기사(wonders)와 표적(signs)을 행하실 수 있는 눈으로 보이는 '능력'(power)이라는 것입니다. 그 권능을 통해서 예수님이 하나님의 아들이요. 그리스도이심을 하나님께서 '증언'하셨다는 것입니다. 반드시 예수님의 권능은 말로만 그치는 것이 아니라 실제 몸으로 느끼고, 눈으로 보이는 실제적인 현상이 나타나야 합니다. 정리하자면, '권능'은 기사와 표적을 행하는 능력인데, 그것을 통해서 예수 그리스도가 증명(prove)될 수 있는 그런 능력입니다.

자, 그렇다면 오순절 성령강림 사건을 통해서 제자들이 받게 된 '권능'은 무엇일까요? 그것은 예수님과 똑같습니다. '기사'와 '표적'을 행할 수 있는 '능력'입니다. 그 권능을 사용함으로써, 주님께서 하신 말씀처럼, 제자들은 비로소 땅 끝까지 이르러 예수님을 증언하는 사역을 할 수 있게 되었던 것입니다. 그러니까 예수님께서 제자들에게 '예수님의 이름으로' 하늘 아버지께 기도하여 '성령'을 받으라(눅11:13)고 말씀하신 이유는, 결국 제자들이 성령을 받아야 이와 같은 권능을 사용할 수 있게 되기 때문인 것입니다. 권능은 성령으로 기도할 때 기사와 표적이 나타나기 때문입니다. 그렇기 때문에 예수님의 권능을 사용하려면 반드시 성령으로 세례를 받아야 합니다.

그렇게 해서 실제로 초대교회에서는 성령 받은 제자들로 말미암아 많은 '기사와 표적'이 나타나게 되었습니다(행2:43). 그 중의 그 첫 번째 사건이 바로 성전 미문에서 구걸하던 나면서부터 못 걷게 된 장애인을 베드로와 요한이 치유한 일입니다. 이때 베드로가 그를 향해서 무엇이라고 말했습니까? "베드로가 이르되 은과 금은 내게 없거니와 내게 있는 이것을 네게 주노니 나사렛 예수 그리스도의 이름으로 일어나 걸으라 하고…."(행3:6)라는 말입니다.

여기에서 우리가 주목해야 할 부분은, 베드로가 권능을 행하면서 사용한 '나사렛 예수 그리스도의 이름으로'라는 말입니다. 베드로는 '내가 명하노니 일어나 걸으라!'라고 하지 않았습니다. '예수님의 이름으로 일어나 걸으라!'고 명령합니다. 바로 이것이 '예수님의 이름으로' 기도하여 성령의 권능을 받은 사람들이, 그 권능을 행할 때 하는 방법입니다. '예수님의 이름으로' 기도하여 얻은 권능은 오직 성령 안에서 '예수님의 이름으로' 명령함으로써 그 능력이 나타나게 되는 것입니다.

그렇다면 예수님은 기사와 표적을 행하실 때에 당신의 이름을 사용하셨을까요? 아닙니다. 예수님은 당신의 이름을 사용하실 필요가 없으셨습니다. 그냥 '말씀하심'으로 놀라운 기사와 표적을 보이셨습니다. "…중풍병자에게 말씀하시되 일어나 네 침상을 가지고 집으로 가라 하시니 그가 일어나 집으로 돌아가거늘…."(마9:6b-7). 베데스다 연못가에 누워 있던 38년 된 병자를 향해서도 예수님은 그냥 명령하셨습니다. "예수께서 이르시되 일어나 네 자리를 들고 걸어가라 하시니 그 사람이 곧 나아서 자리를 들고 걸어가니라."(요5:8-9). 명령하셨습니다.

예수님은 굳이 '예수님의 이름으로' 선포하실 이유가 없으십니다. 왜냐하면 그분이 바로 예수 그리스도 자신이시기 때문입니다. 그러나 제자들은 다릅니다. 제자들은 자신의 능력으로 기사와 표적을 나타내 보이는 것이 아닙니다. 성령 안에서 예수님의 이름으로 기도하여 얻은 '권능'으로 기사와 표적을 보이는 것입니다. 따라서 그들은 반드시 '예수님의 이름으로' 그렇게 선포하고 명령해야 하는 것입니다.

그러니까 엄밀하게 말하자면 제자들이 기사와 표적으로 '권능'을 행할 때에, 예수님께서 그 일을 행하신다는 믿음을 가지고 '예수님의 이름으로' 기도하는 것이며, 동시에 예수님께서 행하실 일(기사와 이적)에 대해서 선포하고 명령하는 것입니다. 예수님께서는 믿음의 '기도'를 들으시고 이적이 나타날 대상에게 성령으로 '명령'하는 것입니다. 이 명령을 대상이 알아듣고 순종하니 기적이 나타나는 것입니다.

이와 같은 놀라운 일은 베드로에게만 경험된 것이 아니었습니다. 바울은 그보다 더 놀라운 일을 행했습니다. 빌립보에서는 예수 그리스도의 이름으로 귀신들린 여종에게서 귀신을 내쫓기도 했습니다. "…바울이 심히 괴로워하여 돌이켜 그 귀신에게 이르되 예수 그리스도의 이름으로 내가 네게 명하노니 그에게서 나오라 하니 귀신이 즉시 나오니라."(행16:18). 바울이 말 한대로 귀신이 나왔습니다. 에베소에서 사역할 때에는 정말로 믿기지 않는 놀라운 역사가 나타나기도 했습니다. "하나님이 바울의 손으로 놀라운 능력을 행하게 하시니 심지어 사람들이 바울의 몸에서 손수건이나 앞치마를 가져다가 병든 사람에게 얹으면 그 병이 떠나고 악귀도 나가더라."(행19:11-12). 이는 실제로 일어난 성령의 역사입니다.

이 이야기는 마치 12년 동안 혈루증을 앓던 여인이 예수님의 옷에 손을 대고 고침을 받은 장면을 연상하게 합니다. 그러나 그것은 어디까지나 예수님 이야기입니다. 하나님의 아들이신 예수님이라면 물론 얼마든지 그런 일을 행하실 수 있습니다. 그런데 바울의 몸에서 손수건이나 앞치마를 가져다가 얹으면 병이 고쳐지고 악귀가 나가는 이런 일이 어떻게 벌어진단 말입니까? 오랫동안 선교활동에 헌신하다가 보니까 바울도 예수님과 같은 어떤 초자연적인 능력을 가지게 된 것일까요? 아닙니다. 그것은 바울이 가지고 있는 능력이 아닙니다. 본문은 이와 같은 오해를 막기 위해서 분명한 어조로 말합니다. "하나님이 바울의 손으로 놀라운 능력을 행하게 하셨다."

바울을 통해서 나타난 일은 분명히 보통 사람들로서는 감히 행할 수 없는 아주 '이례적인'(extraordinary) 것이었습니다. 그러나 그것은 바울이 자신의 능력으로 행한 일이 아니라, 하나님께서 바울을 통해서 하신 일입니다. 지금도 하나님은 성령으로 세례를 받고 믿음 있는 성도들을 통해서 일을 하십니다.

왜 하나님께서는 바울을 통해서 그런 놀라운 능력을 나타내셨을까요? 그것은 바울이 선포하는 '말씀의 권위'를 세워주시기 위해서였습니다. 잘 새겨들으십시오. '바울의 권위'가 아닙니다. '말씀의 권위'입니다. 바울이 가르치고 전하는 주님의 말씀의 권위를 높여주시기 위해서 놀라운 능력을 보여주신 것입니다. 하나님이 바울을 통하여 일을 하신다는 것을 나타내신 것입니다.

이와 같은 일은 예수님의 공생애 기간 동안에 이미 경험되어진 일입니다. 예수님께서 제자들을 파송하셨을 때에도 제자들을 통해서 놀라운 권능이 나타났습니다. "예수께서 열두 제자를 불러 모으사 모든 귀신을 제어하며 병을 고치는 능력과 권위를 주시고 하나님의 나라를 전파하며 앓는 자를 고치게 하려고 내보내시며….”(눅9:1-2). 예수님은 열두 제자를 한 자리에 불러놓으시고, 그들에게 ‘모든 귀신을 제어하며 병을 고치는 능력(power)과 권위(authority)를 주셨다’고 합니다. 이 ‘능력’과 ‘권위’를 한 마디로 줄여서 말하면 바로 ‘권능’(權能)이 되는 것입니다. 그런데 이 ‘권능’의 구체적인 내용이 무엇이었을까요? 그렇습니다. 바로 성령 안에서 ‘예수님의 이름을 사용할 수 있는’ 능력과 권위입니다. 우리는 이 능력과 권위를 예수 이름으로 사용해야 합니다.

실제로 이때 파송 받은 제자들은 ‘각 마을에 두루 다니며 곳곳에 복음을 전하며 병을 고쳤다’(눅9:6)고 합니다. 또한 ‘귀신들이 제자들에게 항복하는’ 그런 일들도 체험했습니다(눅10:17). 그것 또한 제자들의 능력이 아니었습니다. 오히려 그들이 전하는 하나님 나라의 ‘복음의 권위’를 드러내기 위해서 주님께서 제자들에게 ‘예수님의 이름을’ 사용할 수 있는 권능을 주셨고, 그것을 통해 놀라운 능력을 실제로 나타내신 것입니다.

베드로와 바울이 행했던 권능도 이와 같이 예수님의 이름을 사용하는 능력이었습니다. 그것을 통해서 놀라운 기사와 표적이 나타났던 것입니다. 그러나 ‘예수님의 이름’을 사용한다고 해서, 누구에게나 이와 같은 놀라운 일이 나타나게 되는 것은 아닙니다. 바울이 에베소에서 사역할 때에 ‘예수님의 이름으로’ 귀신을 쫓아내는 것을 본 마술사들이 그 흉내를 냈던 일이 있었습니다. “이에 돌아다니며 마술하는 어떤 유대인들이 시험 삼아 악귀 들린 자들에게 주 예수의 이름을 불러 말하되 내가 바울이 전파하는 예수를 의지하여 너희에게 명하노라 하더라."(행19:13). 여기에서 '돌아다니며 마술하는 어떤 유대인들'은 그냥 눈속임수로 사람들을 즐겁게 해주는 '마술사'를 의미하지 않습니다. 이들은 사실 '악한 영들을 내보내는' '유대인 퇴마사'였습니다.

사도행전 8장에서 빌립이 사마리아 성에 내려가 복음을 전하다가 만난 '시몬'이라는 마술사나, 사도행전 13장에서 바울이 첫 번째 선교여행 중에 구브로의 바보에서 만난 '바예수'라는 유대인 거짓 선지자인 마술사도, 엄밀하게 말하면 사실 퇴마사들이었습니다. 물론 그들이 행하는 것은 눈속임수의 가짜 마술에 불과했지만, 그것을 잘 모르는 사람들에게는 '퇴마사'로서 큰 영향력을 행사하고 있었습니다. 그러다가 빌립이나 바울을 통해서 진짜 능력이 나타남으로써 그들의 가짜 행세가 들통 나고 말았습니다.

바로 이곳 에베소에도 그와 같이 여기저기 떠돌아다니며 사기쳐서 먹고 사는 가짜 퇴마사들이 나타났던 것입니다. 그들은 바울을 모방하여 '시험 삼아' 귀신을 축출하려고 했습니다. 악귀 들린 사람들에게 '내가 바울이 전파하는 예수를 의지하여 너희에게 명하노라!'라고 말하면서, 예수님의 이름을 이용하여 귀신을 쫓아내려고 했던 것입니다. 아마도 바울이 '예수 그리스도의 이름으로' 귀신을 쫓아내는 장면을 목격했었던 모양입니다.

자, 과연 어떤 일이 벌어졌을까요? 그들도 정말 귀신을 쫓아낼 수 있었을까요? "악귀가 대답하여 이르되 내가 예수도 알고 바울도 알거니와 너희는 누구냐 하며 악귀 들린 사람이 그들에게 뛰어올라 눌러 이기니 그들이 상하여 벗은 몸으로 그 집에서 도망하는지라."(행19:15-16).

그렇습니다. 예수 그리스도의 이름을 아무리 큰 소리로 부른다고 하더라도, 만일 그가 예수님을 구주로 믿지 않는 사람이라면, 그에게는 아무런 능력도 나타나지 않습니다. 왜냐하면 그 능력의 근원은 '예수 그리스도의 이름'에 있는 것이 아니라 '예수님 자신'에게 있기 때문입니다. 예수님께서 행하신다는 믿음이 없는데, 그 이름을 부른다고 무슨 일이 나타나겠습니까?

믿음 없이 부르는 '예수 그리스도의 이름'은 아무런 능력도 나타내지 않는 공허한 '주문'(呪文)이 되고 맙니다. 그것이 바로 하나님께서 십계명을 통해서 엄중하게 금지하신 '하나님의 이름을 망령되이 일컫는' 죄를 범하는 것입니다.

베드로가 성전 미문에서 행한 표적을 보고 놀란 사람들이 솔로몬 행각으로 모여들었을 때에, 그들에게 베드로는 이렇게 선포했습니다. "그 이름을 믿으므로 그 이름이 너희가 보고 아는 이 사람을 성하게 하였나니 예수로 말미암아 난 믿음이 너희 모든 사람 앞에서 이같이 완전히 낫게 하였느니라."(행3:16). 그렇습니다. 예수님의 이름을 불렀다고 권능이 나타나는 것이 아니라, 예수 그리스도의 이름을 믿는 믿음이 그와 같은 놀라운 기적을 나타낸 것입니다. 예수님이 자신을 통해서 일하신다는 믿음이 있을 때 성령이 역사합니다. 절대로 자신이 행하는 것이 아닙니다. 예수님이 하신다는 믿음을 보고 행하시는 것입니다. 우리는 예수님이 사용하시는 도구에 불과합니다.

요한복음 14장에서 주님은 '내 이름으로 무엇이든지 내게 구하면 내가 행하리라'(요14:14)고 말씀하셨습니다. 그래서 우리 그리스도인들은 기도할 때마다 반드시 예수님의 이름으로 기도합니다. 그러나 예수님의 이름으로 구한다고 해서, 무조건 우리가 간구하는 모든 기도와 소원이 이루어지는 것은 아닙니다. 믿음으로 기도해야 합니다. 예수를 그리스도를 믿는 믿음으로 기도해야 합니다. 그럴 때에 우리의 생각과 기대를 뛰어넘는 하나님의 놀라운 은혜와 능력으로 응답되는 것입니다.

'예수님의 이름으로' 기도할 때에 우리는 성령으로 세례를 받습니다. 성령을 세례를 받아 성령이 임하게 되면 우리는 '예수 이름으로 명령하는 권능'을 받게 됩니다. 예수님께서 행하신다는 확실한 믿음을 가지고 '예수님의 이름으로' 기도하며, 또한 '예수님의 이름으로' 명령할 때에, 하나님께서는 우리를 통해서도 얼마든지 놀라운 기사와 표적을 나타내시면서 예수님이 하나님의 아들이요, 그리스도이심을 증언하게 하실 것입니다.

성도들은 하나님께서 주신 예수 이름의 권세를 사용해야 합니다. 많은 목회자들이 성도들에게 예수님을 믿으면 하나님의 자녀가 되는 권세가 있다고 말합니다. 그래서 많은 성도들이 자신에게 하나님의 권세가 있는 줄 압니다. 자신에게 권세가 있다는 것을 안다고 권세가 나타나는 것이 아닙니다. 성령 안에서 믿음으로 사용할 때 권세가 권능으로 나타납니다. 그런데 문제는 권세를 사용할 줄을 모른다는 것입니다. 권세가 있어도 사용하지 않으면 무용지물입니다. 사용할 때 권능으로 역사가 나타나는 것입니다.

경찰관에게는 나라에서 부여한 권세가 있습니다. 그러나 경찰에게 부여한 권세를 사용하지 않으면 세상에 범죄가 판을 치고, 교통이 혼잡하게 됩니다. 교통사고가 많이 나고, 도둑이 판을 칠 수가 있습니다. 경찰관이 나라에서 부여한 권세를 사용하면 모든 것이 질서를 잡고 잠잠해지는 것입니다.

예수님은 예수님이 떠나고 우리에게 그 성령이 오시는 것이 더욱 유익하다고 말씀하셨습니다. "그러나 내가 너희에게 실상을 말하노니 내가 떠나가는 것이 너희에게 유익이라 내가 떠나가지 아니하면 보혜사가 너희에게로 오시지 아니할 것이요 가면 내가 그를 너희에게로 보내리니"(요16:7). 왜 유익이냐면 육체를 입으신 예수님은 우리 각자와 연합할 수 없으나 성령은 우리 한 사람, 한 사람의 보혜사로 각 심령에 임재하실 수 있기 때문입니다.

예수님은 이 세상이 얼마나 험한지 잘 알고 계셨습니다. 주님이 그의 제자들을 세상으로 보내면서 "너희를 보냄이 양을 이리 가운데 보냄과 같다"고 말씀하실 정도로 이 세상이 무서운 곳임을 그 분은 잘 알고 계셨습니다. 왜 무섭습니까? 이 세상의 임금은 사단, 마귀이기 때문입니다. 그런 곳에서 당신이 피 값을 주고 산 하나님의 자녀들이 혼자서는 살아갈 수 없음을 아셨기에 성령을 보내주신 것입니다.

성령을 받으면 하늘의 권세를 받게 됩니다. "오직 성령이 너희에게 임하시면 너희가 권능을 받고"(행1:8). 권능이 무엇입니까? 권세와 능력입니다. 무슨 권세와 능력입니까? 하나님이 모든 권세를 예수 그리스도에게 넘기셨지 않습니까(마28:18)? 그 권세와 능력을 예수님이 우리에게 주신 것입니다. 즉 성령 안에서 '예수 이름'을 사용하면 우리도 예수님이 하셨던 것처럼, 악한 마귀와 귀신들을 추방할 수 있고, '예수 이름'을 사용하면 하늘의 것과 땅의 것, 그리고 땅 아래 있는 것들이 우리 앞에 복종할 수밖에 없다는 것입니다. 왜냐하면 예수의 이름은 곧 예수님이기 때문입니다.

예수님은 "믿는 자들에게는 이런 표적이 따르리니 곧 그들이 내 이름으로 귀신을 쫓아내며 새 방언을 말하며, 뱀을 집어 올리며 무슨 독을 마실지라도 해를 받지 아니하며 병든 사람에게 손을 얹은즉 나으리라 하시더라"(막16:17~18)라고 말씀하셨는데, 이런 능력은 성령이 임해야 가능합니다. 그래서 예수님이 승천하기 바로 전에 "볼지어다! 내가 내 아버지께서 약속하신 것을 너희에게 보내리니 너희는 위로부터 능력으로 입혀질 때까지 이 성에 머물라 하시니라"(눅24:49)라고 말씀하신 것입니다.

그 말씀대로 120문도가 마가의 다락방에 모여 기도하며 성령을 기다렸던 것입니다. 성령이 불 같이 하나씩 임하자 그들이 나가 민간에게 표적과 기사를 행했습니다. 심지어는 베드로의 그림자만 밟아도 병이 낫는 일이 일어났습니다. 베드로뿐입니까? 스데반이나 빌립 집사 등 일곱 집사들도 성령의 권능이 충만하여 귀신을 쫓아내고 병을 고쳤습니다. 왜요? 어떻게요? 베드로의 말대로 '나사렛 예수 그리스도의 이름으로'행한 것입니다. 사도 바울이 귀신을 쫓은 것 역시 '예수 이름'입니다.

예수 이름의 권세는 성령으로 세례 받은 남녀노소를 무론하고 다 나타납니다. 그러나 만 원짜리와 천 원짜리의 가치가 다르듯 하나님의 능력 또한 기도의 양과 정비례한다는 것을 알아야 합니다. 한 시간 기도한 사람과 세 시간 기도한 사람의 능력은 차이가 있습니다. 성령으로 기도하면 성령이 충만해지기 때문입니다. 성령으로 충만하면 그 만큼 권능이 강하게 나타나는 것입니다. 베드로의 그림자만 밟아도 병이 낫는 것은 베드로가 성령 안에서 기도를 습관화했기 때문입니다.

충만한 교회는 지방에 계시는 분들을 위하여 성령치유 집회 CD와 교재를 33종류를 비치하고 있습니다. 과목별 CD는 12시간을 녹음하여 12개입니다. 가격은 전화로 확인 바랍니다. 교재는 과목당 만원입니다. 필요하시면 주문하여 영성을 깊게 하실 수가 있습니다. 교재를 보며 CD를 들으면 현장에서 집회를 참석한 것과 같은 효과가 있습니다. CD를 들으면서 치유를 체험했다고 간증하는 분들이 많습니다. 전화는 02-3474-0675. 신청은 번호를 알려주시면 됩니다. 메일주소는 kangms113@hanmail.net 를 이용하여 신청이 가능합니다(필요CD/교재번호. 주소. 전화전호. 우편번호).

과목별 상세한 내용은 홈페이지 www. ka0675.com 에 들어 오셔서 확인 바랍니다. 홈피에 보시면 계좌번호와 과목별 상세목록을 확인하실 수 있습니다.

19장 하나님의 말씀(음성)에 순종해야 한다.

(삼상 15:22)"사무엘이 이르되 여호와께서 번제와 다른 제사를 그의 목소리를 청종하는 것을 좋아하심 같이 좋아하시겠나이까? 순종이 제사보다 낫고 듣는 것이 숫양의 기름보다 나으니"

목회자가 되려면 무엇보다도 하나님의 말씀에 순종하는 법부터 몸에 배이게 해야 합니다. 목회자는 하나님의 음성(말씀)을 듣고 행하는 사람이기 때문입니다. 하나님의 말씀에 순종하지 않는 목회자가 어떻게 교회를 개척하여 목회를 할 수 있겠습니까? 그래서 하나님은 일꾼으로 불러서 순종훈련을 시키시는 것입니다. 아브라함은 25년, 야곱은 20년, 요셉은 13년, 모세는 40년, 다윗도 13년 동안 순종훈련을 시키신 것입니다. 하나님의 말씀에 순종하느냐 하지 않느냐는 큰 차이가 있기 때문입니다. 목회자가 되시려면 하나님의 말씀에 절대적으로 순종하는 습관을 먼저 길러야 합니다. 그리고 사람의 말에 귀기우리지 않을 뿐만 하니라, 사람의 말에 움직이지 않는 것도 숙달해야 합니다.

하나님은 사람의 말을 듣고 하나님의 말씀을 거역하는 것을 절대적으로 싫어하십니다. 창세기 3장 17절에 "아담에게 이르시되 네가 네 아내의 말을 듣고 내가 네게 먹지 말라 한 나무의 열매를 먹었은즉 땅은 너로 말미암아 저주를 받고 너는 네 평생에 수고하여야 그 소산을 먹으리라" 말씀하셨습니다. 성경 안에서 순종과 불순종만큼 우리에게 강한 교훈을 주는 교훈은 없다고 봅니다. 순종은 우리를 살리는 것이고, 불순종은 우리의 영혼까지 죽이는 것이기 때문입니다. 그래서 목회자에게 무엇보다도 중요한 것이 하나님께 순종하는 것입니다. 순종은 모든 복의 근원이고 불순종은 모든 저주와 재앙의 시발점입니다. 순종은 생명의 시작이고 불순종은 죽음의 시작입니다. 안타깝게도 아담은 하나님께 순종하기를 거절하고 불순종함으로 세상에 죄와 저주, 죽음을 몰고 왔습니다. 그러나 후(後)아담 되시는 예수 그리스도는 십자가에 순종하시기까지 못 박히심으로 새로운 날을 열어놓으셨습니다.

순종이란 무엇입니까? 순종의 의미는 '순할 順'에 '따를 從'으로 명하신 대로 행하고 따르는 것입니다. 성경에는 이 순종에 대하여 여러 형태로 그 뜻을 설명하고 있는데 예를 들어 "지킨다, 따른다, 순응합니다, 복종합니다, 순종합니다, 시킨 대로 행합니다, 굴복합니다." 등으로 나타납니다.

첫째, 순종은 명한 대로 행하는 것이다. 순종이란 나에게 명한 대로 행하는 것을 말합니다. 그 말은 내가 아무리 하기 싫은 일이라도 시킨 대로 하는 것을 말합니다. 또한 명한 것을 내가 이해하지 못하더라도 시킨 대로 하는 것을 말합니다. 거기에는 아무런 대꾸나 이유가 필요 없습니다. 오직 순종만이 있을 뿐입니다. 마치 병사가 자기 상관이 내리는 명령에는 무조건 복종할 뿐인 것과 같은 것입니다. 진정한 순종이란 순종하는 자의 의지나 주관을 다 버리고 명령을 내린 자의 의지대로 그대로 따르는 것입니다.

마태복음 8장 5-13절에 나오는 말씀입니다. "예수께서 가버

나움에 가셨을 때였다. 6) 한 백부장이 와서 자기 하인이 중풍으로 집에 누워 몹시 괴로워하고 있으니 낫게 해달라고 애원하였습니다. 예수께서는 7) "그래, 내가 가서 고쳐 주마"하고 대답하셨습니다. 8) 그러자 백부장이 말하였습니다. "예수님! 저는 예수님을 제집에 모실 자격이 없습니다. 예수님이 다만 이 자리에서 '나으라' 하고 말씀만 해도 제 하인은 나을 것입니다. 9) 저도 지휘관 밑에 있고 제 밑에도 부하들이 있어 제가 이 사람더러 '가라' 하면 가고, 저 사람더러 '오라' 하면 옵니다. 또 제 하인더러 '이것을 하라' 하면 합니다. 저는 하나님이 '병이 나으라' 하고 말씀만 하시면 그 병이 나을 줄 압니다." 10) 그 백부장의 말에 감탄하신 예수께서는 군중을 향해 이렇게 말씀하셨습니다. "이스라엘 온 땅에서 나는 이만한 믿음을 가진 사람을 본 일이 없다. 11) 이 백부장과 같은 많은 이방 사람들이 세계 여러 곳에서부터 와서 아브라함과 이삭과 야곱과 함께 하늘나라에 들어가 앉을 것이다. 12) 그러나 많은 이스라엘 사람들은 자기들을 위해 하늘나라가 마련되어 있는데도 어두운 곳으로 쫓겨나 땅을 치며 통곡을 할 것이다." 13) 그리고 나서 백부장에게 말씀하셨습니다. "집으로 가라. 네가 믿는 대로 될 것입니다." 바로 그 시간에 그 하인의 병이 나았습니다. 당시의 로마 군대의 백부장은 상당한 권세를 가졌습니다. 그런데 젊은 예수님 앞에 와서 머리를 조아리며 간곡하게 부탁한다는 것은 쉽지 않습니다. 로마의 황제를 신으로 고백하는 장교의 입장에서는 용기가 필요한 행동입니다. 그리고 자기의 사랑하는 식구도 아닙니다. 자기가 거느리고 있는 하인은 노예와 같은 존재로 주인의 재산에 불과합니다. 더구나 고치기가 힘든 중풍병이라면 희망도 없습니다. 버리든지, 죽일지라도 아무런 문제가 되지 않습니다. 그런데 백부장은 예수님 앞에 친히 나와 머리를 조아립니다.

그뿐이 아닙니다. 가서 고쳐주시겠다는 예수님의 말씀 앞에 백부장은 겸손하게 말합니다. "주님! 내 집에 들어오시는 것을 나는 감당할 수 없습니다." 얼마나 겸손한 모습입니까? 100명의 군사를 통솔하는 백부장입니다. 얼마든지 권력의 힘을 가지고 예수님을 강제로 끌고 갈 수도 있습니다. 하인의 병을 고치라고 명령할 수도 있습니다. 그런데 가서 고쳐주시겠다는 데도 손사래를 칩니다. 감히 저희 집에 오심을 감당할 수 없다는 것입니다. 정말 겸손과 온유한 사람입니다. 이방인인 로마의 백부장인데 불구하고 그의 마음 자세는 지금까지 많은 사람들에게 깊은 감동을 주고 있습니다. 예수님도 백부장의 믿음에 감동하셨습니다. 마태복음 8장 10절에 '놀랍게 여겨(개정개역, 새번역)', '기이히 여겨(개역), 감탄하시며(현대어, 공동번역)'라고 하였습니다. 따르는 무리에게 이스라엘 중 아무에게서도 이만한 믿음을 만나보지 못하였노라고 하셨습니다. 그러니까 쉽게 말하면 예수님께서도 졸도할 만큼 깜짝 놀라셨다는 말입니다. 이것은 매우 중요한 의미가 있습니다. "예수님께서 졸도할 만큼 깜짝 놀라셨다"는 내용을 성경에서 찾아보기 어렵기 때문입니다. 물론 성경에는 사람들이 깜짝 놀랐다고 언급된 곳은 많습니다.

구한말의 독립 운동가이자 교육자, 정치가였던 고당 조만식

(1883~1950) 선생님은 1921년 평양 산정현교회의 장로가 되었습니다. 그 교회에서 제일 어른 장로로 시무하고 있던 1936년에 주기철 목사(1897~1944)를 담임목사로 청빙했습니다. 주기철 목사님은 고당 조만식 장로님이 교편을 잡고 있을 때 가르치고 아끼던 제자 중 한 사람이었습니다. 당시 민족지도자였던 조만식 장로님은 늘 바쁜 몸이었고, 방문객도 많아 항상 시간에 쫓기는 생활을 했습니다. 본의 아니게 예배 시간에 지각하는 경우도 잦았습니다. 어느 날, 그 날도 조만식 장로님이 예배 시간에 몇 분 늦어 헐레벌떡 예배당에 들어서는데 조만식 장로님의 제자였던 주기철 목사님이 "조 장로님은 예배에 늦었으니 자리에 앉지 마십시오. 예배가 끝날 때까지 그 자리에 서 계십시오."했습니다. 보통사람 같았으면 그냥 앞으로 나아가 의자에 앉았을 것입니다. 아니면 밖으로 나가 버렸을 것입니다. 그러나 장로님은 그 자리에 꼼짝 않고 선 채로 예배를 드렸습니다. 예배 중이던 교인들은 수석장로와 담임목사간의 알력으로 교회가 소란스러워질까봐 걱정을 태산과 같이 합니다. 설교를 마치고 주 목사님이 말했습니다. "서 계시는 조 장로님, 기도해 주십시오." 그러자 고당 선생님이 이렇게 기도했답니다. "하나님, 저의 죄를 용서해 주옵소서. 거룩한 주일에 하나님 만나는 것보다 사람 만나는 것을 더 중요시한 죄를 용서하옵소서." 그 기도에 산정현 교회 교우들은 모두 감동을 받아 울음바다가 되었다고 합니다. 그 일 이후 교인들은 조만식 장로님을 더욱 존경하게 되었다고 합니다.

요한복음 2:1-11절에 있는 가나 혼인 잔치 집에서 물이 변하여 포도주가 된 큰 기적의 현장에서 순종의 결과가 어떠한 것이며 또 순종은 어떻게 해야 하는 것인가를 보여줍니다. 기적의 현장에는 반드시 순종의 배경이 있었습니다. 그중에서 가나 혼인 잔치집의 기적은, 사람들이 보잘 것 없는 것으로 여기는 하인들의 적극적인 순종이 큰 기적을 불러 왔음을 알 수 있습니다. 이 것은 예수께서 공생사역의 제일 첫 번째로 행하신 기적입니다.

가나는 갈릴리 지방에 있는 작은 마을입니다. 이곳에 혼인 잔치가 열렸습니다. 예수의 모친 마리아와 예수와 그의 제자들이 이 잔치에 초청을 받았습니다. 이로 보건대 아마 이 잔칫집은 예수님의 친척집일 것입니다. 그런데 손님이 예상외로 많이 와서 그들을 대접하기 위해 준비한 포도주는 이미 동이 났습니다. 손님은 계속 모여들고 접대할 포도주는 다 떨어지고 참으로 난감하게 되었습니다. 당시 잔칫집에 포도주가 떨어졌다는 것은 참으로 큰 문제로 그렇다고 오는 손님들을 아무 것도 대접하지 않은 채 그냥 돌려보낼 수도 없고, 손님들에게 포도주가 떨어져서 적당히 대접할 수 없다고 할 수도 없는 입장입니다. 서로 얼굴만 쳐다보고 걱정만 하고 있을 뿐이었습니다. 잔칫집 주인은 참으로 걱정이 태산 같았습니다. 그러나 예수님의 모친 마리아는 문제가 생기자 예수님이 생각났습니다. 예수님이라면 능히 이 문제를 해결할 수 있다고 확실히 믿었습니다. 비록 예수님이 자신의 몸에서 태어난 아들이지만 마리아는 그가 어떻게 이 세상에 오셨는지를 잘 알고 있었습니다. 예수는 지금의 남편인 요셉이나 어떤 다른 사람과의 관계에서 태어난 아들이 아님을 확실히 알고 있었고 이 사실에 대하여 추호도 의심하지 않았습니다. 그리고 예수는 하나님의 아들이시며, 이스라엘이 기다리는 메시야요, 그리스도임을 그녀는 알고 있었습니다.

그리하여 마리아는 이 당면한 문제를 예수님께로 가져왔고 마리아는 장황하게 설명하지 않았거나 또 그럴 필요성도 느끼지 못한 채 한 마디로 부탁했습니다. "저희에게 포도주가 없다"(요 2:3) 그런데 예수님의 대답은 냉담했습니다. "지금은 하는 수 없습니다. 아직 내 때가 오지 않았습니다."(요 2:4) 그럴지라도 마리아의 믿음은 조금도 흔들림이 없었습니다. 예수께서 곧 이 문제를 해결하리라 믿었고, 하인들에게는 예수의 명령을 받기 위하여 단단히 당부하였습니다. "무엇이든지 그분이 시키는 대로 하게."(요 2:5) 참으로 믿음에서 우러난 말이었습니다.

큰 기적의 현장 어디서나 반드시 이러한 큰 믿음의 행위와 절대적인 순종의 모습이 나타나는 것을 봅니다. 잔칫집 하인들은 예수께서 지시하는 대로 항아리 하나에 약 80~120L 드는 돌 항아리 여섯 개에 물을 가득히 채웠습니다. 이 돌 항아리는 잔칫집 손님들이 들어 올 때 발 씻을 물을 담아 두는 통입니다. 아침에 그 항아리에는 물이 가득하였는데, 손님들이 예상외로 많이 와서 그물은 이미 다 없어졌습니다. 그곳에 다시 물을 채우자면 동네 밖에 있는 우물에 가서 물을 길어와야만 하는 수고를 하여야 합니다. 참으로 힘든 작업입니다. 그것도 쉬어야 할 시간인데 말입니다. 그러나 그들은 아무런 불평도 없이 그대로 순종하여 그 많은 돌 항아리에 물을 가득 채웠고, 시키시는 대로 물을 떠서 연회장에 갖다 주었습니다. 연회장이 그 물그릇을 받았을 때 이미 물은 붉은 포도주로 변해 있었습니다. 참으로 놀라운 일입니다. 연회장은 그 포도주를 마시고서는 놀란 표정으로 "이거 아주 훌륭합니다! 최고의 맛입니다. 누구나 처음에는 최고급 포도주를 내놓다가 손님들이 실컷 마시고 취한 뒤에는 값싼 것을 내놓는 법인데 당신은 마지막을 위해서 최고급품을 준비해 두었군요!"(요 2:10)라고 하였습니다.

성경은 무엇이라고 말합니까? 연회장은 물이 포도주 된 것을 맛보았지만 이것이 어디서 온 것인지 알지 못하였다고 했습니다. 그러나 물을 떠온 하인들은 이것이 어디서 나온 것임을 다 알고 있었습니다. 신앙의 기적도 체험한 자만이 압니다. 모든 영적 체험은 순종하여 믿음의 현장을 지켜 본 자만이 아는 비밀입니다. 사도 바울은 '믿음의 비밀(믿음의 숨은 원천)'이라고 하였습니다(딤전 3:9). 진실로 하나님께서 하시는 일은 모두가 사람의 상상, 지식, 과학의 범주를 넘어선 기적들로 하나님의 전능성을 입증합니다. 우리는 이 사건을 통하여 믿음과 순종이 가져다 주는 효과가 얼마나 큰 것인가를 알 수 있습니다. 지금도 하나님은 순종하는 자들 가운데서 역사하시며, 사탄은 불순종하는 자들 가운데서 역사합니다(엡 2:2).

둘째, 온전한 순종은 믿음과 사랑과 충성에서 비롯된다.

첫째로, 순종에는 믿음이 가장 필요합니다. 상대방을 믿지 못하고서 어찌 참 마음으로 순종할 수 있겠습니까? 우리는 성경을 통해 많은 사람들이 하나님을 믿고 또 그의 말씀을 믿고 말씀하신 대로 순종하여 큰 기적과 축복을 받은 것을 알 수 있습니다.

요한복음 9장에 나오는 나면서부터 소경된 자도 그러했습니다. 그는 이 세상에 태어날 때 이미 소경이었으니 자기를 낳으신 어머니의 얼굴은 물론 저 밝은 태양이나 이 아름다운 자연을 아직 한 번도 본 적이 없는 불쌍한 청년이었습니다. 그에게 온 세상은 다만 캄캄한 어둠뿐이었는데 어느 날 예수님을 만나게 되면서 그의 삶이 변하게 되었습니다. 청년은 자신의 감긴 눈에 예수님이 침으로 이긴 진흙을 발라 주시면서 실로암 못에 가서 씻으라고 하셨기에 아무런 의심을 품지 않고 앞을 못 보는 상태로 더듬으면서 실로암 못으로 가서 시키신 대로 씻었더니 눈이 떠져 밝음을 누릴 수 있게 되었습니다. 이것은 놀라운 믿음과 순종의 결과입니다. 이 청년은 예수님에 대해서 아는 것이라고는 아무 것도 없었지만 하나님과 그의 말씀의 능력을 믿고서 시키신 대로 순종함으로 놀라운 기적을 체험하게 되었던 것입니다.

이와 같이 지금 이 세상에 사는 모든 사람은 이 소경과 같이 날 때부터 죄인으로 태어났기 때문에 영안(靈眼)이 어두워져서 자기를 창조한 하나님을 알지 못하지만(시 51:5, 58:3), 예수님을 만나면 우리의 영안이 밝아져서 하나님을 볼 수 있고 알 수도 있게 될 것입니다. 분명한 사실은 믿음이란 언제나 단순하다는 것입니다. 믿음은 하나님의 말씀을 조금도 의심하지 않고 그대로 이루어 주실 것으로 믿는 것입니다.

믿음은 어디서 나오는 것일까요? 사도 바울은 믿음은 그리스도에 대한 복음에 귀를 기울이는 데서부터 시작되는 것이라고 하였습니다(롬 10:17). 즉 우리가 하나님의 약속의 말씀을 사모하여 그대로 받아들이고, 또 그 말씀을 나 개인에게 주신 말씀으로 믿고, 그렇게 이루어질 것으로 확신하고 의지하며 기대하는 것입니다. 믿음이 없는 순종은 있을 수 없습니다. 만일 그리스도인들에게 믿음이 없다면 온갖 의심과 염려, 불안과 초조와 두려움으로 가득 차게 될 것이고, 하루하루를 너무도 힘겹게 살아 갈 것입니다. 그리스도인은 믿음으로 사는 사람들로 자기의 장래를 전적으로 하나님께 맡기고 날마다 하나님께 기도하며 하나님의 인도를 따라 살아가는 사람들입니다. 우리는 내일 일을 알지 못합니다. 하룻 동안에도 무슨 일이 일어날 지 전혀 알 수 없지만(잠 27:1), 신실하신 하나님은 우리의 나아갈 바를 다 알고 계시므로 그 하나님만 의지하고 살아가니 참으로 든든하고 안전합니다. 진실로 우리에게 하나님을 의심하지 않는 믿음과 온전한 순종이 있어야 하나님의 기적과 인도하심과 축복을 누릴 것입니다.

둘째로, 순종에는 **사랑이 수반되어야 합니다.** 순종에는 믿음과 사랑도 함께 동행 합니다. 우리는 그를 사랑하기에 믿고, 그를 믿기에 그의 말씀에 순종합니다. 사랑이 없이는 진정한 순종이 이루어질 수 없습니다. 사람들이 하나님의 말씀을 진심으로 순종하지 않는 이유가 무엇일까요? 이는 하나님을 사랑함이 없기 때문입니다. 믿음이 있는 사람은 하나님께 순종합니다. 하나님께 순종하는 사람은 하나님을 진심으로 사랑합니다. 성경은 "내 말을 지키는 사람은 나를 사랑하는 사람이다. 나를 사랑하는 사람은 아버지께서도 그를 사랑하신다. 그리고 나도 그를 사랑하여 내 자신을 그에게 나타내 보일 것이다."(요 14:21)고 하였습니다. 그러면 하나님의 계명이 무엇일까요? 크게 생각하면 하나님께서 우리에게 명하신 모든 말씀이 다 하나님의 계명이 될 수 있습니다. 그러나 말씀 그대로 생각하면 '서로 사랑하라'는 것입니다. 요한복음 13장 34-35절에 "그러므로 이제 내가 너희에게 새 계명을 준다. 내가 너희를 사랑한 것같이 서로 사랑하라. 너희가 서로 사랑하면 세상 사람들이 그것으로 너희가 네 제자인 것을 알게 될 것이다."

율법의 대 강령이 무엇입니까? 경천애인(敬天愛人) 즉 위로는 하나님을 사랑하고 아래로는 사람을 사랑하라는 것입니다. 예수님은 계명을 "하나님을 사랑하되 마음과 뜻과 목숨과 힘을 다해서 사랑하라. 그리고 네 이웃을 내 몸과 같이 사랑하라."고 가르치셨습니다. 그러면 내 이웃이 누구일까요? 크게 보면 내 이웃집에 사는 사람이 내 이웃이 될 수도 있고, 날마다 만나는 사람, 가까이 있는 사람도 내 이웃이 될 수가 있습니다. 그러나 가장 가까운 내 이웃은 하나님을 함께 믿고 하나님을 함께 사랑하고 섬기는 그리스도인들이겠지요. 특히 하나님의 뜻을 추구하며 예수님의 뒤를 따르고자 하는 제자들이겠지요. 그리고 예수님이 말씀하신 대로 강도만나 죽어가는 사람이겠지요. 마태복음 5장 44절에서 "그러나 나는 이렇게 말한다. 원수를 사랑하라! 너를 박해하는 자들을 위해 기도하라!" 하십니다.

하여튼 우리는 서로 사랑하여야 합니다. 예수님이 부탁하신 말씀을 필히 잊지 말아야 합니다. 진실로 우리가 하나님을 사랑하고 그의 말씀을 잘 순종할 때에 하나님이 우리를 사랑하시고 예수님도 우리 가운데 나타나시는 것입니다. 하나님께서 지금도 믿는다는 많은 기독교인들에게 역사하지 않으시고, 나타나지 않으시는 이유가 무엇입니까? 이는 하나님을 사랑하지 않기 때문입니다. 옛날이나 지금이나 하나님을 진심으로 사랑하는 자는 곧 그의 말씀에 적극적으로 순종하는 사람들에게 나타나십니다. 매일의 삶 속에서 역사하십니다. 아니 귀찮을 정도로 따라 다니시면서 간섭도 하시고 때로는 야단도 하십니다.

셋째로, 충성은 순종에서 비롯됩니다. 성령의 열매의 일곱 번째는 '충성'입니다. 성령의 사람은 방언을 잘하고, 신유의 은사가 있고, 기적과 능력을 베푸는 사람만이 아니라, 하니님을 믿는 믿음으로 살아가는 것, 자체가 충성의 열매를 맺어가고 있는 사람입니다. 믿음의 사람은 충성하며, 충성의 사람은 믿음직합니다. 나를 불러주시고 사용하시는 분에게 절대 순종합니다.

성경을 통하여 하나님의 사람들이 자기의 목숨까지 내놓고 하나님의 말씀을 지킨 것을 볼 수 있습니다. 이들은 하나님의 충성스러운 종들입니다. 그 중에서도 다니엘과 그의 세 친구의 하나님을 향한 충성을 볼 수 있는데, 그들은 하나님을 사랑하기에 이 세상 그 어떠한 고난과 위협 속에서도 결코 굴하지 않고 믿음을 지켜서 하나님을 향한 그들의 충성을 입증하였습니다. 그들은 왕의 명령보다 하나님의 말씀을 더 중히 여겼습니다. 그들은 하나님의 말씀을 지키기 위해 자기들의 목숨을 돌보지 아니하였습니다. 비록 기름 가마솥이나 사자 굴속에 들어갈지라도 하나님의 말씀에 위배되는 일을 하지 않았습니다. 하나님을 사랑하고 하나님의 뜻을 소중히 여겨 믿음으로 신앙을 지켜 나갔습니다.

우리가 하나님의 말씀을 듣고 순종하는 것이 그 누구의 말이나 권고나 지시를 따르는 것보다 더 중요합니다. 사람의 말을 듣지 않음으로 어떠한 불리한 일이 닥치더라도 뜨거운 충성심에서 나오는 순종에는 하나님의 특별한 보호와 인도가 있을 줄로 확신합니다. 베드로는 복음을 계속 전하다가 교도소에 갇히기도 하였지만 하나님께서는 특별한 방법으로 그를 그 교도소에서 구출하여 내시기도 하였습니다.

한 마디 덧 붙입니다. 순종은 하나님이 하라는 대로 하는 것이고 충성은 순종하면서 마음, 목숨, 힘, 뜻, 자기의 인격을 드린 것입니다. 순종과 충성은 다릅니다. 순종은 하나님께서 하라는 대로 하는 것이고, 충성은 자기에게 있는 모든 것을 바쳐서 순종하는 것입니다. 다 같이 시키시는 대로 그 일은 원만히 했다 할지라도 자기에게 있는 마음과 목숨과 힘과 뜻, 자기에게 있는 것을 바친 것은 다릅니다. 순종은 이 세상의 품꾼이라면 다 순종할 수 있습니다. 품꾼이라면 시키는 대로 순종하지만, 순종하면서도 마음과 목숨과 힘과 뜻을 다하고 나아가 자기의 인격을 다하는 충성과는 다릅니다. 욕을 하면서도 순종은 얼마든지 할 수 있습니다. 욕을 하면서도 순종할 수 있고 또 자기의 인격은 하나도 드리지 않으면서도 순종할 수 있고 순종은 꼭 같지만 충성이라 하는 것은 인격까지 다 드린 것으로 순종의 극치(極致)입니다.

셋째, 순종은 그리스도인의 최고의 법. 순종은 그리스도인이 지켜야 할 법 중에서도 최고의 법이라고 생각됩니다. 순종 없는 신앙은 실천 없는 신앙이요, 실천 없는 신앙은 위선적인 죽은 신앙입니다. 야고보는 "행함이 없는 믿음은 그 자체가 죽은 것이라, 믿음이 그의 행함과 함께 일하고 행함으로 믿음이 온전케 되었느니라"(약 2:17, 22)고 하였습니다.

그리고 그는 아브라함의 예를 들었습니다. 아브라함은 말로만 '하나님을 사랑합니다.'라고 고백하는 신앙이 아니라, 하나님의 말씀대로 실천하는 믿음의 소유자였습니다. 그는 하나님께서 자기에게 요구하신 대로 자기의 독자 이삭을 제물로 드렸습니다. 그리하여 하나님은 아브라함이 진정으로 하나님을 사랑한다고 입증하시고 그에게 엄청난 복을 허락하셨습니다.

하나님의 말씀을 듣고 행하는 자를 가리켜서 "반석 위에 자기의 집을 지은 지혜로운 사람"이라고 하셨습니다. 그러나 하나님의 말씀을 듣고도 행하지(순종) 않는 자는 마치 자기의 집을 "모래 위에 세운 사람"과 같다고 하셨습니다. 비가 오고 태풍이 불어오면 모래 위에 세운 집은 무너지게 될 것입니다. 예수님께서 말씀하신 산상수훈대로 산다면 그 사람은 틀림없이 반석 위에 집을 지은 사람과 같을 것입니다. 하나님은 즐겨 순종하는 자를 들어 쓰시므로 우리는 우리 자신을 잘 살펴보아야 합니다. 하나님의 말씀을 아는 대로 반드시 순종하는 생활을 해야 합니다. 목회자가 힘써서 해야 할 일들 중에는 본인역시도 순종하는 삶을 살면서 성도들이 하나님의 말씀에 순종하여 살도록 권면하는 일입니다.

20장 수많은 영적체험을 통과 해야 한다.

(행 14:9-10)"바울이 말하는 것을 듣거늘 바울이 주목하여
구원 받을 만한 믿음이 그에게 있는 것을 보고, 큰 소리로 이르
되 네 발로 바로 일어서라 하니 그 사람이 일어나 걷는지라"

하나님은 체험을 통하여 믿음을 견고하게 하십니다. 하나님
의 군사로서 사명을 감당하게 하십니다. 하나님은 현실 문제를
가지고 체험적인 목회자가 되도록 훈련하십니다. 하나님은 현
실 문제를 통하여 기도하게 하십니다. 기도할 때 해결방법을 알
려주시고 순종하면 해결하여 주십니다. 그러면서 점차 하나님의
살아 역사하심을 스스로 인정하게 하시는 것입니다. 하나님이
동행하신다는 믿음이 없으면 개척교회는 성장하지 않습니다.

필자가 그동안 생명의 말씀과 성령으로 영적인 사역을 하다가
내란 결론은 실제로 체험해보니 말씀의 비밀이 정확하게 보이
고 해석을 할 수 있었다는 것입니다. 말씀은 살아계신 하나님께
서 저자들에게 성령의 감동 하에 친히 말씀하신 것이므로 성령
으로 충만한 가운데 체험해야 비밀이 열린다는 것입니다. 그래
서 "예언은 언제든지 사람의 뜻으로 낸 것이 아니요 오직 성령의
감동하심을 받은 사람들이 하나님께 받아 말한 것임이라(벧후
1:21)"말씀하시는 것입니다.

저의 사모가 어느 ○○교단의 목사님에게 목사님! 왜 그 교단
은 성령의 역사를 인정하지 않습니까? 저는 그 교단에서 유년시

절부터 신앙생활을 했는데 우리 목사님이 하시는 말씀의 일부는 한 번도 들어본 적이 없는 말씀입니다. 그랬더니 이렇게 대답을 하더랍니다. 우리 교단이 성령의 역사를 인정하지 않는 것이 아닙니다. 성령의 역사는 생소하여 두렵기 때문에 깊이 들어가려고 하지 않기 때문에 성령의 역사에 대하여 바르게 체험하고 가르칠 목회자가 없기 때문입니다. 참으로 위험한 말입니다. 사람이 어떻게 하나님의 역사를 이론으로 이해하고 믿고 받아들입니까? 하나님의 역사는 믿고 받아들이고 체험하다가 보면 열리게 되어 있습니다. 필자의 개인적인 견해로는 워낙 그 교단의 교회들이 부자라, 성령의 역사에 대하여 인정하지 않아도 교회가 되어 가는데 문제가 없으니 관심이 없어서 그렇게 된 것이라고 생각합니다. 체험은 막연한 두려움을 제거합니다. 이분들도 성령을 계속 체험하면 두려움이 사라지고 살아계신 성령님을 인정하게 될 것입니다. 제가 그동안 생명의 말씀과 성령의 역사를 체험하여 결론을 내리게 된 여러 실증은 이렇습니다.

예수를 믿고 성령으로 거듭난 크리스천은 이제 하나님께서 주시는 것으로 살아야 한다는 것입니다. 일용할 양식도 하나님께 받아서 먹어야 합니다. 물질도 하나님께 받아서 사용해야 합니다. 지혜도 하나님께 받아서 사용해야 합니다. 질병으로 고통당할 때도 하나님께 기도하여 알려주시는 방법으로 치유해야 질병이 치유가 됩니다. 현실문제로 사면초과에 걸려서 아무리 이리 뛰고 저리 뛰고 해도 해답은 없습니다. 모두 하나님께 해답이 있습니다. 예수를 믿어 천국의 시민권을 얻어서 살아가는 사람들이기 때문입니다. 우리 크리스천들은 의식을 새롭게 해야 합니다. 모든 문제의 해답은 하나님께서 가지고 계신다고 믿고 행해야 합니다.

필자는 하나님의 은혜로 성령치유 사역을 합니다. 많은 수의 목회자들과 성도들이 현실 문제를 해결하고자 세상에서 이 방법 저 방법을 다동원해도 해결이 안 됩니다. 하나님께 기도하다가 감동을 받고 필자를 찾아와 해결을 받는 경우가 많습니다. 하나님께서는 하나님의 자녀들의 문제를 모두 알고 계십니다. 문제마다 해결방법도 알고 계십니다. 하나님의 방법으로 문제를 해결하십니다. 불필요한 고통을 당하지 말고 하나님께서 문제를 해결하실 수 있다는 믿음을 가져야 합니다.

○ 어느 젊은 여 집사가 저에게 전화를 했습니다. 목사님! 저는 지금 정상이 아닙니다. 직장을 다니고 있는데 몸이 비정상입니다. 가슴이 답답하고, 잠을 자도 늘 피곤하여 닭이 병든 것과 같이 꾸벅꾸벅 졸기 일 수입니다. 기도가 막혀서 기도를 할 수가 없습니다. 그리고 조그마한 소리도 받아들이지 못하고 짜증이 심합니다. 불안하고, 두렵고, 우울할 때도 있습니다. 몸이 천근만근 무겁습니다. 그래서 서울대 병원에 입원하여 450만원을 들여서 건강검진을 받았습니다. 그런데 결과는 모든 기능이 정상으로 나왔습니다. 그런데 몸은 비정상입니다. 목사님! 이유와 원인이 무엇입니까? 하나님의 은혜로 해결 받고 싶습니다.

필자가 이렇게 말했습니다. 집사님이 바르게 아셔야 할 것이 있습니다. 집사님은 예수를 믿어서 하나님의 자녀가 되었습니다. 하나님의 자녀는 하늘에 시민권이 있습니다. 이제 하나님께서 주시는 것으로 살아야 합니다. 영육의 문제도 하나님이 알려주시는 방법으로 치유를 해야 합니다. 하나님께서는 자녀들의 문제를 하나님의 사람을 통하여 치유하십니다. 세상에서 치유하지 못하는 문제도 하나님께 기도하면 하나님께서 하나님의 사람을 만나게 하여 치유하십니다. 하나님은 치유하지 못하는 것이 없습니다. 하나님께서 치유하실 것이니 걱정하지 마세요.

여 집사가 토요일 날 개별 집중치유를 예약하여 집중치유를 받았습니다. 첫날 기도를 하는데 성령세례를 받지 않은 상태였습니다. 일단 성령의 임재가 여 집사를 장악하게 하여 성령세례가 임하도록 했습니다. 얼마 지나자 성령세례가 임했습니다. 소리를 내면서 한동안 울었습니다. 울음이 그치니 기침을 사정없이 했습니다. 그러면서 분노가 올라왔습니다. 들어보니 남편을 향한 분노였습니다. 제가 남편이 힘들게 합니까? 그랬더니 울먹이는 소리로 그렇다는 것입니다. 사사건건 충돌이 일어난다는 것입니다. 계속 기도를 하게 했습니다. 그리고 돌아가서 남편을 설득하여 남편하고 같이 와서 치유를 받았습니다. 의외로 남편이 쉽게 성령으로 장악이 되었습니다. 안수를 하니까, 깊은 곳까지 치유가 일어났습니다. 여 집사의 깊은 곳에서 치유가 일어났습니다. 남편도 생전처음 성령으로 세례를 받고 체험했다고 좋아했습니다.

돌아가서 이렇게 메일로 소식이 왔습니다. "한 달 전 대전에서 남편과 같이 치유 받은 ○○○ 집사입니다. 답답했던 가슴이 뻥

리고 기도가 너무나 잘된다는 것입니다. 건강도 아주 좋아졌습니다. 더군다나 1년 6개월 동안 팔리지 않았던, 대전 아파트가 며칠 전 계약이 되었습니다. 먼저 하나님께, 그리고 목사님께 감사드립니다. 목사님께서 알려 주신 데로 남편과 같이 열심히 대적 기도를 했습니다. 대적기도의 결과 응답되었고, 앞으로 마귀를 불러들이는 일은 하지 않아야겠다고 깨닫게 되었습니다."

예수를 믿고 성령의 인도를 받아 교회에 나온 크리스천은 하나님의 방법으로 문제를 해결해야 합니다. 자신의 문제를 해결하려고 이리 뛰고, 저리 뛰고 해도 해결되지 않습니다. 세상방법으로 해결이 된 다해도 임시요법에 불과한 것입니다. 다시 재발한다는 말입니다. 하나님의 자녀의 문제는 하나님의 방법으로 해결을 해야 합니다. 문제가 생겼을 때 불필요한 시간 낭비를 마시고 주님만이 나의 모든 문제의 해결 자가 되십니다. 주여! 나를 도와주옵소서. 나를 불쌍히 여겨 주옵소서. 하고 주님께 나와 기도하면 해결하여 주십니다.

한 가지 알아야 할 것은 툭하면 하나님께 "의뢰합니다. 맡깁니다."합니다. 맡기고 의뢰한다는 의미를 잘 알아야 합니다. 맡기고 의뢰한다는 것은 하나님께 기도하여 하나님의 지혜를 구하는 것입니다. 하나님께서 주시는 지혜대로 순종하면 문제가 해결이 되는 것입니다. 우리가 알아야 할 것은 크리스천은 예수를 믿는 순간에 자신은 죽고 예수로 태어난 사람입니다. 죽은 사람이 문제를 해결할 도리가 없습니다. 다시 사신 예수님이 문제를 해결해야 합니다. 그래서 예수님께 기도하여 알려주시는 지혜대로 순종하는 것입니다.

○ 성령을 체험하면 다되는 것이 아니라는 것입니다. 허리에서부터 얼굴까지 반신불수가 되어 12월 20일부터 다음해 4월 25일 충만한 교회에 오기 전까지 반신불수가 되어 거동을 못하며 집안에서 지내던 목사님의 이야기 입니다. 친한 친구 목사님들이 충만한 교회에 가면 치유가 된다는 말을 듣고 차에 실려 우리 교회 성령치유 집회에 참석하여 은혜를 받았던 이야기 입니다. 그런데 참석한 첫날부터 강한 성령의 불을 받고 온몸이 불덩어리가 되더니 몸이 뒤틀리기 시작했습니다. 악한 귀신들이 발작을 한 것입니다. 제가 "예수 이름으로 명하노니 허리를 잡고 있는 더러운 귀신은 떠나가라"하고 안수 기도를 할 때마다 수많은 귀신들이 발작을 하면서, 소리를 지르면서 떠나갔습니다.

목사님의 이야기입니다. "저는 이때까지 제가 허리디스크와 좌골 신경통으로 이렇게 거동을 못하게 되었지, 악한 영의 역사로 이렇게 되었다고는 꿈에도 생각을 하지 않았고 병원치료만 하였습니다. 한마디로 영적인 무지한이었습니다. 성령님의 인도로 충만한 교회에 와서 성령의 불을 받고 아~ 이것이 영적으로 문제가 되어 발생한 것이구나! 체험적으로 인정을 했습니다.

저는 충만한 교회에 오기 전에 영적인 집회에 참석을 많이 했습니다. 심지어는 미국에 가서 빈야드 집회도 참석을 했습니다. 그때도 몸이 뒤틀리고 발작을 했습니다. 거기 있는 사역자들이 성령의 불을 받은 것이라고 했습니다. 저는 성령의 불을 받았기 때문에 저에게 악한 영이 역사한다는 것은 꿈에도 생각을 못했습니다. 저의 허리를 아프게 하는 것은 악한 영의 역사라고 인정을 하니 귀신이 떠나가고 치유되기 시작하다가 며칠 지나니 저 혼자도 걸을 수가 있었습니다.

강 목사님이 안수 기도를 하면 할수록 몸이 편안해졌습니다. 허리 아픈 것이 점점 없어졌습니다. 몸이 뒤틀리고 발작하는 것도 없어졌습니다. 정말 신기할 정도로 안정을 찾았습니다. 치유되고 능력을 받으니 심령이 읽어지는 지식의 말씀의 은사가 나타나고 안수 기도하면 강요셉 목사님 같이 성령의 역사가 강하게 나타났습니다. 그래서 다시 목회를 시작하니 교회가 점점 부흥이 되었습니다. 몇 개월 다니면서 치유를 받으니 이제 몸도 완치가 되었습니다. 저를 치유하신 하나님에게 영광을 돌립니다."

필자가 이분을 치유하면서 관찰해 보니 지속적으로 안수를 하고 치유하니 진동하는 것이 현저하게 줄어들었습니다. 이분도 몸이 뒤틀리고 발작하는 것이 없어졌습니다. 첫째 날과 둘째 날은 교회의 접의자를 다 차고 다닐 정도로 몸이 뒤틀리고 발작을 했습니다. 점차 치유되어 안정을 찾고 심령에서 성령의 불이 나오는 기도를 하니 목사님에게 역사하던 귀신들이 떠나간 것입니다. 이렇게 기도하고 안수하면 할수록 안정을 찾아야 바른 성령의 역사를 체험하는 것입니다. 우리 속지 맙시다. 이분도 외국의 빈야드 집회에까지 참석했다는데 누구 하나 바로 알려줘서 치유해준 사역자가 없었다는 서글픈 사실입니다. 지금 외국이나 한국이나 성령의 역사에 대한 영적인 분별의 수준들이 이렇습니다.

여기에서 한 가지 더 알아야 할 것은 일반적인 교회에서 열심히 신앙생활을 하면서 부흥회 때 성령을 체험한 분들입니다. 저에게 전화가 오는데 목사님 저는 3년 전 부흥회에서 성령체험을 했습니다. 그런데 기도가 안 됩니다. 왜 그런가요? 이런 분들은 모두 영이 막힌 것입니다. 한마디로 성령을 체험했을 때 심령을 정화시켜야 하는데 그렇지 못하여 상처와 악한 영의 역사가 심령에서 일어나 영이 막힌 것입니다. 이런 분들은 모두 성령의 임재가운데 내면의 상처를 치유하면서 악한영의 역사를 몰아내야 합니다. 그래야 영의 통로가 열려 기도가 됩니다. 심령의 문제를 해결하지 않으면 성령으로 기도가 되지 않습니다.

최초 성령을 체험하면 이런 현상이 나타날 수가 있습니다. 몸이 뻣뻣해집니다. 몸이 뜨겁거나 따뜻합니다. 몸이 시원해집니다. 바람이 느껴집니다. 몸에 전기가 감전된 것같이 찌릿찌릿합니다. 감동이 옵니다. 눈물이 납니다. 자꾸 뒤로 넘어지려고 합니다. 손에 힘이 주어집니다. 몸에 힘이 빠지기도 합니다. 기분 나쁘지 않는 소름이 끼칩니다. 향기가 납니다. 몸이 떨리거나 흔들립니다. 손발이 저리는 느낌을 받습니다. 몸이 떨리거나 흔들립니다. 근육이나 피부의 한 부위가 떨립니다. 호흡곤란을 느끼기도 합니다. 신체 부위가 커지는 느낌이 듭니다. 물을 먹는 것 같습니다. 잔잔하게 내려오는 것 같습니다. 기뻐집니다. 영적인 생각이 나면서 흥분됩니다. 소리가 질러집니다. 입으로 바람이 불어집니다. 자신은 낮아지고 하나님의 경외하심이 느껴집니다. 방언 찬양이 나오기도 합니다. 눈이 부셔 눈을 깜빡깜빡거립니다. 배가 묵직해지면서 힘이 들어갑니다. 술에 취한 것 같이 어지러움을 느낍니다. 잠이 오는 것 같이 졸음이 옵니다.

성령을 초기에 체험하면 이와 같은 현상을 느끼고 체험합니다. 성령께서 장악하시기 때문에 육체에 역사하던 세력이 정체를 폭로하면서 일어나는 현상입니다. 다른 한편으로는 성령께서 자신에게 역사하고 있다는 것을 알게 하기 위해서 일으키는 역사입니다. 성도가 체험과 믿음이 없어서 성령님이 자신에게 역사한다는 것을 잘 믿지 못하기 때문입니다. 성령님은 인격이시기 때문에 이렇게 알고 느끼게 역사하시는 것입니다.

그러나 차츰 성령의 깊은 임재에 장악이 되면 잔잔해지면서 몸으로 느끼는 가시적인 현상이 점차로 줄어듭니다. 점차로 줄어든다면 자신이 성령으로 장악이 되고 있는 증표입니다. 그러나 계속적으로 임재 체험 현상이 나타나면 문제가 있는 것입니다. 알고 대처하기를 바랍니다.

우리는 무슨 현상을 보고. 체험하는 것에 중점을 두지 말고, 자신이 예수님의 성품과 같이 변화되고 있는지에 관심을 두어야 합니다. 너무 나타나는 현상에 눈을 돌리면 영안이 열리지를 않습니다. 바른 성령의 역사가 일어나면 변화되지 말라고 해도 변화되게 되어 있습니다.

ㅇ 항상 영물들이 보인다고 하는 성도는 영적인 문제가 있다는 것입니다. 저는 영적인 문제에 시달리다가 충만한 교회에 오게 되었습니다. 영적인 문제는 다름이 아니고 자꾸 눈에 악한 영들이 보이고, 밤에는 아예 잠을 자지 못할 정도로 불면증과 악한 영의 괴롭힘에 시달렸습니다. 그리고 심한 우울증으로 3년을 고

생을 하였습니다. 그러다가 어느 분의 소개를 받고 충만한 교회에 다니면서 치유를 받게 되었습니다. 와서 영적인 말씀을 듣고 영성 훈련을 하며 시간시간 목사님의 안수를 받으면서 악한 영들이 때로는 울면서 떠나가고, 어떤 때는 악을 쓰면서 떠나가고, 어떤 때는 몸이 뒤틀리다가 떠나가고, 그리고 떠나가면서 각각 형상으로 보여주면서 떠나갔습니다. 그렇게 한 달 정도 치유를 받으니까, 눈에 그렇게 보여서 저를 놀라게 하고 괴롭히던 악한 영들이 서서히 보이지를 않았습니다.

영적인 깊은 말씀을 듣는 중에도 하품을 통해서 말도 못하게 떠나갔습니다. 하루에 화장지 한통이 들어갈 정도로 많은 더러운 것들과 상처들이 치유되었습니다. 한 두 달이 지나니까, 잠이 잘 오고 불면증도 서서히 사라졌습니다. 그리고 악한 것들도 보이지 않고 밤에도 조용하게 잠을 잘 수 있었습니다. 그러나 우울증의 현상은 완전히 없어지지 아니하고 여전히 남아서 저를 괴롭혔습니다. 그래서 끝까지 치유 받아 정상적인 생활을 하겠다고 생각하고 계속 다녔습니다. 4개월이 지나고 5개월 중간쯤 되니까, 마음이 상쾌해지고 삶의 생기가 돌고 우울증이 사라지는 것이었습니다. 그리고 목사님의 말씀이 꿀같이 달게 느껴 졌습니다. 성경을 읽으면 옛날에는 하나도 보이지 않았는데, 눈에 쏙쏙 들어오는 것을 보니 영안도 열린 것이 분명합니다.

그래서 저는 이렇게 생각합니다. "하나님이 못 고칠 질병이 없고 못 떠나보낼 악한 영이 없다. 그리고 눈에 악한 영이 보인다고 자랑하는 사람들은 정신적으로 영적으로 조금 문제가 있는 사람이다." 이렇게 체험적으로 알게 되었습니다. 왜냐하면 그렇게 낮이나 밤이나 눈에 보이면서 괴롭히던 귀신들이 말씀과 성령으로 치유되니 봄에 하얀 눈이 녹아 없어지듯이 없어졌기 때문입니다.

○ 목회자가 현실 문제를 도저히 해결할 수 없다는 말을 해서는 안 됩니다. 지난 여름방학 때 중년여성이 집회에 몇 주 연속으로 참석했습니다. 처음 참석했을 때는 영적으로 정신적으로 피폐한 상태였습니다. 정말로 성도인가 하고 의심할 정도로 심각했습니다. 지속적으로 집회를 참석하더니 점점 좋아졌습니다. 방학이 끝날 즈음에 토요일 집중치유를 받았습니다. 집중치유가 끝난 다음에 필자에게 이렇게 말하는 것입니다. 자신이 치유될 수가 있느냐는 것입니다. 그래서 하나님께서 해결하지 못할 문제가 무엇이 있겠습니까? 걱정하지 마시고 지속적으로 참석하시면 정상으로 회복이 됩니다. 지금 상태가 많이 좋아졌지 않습니까? '예 아주 좋아졌습니다.' 그러면서 여성이 하는 말이 다른 여러 곳의 목사님들이 도저히 해결이 불가능하다고 했다는 것입니다. 자신은 교사인데 거의 포기하는 마음을 가지고 살아오다가 지인의 소개로 충만한 교회를 오게 되었다는 것입니다.

필자가 어떤 목회자들인지 몰라도 성도님에게 도저히 해결할 수 없다고 말한 것은 목회자 자신이 해결할 수 없다는 말입니다. 사람의 말에 신경 쓰지 말고 지속적으로 오셔서 해결을 받으라고 했습니다. 목회자들은 언어사용에 신경을 써야 합니다. 하나님은 목회자의 언어에 따라 역사하시기 때문입니다. 이 여성은 지속적으로 오서서 완전하게 해결을 받았습니다. 성령의 깊은 치유를 하면 고치지 못할 문제가 없습니다.

○ 직계혈통에 무속인이 있는 분들은 무속의 영이 잠복하고 있습니다. 일부 목회자들이 예수만 믿으면 혈통의 문제가 완전히 해결되는 것으로 성도들에게 가르칩니다. 필자가 체험한 바로는 그렇지 못합니다. 목사님이라도 혈통에 무속인이 있으면 무속의 영이 성령의 임재가 되면 정체를 드러냅니다. 손을 흔들면서 기도를 하는데 성령으로 충만한 상태에서 기도하는 것과 같은 현상이 일어나 분별하는 것이 쉽지 않다는 것입니다. 손을 흔들거나 몸을 흔들면서 기도하는데 분별이 그리 쉽지 않습니다. 저와 같이 성령사역을 오래하여 전문적인 분별능력을 소유한 사람만이 분별이 가능합니다. 만약에 자신의 혈통에 무속인이 있는 분들은 특별한 관심을 가지고 축귀하려고 해야 합니다. 인정하고 축귀하려 하면 쉽게 정체를 폭로하고 떠나가기 때문입니다. 무속의 영이 축귀되면 더 이상 손을 흔들면서 기도하거나 몸을 흔들면서 기도하지 않습니다. 만약에 축귀하지 않으면 되는 것이 하나도 없습니다. 목회도 안 됩니다. 그리고 주변사람들이 고통을 당합니다. 특별하게 뼈와 신경계통의 질병이나 근육통이 생겨서 잠을 자지 못할 정도로 고통을 당합니다. 남편 목사님의 혈통에 무속인이 있다면 사모님이 앞에서 말씀드린 뼈와 신경의 문제나 근육통이나 우울증이나 불면증으로 고통을 당하기도 합니다.

○ 직계 가족 중(할아버지/할머니/아버지/어머니)에 중풍이 있는 분들은 사전에 중풍의 영을 축귀하여 예방을 해야 합니다. 필

자가 그동안 성령치유 사역을 하면서 체험한 바로는 중풍의 내력이 있는 분들은 거의 모두 중풍의 영이 있었습니다. 성령의 임재가 충만해지면 중풍 걸린 모습을 드러냅니다. 목사님도 성도님도 모두 중풍의 영이 드러나 손이 오그라들면서 다리가 마비됩니다. 축귀를 하는 사역자나 환자는 절대로 두려워할 필요가 없습니다. 떠나가려고 드러난 것이기 때문입니다. 1-2시간 성령의 임재를 유지하면서 기도하면 축귀가 됩니다. 성령께서 중풍의 영을 장악하는데 시간이 걸린다는 말입니다. 2-3회 축귀를 하면 정상이 됩니다. 문제는 사전에 알고 예방하는 것이 중요합니다. 직계 가족 중(할아버지/할머니/아버지/어머니)에 중풍이 있는 거의 모든 성도들이 다 중풍의 영이 잠복하고 있습니다.

○ 귀신은 성령의 역사가 환자의 마음 안에 있는 영에서 올라와야 성령의 권능으로 귀신이 축귀됩니다. 아무리 성령으로 충만하고 전문적인 능력 있는 목사라도 성령으로 장악되지 않고, 환자의 마음 안에서 성령의 역사가 일어나지 않으면 밖에서 아무리 불러내어 축귀하려고 해도 축귀되지 않습니다. 그러므로 축귀사역자는 자신에게 역사하는 성령을 환자에게 전이 시켜서 환자가 성령으로 장악이 될 때까지 기다려야 합니다. 축귀는 단번에 할 수 없는 사역이라는 것을 인정해야 합니다. 성령께서 장악하시는 만큼씩 귀신이 떠나가기 때문입니다. 약한 귀신들은 단번에 축귀가 가능하지만, 강한 귀신은 성령이 장악되어야 떠나갑니다. 필자가 토요일 집중치유하면서 체험한 바로는 2시간 10분 이상 되어야 정체를 드러내고 떠나가기도 합니다. 축귀는

인내력이 필요한 사역입니다. 사명감이 있어야 이런 사역을 할 수가 있습니다. 마찬가지로 깊은 성령의 임재가 장악해야 깊은 곳의 상처와 질병도 치유가 됩니다.

○ 안일한 생각을 가지거나 쉽게 생각하여 안수한번 받아 문제를 해결 받으려고 생각하거나 시도하지 말아야 합니다. 안수 한번 받아서는 결코 영육의 문제가 해결이 안 됩니다. 성령께서 장악하여 말씀의 비밀을 깨닫는 만큼씩 문제가 해결이 됩니다. 그렇기 때문에 환자는 먼저 문제를 해결하려고 덤비지 말아야 합니다. 예배에 참석하고 기도하면서 성령으로 세례를 받아야 합니다. 성령으로 세례를 받고 성령의 인도를 받으면서 마음의 상처와 자아를 부수고, 혈통에 역사하는 세상의 영들을 축귀하면서 하나님과 관계를 열어야 합니다. 열린 하나님과 관계를 이용하여 하나님의 음성을 듣고 순종하면서 문제를 해결하려고 해야 합니다. 하나님께 문제의 원인을 알려달라고 기도하여 알려주신 방법으로 해결하면서 문제가 치유되는 것입니다.

○ 권능의 나타남도 성령으로 장악이 되고 말씀의 비밀을 깨닫는 만큼씩 강해지는 것입니다. 많은 목회자나 성도들이 능력 있는 목사에게 안수 받아서 가슴이 뻥 뚫리면 권능 있는 목회자가 되는 줄로 착각하고 있습니다. 한마디로 착각입니다. 성령으로 세례 받고, 성령으로 기도하면서 말씀의 비밀을 깨닫고 내면이 치유되고 자아가 부수어지고 혈통의 문제가 해결이 되는 만큼씩 강해집니다. 요즈음 성령의 불의 역사가 강하다는 기도원에서 7년씩 상주하면서 성령의 불을 받으려고 하는 분들이 계시

는데 이분들의 생각대로 되지 않습니다. 자신이 성령으로 장악이 되어 말씀의 비밀이 깨달아 지고 성령으로 깊은 영의기도를 하는 영적수준이 되어야 성령의 권능이 강해지는 것입니다.

○ 혈통의 대물림에 대한 치유입니다. 교계에 "가계에 흐르는 저주를 끊어라"로 한때 유행하던 사역입니다. 일부 보수적인 목회자들이 예수를 믿으면 새 사람이 되었기 때문에 혈통의 문제가 자동으로 해결이 되는 것으로 알고 등한히 하고 있습니다. 그런데 필자가 그동안 개별적으로 성령치유 사역을 하면서 실제적으로 체험한 바로는 그렇지 않더라는 것입니다. 필자의 경우도 혈통의 문제로 인하여 알게 모르게 영육의 고통을 당했습니다.

성령 체험을 함과 동시에 성령치유 사역을 한창 하던 때의 낮에 사모와 함께 기도하고 있는데 갑자기 성령께서 "혈통으로 대물림 되어서 너의 목회를 방해하고 가난하게 하는 귀신을 몰아내라!"라고 하시는 것입니다. 그래서 저는 "예수 이름으로 명하노니 나의 목회를 방해하고 가난하게 하는 더러운 귀신은 예수 이름으로 명하노니 물러갈지어다" 하고 세 번을 명령 하였습니다. 그랬더니 막 하품이 나오기를 한 20여 차례 나오면서 더러운 귀신들이 떠나가는 것이었습니다. 그러기를 한참 하더니 곧이어 아랫배가 뒤틀리고 아프면서 귀신들이 떠나갔습니다. 이후에 서서히 재정이 풀렸습니다. 물질이 풀려서 교회 뒤에서 살던 삶도 마감했습니다. 아파트 34평을 임대하여 나가게 해주셨습니다. 혈통에 흐르는 방해하는 존재를 몰아냈더니 풀렸습니다. 상세한 것은 "가계에 흐르는 고통을 끊고 축복받는 비결"을 읽어 보시기 바랍니다.

5부 유형 교회 관을 명확하게 하라

21장 하나님께 집중하도록 바꾸는 교회

(시 62:5)"나의 영혼아 잠잠히 하나님만 바라라 무릇 나의 소망이 그로부터 나오는도다"

목회자는 습관적으로 하나님께 집중해야 합니다. 하나님께 집중하는 목회자는 하나님께 쓰임을 받을 수가 있습니다. 하나님은 하나님께만 집중하시를 원하십니다. 레위기 11장에 보면 먹을 수 있는 짐승과 먹을 수 없는 짐승이 있습니다. 먹을 수 있는 짐승은 하나같이 앞만 보고 우는 짐승입니다. 예를 든다면 "곧 그 중에 메뚜기 종류와 베짱이 종류와 귀뚜라미 종류와 팥중이 종류는 너희가 먹으려니와(레 11:22)" 귀뚜라미는 좌로나 우로나 치우치지 않고 앞만 보고 뛰어갑니다. 그리고 잘 웁니다. 이와 같이 하나님은 하나님만 바라보고 늘 깨어서 하나님께 기도하는 성도를 좋아하십니다. 하나님께서 좋아하시는 꽃 중에는 살구꽃입니다. 살구꽃은 이스라엘에서 제일먼저 피는 꽃이라는 것입니다. 제일 먼저 꽃을 피우려니 잠을 자지 않고 봄날이 오기만 기다리기 때문에 하나님께서 좋아하시는 것입니다.

우리는 우리가 바라보는 대상에 따라 삶이 달라지는 것입니다. 나를 바라보면 나 같은 인간이 됩니다. 환경을 바라보면 환경과 같은 인간이 됩니다. 하나님을 바라보면 하나님과 같은 영적인 사람은 되고 마는 것입니다. 사람은 그 무엇을 바라보는가가 그 마음을 점령하게 되는 것입니다.

하나님은 우리 크리스천들이 현실 문제를 하나님의 방법으로 해결하게 하시면서 하나님만 바라보게 하십니다. 하나님만 바라봐야 됩니다. 그래서 하나님은 하나님만 바라보는 사람을 좋아하십니다. "눈에는 아무 증거 안보이고 귀에는 아무 소리 안 들리고 손에는 잡히는 것 없어도 천지와 만물을 지으시고 우리를 구원하신 하나님만 바라보자." 모세는 그런 사람이었습니다. 3백만 이스라엘 백성을 거느리고 애굽을 떠나 나오는데 바로 왕이 대 군대를 동원해서 습격해서 따라오므로 피할 곳이 없었습니다. 군대도 없고 무기도 없는데 어떻게 하는 것입니까? 이스라엘 백성이 아우성을 치는 것입니다. "모세야! 어디 장지가 없어서 우리를 광야로 데려와서 죽게 하느냐? 항복하고 돌아가자!" 그러나 모세는 오직 그 담장 너머 계신 하나님만 바라본 것입니다. 애굽의 병거와 군대들을 뛰어 넘어서 천지와 만물을 지으신 하나님을 바라보았던 것입니다.

출애굽기 14장 13절로 14절을 보겠습니다. "모세가 백성에게 이르되 너희는 두려워하지 말고 가만히 서서 여호와께서 오늘 너희를 위하여 행하시는 구원을 보라 너희가 오늘 본 애굽 사람을 영원히 다시 보지 아니하리라. 여호와께서 너희를 위하여 싸우시리니 너희는 가만히 있을지니라" 너희는 동요하지 말고 하나님만 바라보라는 것입니다. 애굽 군대도 바라보지 말고 병거도 바라보지 말고 환경도 바라보지 말고 너를 구원하신 하나님만 바라보라는 것입니다. 그러면 하나님께서 건져 주신다. 이 믿음이 참 믿음인 것입니다. 나를 바라보면 모든 일에 내가 한계가 있어서 더 이상 나가지 못해요. 나와 환경을 동시에 바라보면 의심이 생겨서 불안해서 살아갈 도리가 없어요. 나도 바라보지 말고 나와 환경을 번갈아 바라보지 말고 오직 주님만 바라보는 것입니다. 하나님의 약속의 말씀을 듣고 보고 생각하고 말씀에만 서서 나가는 것입니다. 이것은 힘든 일이지만 그렇게 할 때 기적이 나타나는 것입니다. 하나님만 바라보고 하나님을 우리가 잘 깨달아 알고 말씀을 알고 하나님 안에서 꿈과 희망을 가지는 것입니다. 환경에서는 꿈과 희망이 없기 때문에, 아무리 현실 문제가 크고 고난이 강해도 "하나님 안에서 할 수 있다. 하면 된다. 해보자." 꿈과 희망을 가지고 믿는 것입니다. 도저히 의지할 곳이 없는데 하나님 앞에서 기적이 일어날 것을 믿고 담대하게 하나님이 우리와 같이 계시므로 하나님을 바라본다고 우리가 외쳐야 되는 것입니다.

시편 123편 1절로 2절에 "하늘에 계시는 주여 내가 눈을 들어 주께 향하나이다. 상전의 손을 바라보는 종들의 눈 같이, 여주인의 손을 바라보는 여종의 눈 같이 우리의 눈이 여호와 우리 하나님을 바라보며 우리에게 은혜 베풀어 주시기를 기다리나이다" 종이 주인의 손만 바라보는 것입니다. 다른 것 바라보면 목이 날아갑니다. 주인이 무엇을 시킬지 모르니까 여종이 주모의 손만 바라보는 것입니다. 그처럼 우리가 하나님만 바라보아야 되는 것입니다. 현실문제가 아무리 크더라도 하나님만 바라보면서 하나님께 기도하면 기발한 방법을 알려주십니다. 알려주시는 대로 순종하면 기적 같이 문제가 해결이 되는 것입니다.

우리가 세상에 취해서 있다가 하나님을 바라보고, 하나님을 바라보다가 세상에 취해 있고, 그러면 하나님이 말씀할 때 귀를 기울여 들을 수가 없게 되는 것입니다. 하나님만 알고 하나님 안에서 우리는 모든 꿈과 환상과 믿음을 가지고 나가야 되는 것입니다. 담대한 신앙을 갖고서 우리는 하나님만 의지한다고 외쳐야 되는 것입니다. 하나님을 바라보는 것은 앤드류 머레이 목사님이 이런 말을 했습니다. "우리가 하나님을 바라보면 만사가 형통하게 된다."고 말한 것입니다. 하나님을 마음속에 간직하고 하나님 안에서 내 꿈과 환상을 갖고 믿음을 갖고 하나님만 의지한다고 입으로 시인하면서 모시고 있으면 하나님이 우리 가슴속에서 역사하기 시작하는 것입니다. 하나님은 환경에서부터 역사하는 것이 아니라, 가슴속에서부터 역사하기 시작하는 것입니다. 내 가슴이 텅 비었으면 환경에서 아무리 하나님을 찾아도 찾을 수가 없는 것입니다. 하나님은 가슴속에 와서 마음을 점령하고 난 다음에 그곳에서 환경을 다스리는 것입니다. 그렇기 때문에 가슴속에 하나님을 꽉 모시고 하나님의 뜻을 따라서 생각하고 꿈꾸고 말하면 하나님이 믿음을 통해서 역사하는 것입니다.

미국의 노먼 빈센트 필 목사님은 "낙심과 불안 가운데 소망을 하나님께 둔다면 반드시 인생의 성공을 경험할 것이다."라고 말한 것입니다. 낙심과 소망을 바라보지 말고 하나님을 바라보아서 하나님이 마음을 점령하게 해야 되는 것입니다. 우리는 눈을 들어 결코 우리를 버리지 아니하시고 떠나지 아니하시는 영원하신 하나님을 바라보고, 이 하나님을 마음속의 주인으로 모셔야 되는 것입니다. 이것이 바라봄의 법칙의 중요한 것입니다. 나를 바라보고 있으면 나 밖에 안보여요. 내가 뭘 할 수 있습니까? 뭘 할 수 있어요? 지혜와 총명과 모략과 재능과 지식이 하나님처럼 탁월하지 못하기 때문에 자신보다 큰 것은 감당을 못합니다. 자연스럽게 자기 수준의 삶을 살 수밖에 없습니다. 환경은 이것보고 저것 보고 저것 보고 이것 보고 저것 보면 나중에 눈이 어지러워지고 집중된 믿음을 가지지 못합니다. 하나님은 영이시기 때문에 몰입하고 집중해야 하나님의 지혜를 알 수 있는 것입니다. "오직 하나님만 바라본다. 환경을 바라보지 않는다. 바람이 불고 파도가 쳐도 하나님만 바라본다." 그러면 그 하나님이 마음속을 점령하게 되는 것입니다.

무엇을 바라보든지 바라보는 것이 우리 마음을 점령하는 것입니다. 컴퓨터를 끊임없이 바라보고 있으면 컴퓨터가 마음을 꽉 채우게 되고, 게임을 늘 바라보고 있으면 게임이 마음속에 꽉 채우게 되고, 잡지의 스토리만 자꾸 생각하면 잡지가 내 마음을 꽉 점령하게 되고, 하나님의 말씀을 늘 생각하고 바라보면 말씀이 마음을 점령하게 되는 것입니다. 마음에 무엇이 점령하는가가 중요한 것입니다. 자신의 마음을 하나님이 점령하도록 하나님께만 집중해야 합니다. "지킬만한 것보다 네 마음을 지켜라. 생명의 근원이 이에서 난다"고 말한 것입니다.

그렇기 때문에 우리가 하나님을 바라보는 것은 하나님으로 말미암아 마음이 점령당하는 것을 말하는 것입니다. 바라봄의 법칙이 그렇게 중요한 것입니다. 우리가 도저히 믿음이 안 생기는 것도 하나님을 바라보면 마음이 하나님께 점령되면 믿음이 생겨나는 것입니다. 우리는 눈을 들어 결코 우리를 버리지 아니하시고 떠나지 아니하시는 하나님을 바라보고 영원한 하나님이 나와 같이 계신 것을 의지해야 되는 것입니다. 히브리서 13장 5절로 8절에 "그가 친히 말씀하시기를 내가 결코 너희를 버리지 아니하고 너희를 떠나지 아니하리라 하셨느니라. 그러므로 우리가 담대히 말하되 주는 나를 돕는 이시니 내가 무서워하지 아니하겠노라 사람이 내게 어찌하리요, 하노라. 하나님의 말씀을 너희에게 일러주고 너희를 인도하던 자들을 생각하며 그들의 행실의 결말을 주의하여 보고 그들의 믿음을 본 받으라 예수 그리스도는 어제나 오늘이나 영원토록 동일하시니라" 예수님은 죽었다가 부활하시므로 말미암아 부활 이후에는 시간과 공간을 초월해서 옛날이나 오늘이나 내일이나 똑같이 우리와 같이 계신 것입니다. 그러므로 우리는 눈을 들어 언제나 십자가를 바라보아야 되는 것입니다. 우리가 십자가를 바라보고 십자가의 진리가 우리 마음을 점령하면 그것이 우리 생활에 나타나게 되는 것입니다.

우리는 믿음의 주요 또 온전케 하시는 예수님을 힘차게 바라보고 갈보리 십자가를 바라보고 십자가를 통해서 우리 마음이 점령을 당해야 되는 것입니다. 히브리서 12장 2절에 "믿음의 주요 또 온전하게 하시는 이인 예수를 바라보자 그는 그 앞에 있는 기쁨을 위하여 십자가를 참으사 부끄러움을 개의치 아니하시더니 하나님 보좌 우편에 앉으셨느니라"

십자가를 바라보고 십자가의 의미를 마음속에 되새겨야 되는 것입니다. 십자가를 바라보고 무슨 꿈을 꾸는 것입니까? 십자가를 바라보면 마음속에 용서의 꿈을 꾸게 되는 것입니다. 십자가를 바라보면 거룩하고 성령 충만의 꿈을 꾸게 되고, 십자가를 바라보면 치료받고 건강하게 되는 꿈을 꾸게 되고, 십자가를 바라보면 저주에서 해방되어 아브라함의 축복을 받는 꿈을 꾸게 되고, 십자가를 바라보면 사망과 음부를 극복하고 영생복락을 얻는 꿈을 마음속에 그리게 되는 것입니다.

마태복음 8장 23~34절에 보면 갈릴리 호수에서 풍랑을 만난 예수님의 제자들의 이야기가 기록되어 있습니다. 예수님께서 가다라 지방의 군대 귀신들린 자를 구원하시러 갈릴리 호수를 배를 타고 건너가고 있었습니다. 갈릴리 호수에 이르러 제자들의 가슴속에 세상을 향한 사랑이 들어오자 예수님과는 멀어졌습니다. 그들은 세상의 부귀, 영화, 공명을 생각하고, 그 이야기에 꽃을 피우는 동안에 예수님은 홀로 대화의 상대가 없이 계시다가 주무시고 만 것입니다. 예수님과 제자들이 각각 다른 세계에 처하게 된 것입니다. 예수님은 하늘나라에서 오셔서 하늘나라의 일을 말씀하는데, 제자들은 세상에 속하여서 세상나라 이야기를 하고, 세상 생각을 하므로 하늘나라와 세상나라가 함께 있을 수가 없어 거기에 간격이 생길 수밖에 없었습니다. 제자들이 주님을 중심으로 주님과 대화하고 주님의 말씀에 귀를 기울일 때는 하늘나라가 그들 속에 와있었지만, 예수님과 멀리 떨어지고 예수님의 말씀에 귀를 기울이지 아니하고 예수님과 대화를 그치자 세상나라가 들어오고 세상이 그 마음속에 들어와서 세상의 대화를 하니 예수님과의 거리가 멀어져 버리고 만 것입니다. 같은 배에 타고 있어도 주님과 대화하며 주님께 집중하지 않으면 세상이 들어오고, 마귀가 역사하는 것입니다.

우리도 예수님으로부터 멀어질 수 있다는 것을 우리가 늘 마음속에 기억해야 되는 것입니다. 무엇이 세상으로 우리를 이끌고 가는지 아십니까? 우리의 마음속에 탐욕이 들어오면 탐욕이 우리와 주님 사이를 갈라놓고 마는 것입니다. 세상이 만일 우리 마음속에 들어오면 그 세상 틈을 통해서 풍랑도 함께 들어오는 것입니다. 하나님과 우리 사이에 세상이 들어오면 세상의 주인 된 마귀가 따라 들어오는 것입니다. 탐욕이 들어오고 교만이 들어오고 불신앙이 들어오고 불순종이 들어오면 하나님과 우리 사이에 거리를 두게 되는 것입니다. 주님과 우리 사이에 간격을 두게 되고 그 빈틈을 통해서 세상이 밀물처럼 밀려 들어오면 그 밀물을 타고 사탄이 들어오는 것입니다. 예수님과 제자들이 배를 타고 갈릴리 호수를 지나가는데 예수님과의 교제가 끊어졌습니다.

예수님은 팔을 베개하고 주무셨습니다. 그 틈에 사탄이 들어왔습니다. 마귀는 그 배를 뒤엎어서 예수님과 제자들을 멸망시키려고 한 것입니다. 그래서 한낮에 하늘에 먹구름이 끼고 천둥번개가 치고 거센 바람이 불어와서 갈릴리 호수에 거대한 풍랑이 일어나게 된 것입니다. 이 풍랑을 제자들이 잠재워 보려고 무수히 애를 썼습니다. 물을 퍼내고 돛을 감아 들이고 온갖 일을 다 해도 배는 물에 가라앉고 있었습니다. 우리의 인생에 하나님과 간격이 벌어져서 풍랑이 일어났을 때 하나님 없이 우리 스스로 문제를 해결하려고 발버둥을 쳐도 소용이 없습니다.

마귀가 일으키는 세상의 풍랑은 인간의 힘으로 다스릴 수 없습니다. 오직 주님을 찾아야 풍랑이 잠잠해질 수가 있는 것입니다. 어떻게 풍랑을 잠재워야 되겠습니까? 회개하는 길밖에 없습니다. 큰 풍랑이 일어나 배가 침몰할 위기에 처하자 그때야 제자들은 예수님이 배에 같이 탄 것을 알았습니다. 그전에는 세상이 들어와서 예수님이 함께 계신 것조차 의식하지 못했습니다. 풍랑이 들어와서 죽게 되자 예수님이 함께 배에 타고 있고 예수님이 주무시고 있는 것을 깨닫게 되고, 예수님께 가까이 나가서 주님을 깨웠습니다. "주여! 주여! 우리가 죽게 되었습니다." 그들은 비로소 주님 없이 살 수 없는 그들의 형편을 깨닫고 회개하고 돌아선 것입니다. 부귀, 영화, 공명 다 가져도 물에 빠져 죽어버리면 무슨 소용이겠습니까? 무엇보다 귀한 것이 예수님의 신앙이라는 것을 그들은 다시 한 번 마음속에 깊이 깨닫게 된 것입니다. 탐욕과 교만과 불신앙과 불순종을 떠나고 버려야 예수님을 깨울 수가 있는 것입니다. 예수님과 우리 사이에 무엇이 틈을 내었습니까? 바로 탐욕과 교만과 불신앙과 불순종이 그 틈을 내었는데 그 틈을 없애 버리기 위해서는 회개해야 되는 것입니다. 탐욕을 회개하고 교만을 회개하고 불신앙을 회개하고 불순종을 회개하고 주님께 손들고 나와야 되는 것입니다.

주무시는 주님을 깨우니 주님께서는 바다를 향해서 '고요하

라. 잠잠하라'고 꾸짖었습니다. 물을 보고 꾸짖습니까? 살아있어 듣고 있는 존재를 향해서 꾸짖고 계시는 것입니다. 풍랑을 일으킨 배후의 마귀를 보고 주님이 꾸짖으신 것입니다. '고요하라. 잠잠하라.' 바람과 바다를 꾸짖었다고 성경에 말했습니다. 주님께서 꾸짖은 것은 바람과 파도의 배후에 있는 원수 마귀를 꾸짖으신 것입니다. 풍랑은 귀신이 일으킨 것입니다. 결국에는 예수님이 풍랑도 잠잠케 하시고 군대마귀도 쫓아내신 것입니다.

요한 1서 3장 8절에 "죄를 짓는 자는 마귀에게 속하나니 마귀는 처음부터 범죄함이니라 하나님의 아들이 나타나신 것은 마귀의 일을 멸하려 하심이니라" 베드로전서 5장 8절로 9절에 "근신하라 깨어라 너희 대적 마귀가 우는 사자 같이 두루 다니며 삼킬 자를 찾나니 너희는 믿음을 굳게 하여 저를 대적하라. 이는 세상에 있는 너희 형제들도 동일한 고난을 당하는 줄을 앎이니라"고 말씀한 것입니다. 우리가 회개하고 돌아오면 우리 가정에서 귀신을 쫓아내야 가정이 평안해 지는 것입니다. 교회에서 귀신을 쫓아내야 교회가 잠잠해지지요. 직장에서 사회에서 귀신을 쫓아내어야 조용해지는 것입니다. 귀신은 예수께서 오시면 쫓겨나가는 역사가 일어납니다.

주님이 우리에게 와서 회개하라. 천국이 가까왔다 하시고 가장 먼저 하신일이 귀신을 쫓아내는 일을 하신 것입니다. 모든 인생의 불행과 풍랑은 마음이 세상으로 행할 때 귀신이 가져오는 것입니다. 귀신은 도적질하고 죽이고 멸망시키는 일을 하는 것입니다. 주님께서 오신 것은 귀신을 쫓아내고 우리에게 평안을 주시기 위해서 오신 것입니다. 그러므로 우리가 탐욕을 회개하고 교만을 회개하고 불순종과 불신앙을 회개하고 주님과 우리 사이의 막힌 담을 헐어 버리고 주무시는 주님을 깨워 일으키면 주님은 우리 가운데 오셔서 도적질하고 죽이고 멸망시키는 마귀와 귀신들을 일격에 내어 쫓아주시는 것입니다. 우리의 개인의 삶 속에 우리의 가정에 우리의 사회, 국가에 주님을 주무시게 해 놓고 주님을 그대로 두면 풍랑은 사라지지 않습니다. "저가 나를 사랑한즉 내가 저를 건지리라. 저가 내 이름을 안즉 내가 저를 높이리라. 저가 내게 간구하리니 내가 응답하리라. 환난 때 저와 같이하여 저를 건지고 영화롭게 하리라." 주님께서 우리 가운데 깨어나시면 주께서 모든 문제를 해결해 주시는 것입니다.

하나님의 말씀을 믿고 세상을 바라보지 않아야 기적이 일어나는 것입니다. 마태복음 14장 28-29절에 보면 베드로가 주님께 말씀을 구했습니다. 그냥 주님이 물위로 걸어오니까 주님이다 생각하고 어림 짚고 물속에 뛰어 들어간 것은 아닙니다. 파도가 치고 바람이 불고 캄캄한데 어디 감히 모험하려고 들어갔다가 살아남겠습니까? 그는 확실히 의지할 수 있는 말씀을 구한 것입니다. 베드로는 '주시어든 나로 물위로 걸어오게 하소서.' 마태복음 14장 28절로 29절에 "베드로가 대답하여 이르되 주여 만일 주님이시거든 나를 명하사 물 위로 오라 하소서, 오라 하시니 베드로가 배에서 내려 물 위로 걸어서 예수께로 가되" 하나님께 집중해서 음성을 들어야 합니다.

우리가 기도해서 이 기록된 말씀 속에서 성령이 우리에게 들리도록 하실 때 그것이 내게 주시는 레마가 되는 것입니다. 기록된 말씀은 그냥 기록된 말씀으로 읽는 것이고 듣는 것이 아닙니다. 보는 것하고 듣는 것하고 다른 것입니다. 성경을 읽을 때 성령이 우리에게 직접 마음속에 들리게 하시면, 그것은 읽은 말씀이 아니고 들은 말씀이 되는 것입니다. 그럴 때 그것이 레마가 되는 것입니다. 예수님께서는 물위로 걸어오실 때 베드로가 마음속에 '아~ 성경을 보니까 이스라엘 백성이 홍해를 육지같이 건넜다 하더라. 나도 예수께 가자.' 그렇게 했더라면 물에 빠져 죽었습니다. 베드로는 '주여! 기록한 말씀대로 하는 것이 아니라, 내게 직접 말씀하여 주시옵소서. 지금 내게 말씀하여 주시옵소서.' 그는 눈으로 본 말씀을 가지고 행한 것이 아니라, 들은 말씀을 가지고 나간 것입니다. 믿음은 감각과 환경을 또 극복해야 되는 것입니다. 내가 믿었다고 해서 바람도 안 불고 파도도 안치는 것이 아닙니다. 환경은 변하지 않습니다. 바람은 여전히 불고 파도는 여전히 쳤습니다만 주님께 집중하며 나가는 것입니다. 주님께 집중하고 나가도 환경이 가만히 있지를 않습니다. 우리는 믿음으로써 환경과 싸워야 되는 것입니다.

히브리서 12장 2절에 "믿음의 주요 또 온전하게 하시는 이인 예수를 바라보자" 풍랑 속에서도 예수님을 바라보고 마음의 평안을 유지해야 되는 것입니다. 의심과 두려움이 들어오면 환경과 감각에 지고 마는 것입니다. 환경과 감각은 우리에게 말합니다. "너 믿은 것 헛된 것이다. 믿었지만, 아직 바람이 불지 않느냐. 믿었지만, 아직 파도가 치지 않느냐. 파도 소리를 들어보라.

저 물보라를 보라. 저 바람 소리를 들어 보라"고 말하는 것입니다. 환경과 감각은 현실을 가지고 우리에게 끊임없이 의심하게 하고 두려워하게 하는 것입니다. 그래서 하나님은 풍랑을 바라보지 말고 하나님께 집중하라고 말씀하시는 것입니다. 말씀에 굳건히 서서 들려오는 바람과 파도소리를 무시하고 나아갈 수 있어야 되는 것입니다. 그래서 하나님은 크리스천들이 세상을 바라보지 않고 하나님께 집중하기를 원하시는 것입니다. 주님께 집중하며 현실의 문제가 해결될 때까지 기다려야 합니다. 없는 것을 있는 것같이 고백해야 되는 것입니다. 그렇게 하면 믿음이 이기게 되는 것입니다. 야고보서 1장 6절로 7절에 "오직 믿음으로 구하고 조금도 의심하지 말라 의심하는 자는 마치 바람에 밀려 요동하는 바다 물결 같으니 이런 사람은 무엇이든지 주께 얻기를 생각하지 말라"고 말한 것입니다. 믿음의 주요 온전하게 하시는 이인 예수님을 바라보고 하나님께 감사하고 찬미하면, 우리는 하나님과 함께 있게 되며 행복으로 가는 문이 열리게 되는 것입니다.

범사에 모든 일에 감사하면 모든 염려와 근심과 걱정도 감사의 힘에 의해서 사라져버리고 마는 것입니다. 우리의 눈이 영원하신 하나님을 바라보고 하나님이 마음속에 꽉 들어차고 하나님을 감사할 때에, 탄식이 변하여 기쁨이 되고, 재 대신에 화관을 쓰게 되는 놀라운 구원을 체험하게 될 것입니다. 고난과 역경 가운데에서도 믿음의 주요 온전케 하시는 예수님을 바라보고 예수님을 의지하고 감사하는 성도가 되셔야 하는 것입니다. 그러면 생활에 변화를 가져올 수 있는 것입니다. 우리들은 신앙생활을 하면서 하나님께 집중해야 합니다. 우리들이 살아가는 세상의 삶의 모든 근원이 하나님께로부터 비롯되고, 우리들에게 필요한 모든 영적인 에너지가 하나님께로부터 공급되기 때문입니다. 현실문제의 해답이 하나님께 있기 때문입니다. 반대로 하나님께 집중하기를 게을리 하게 되면 우리들의 마음은 세상의 것에 흔들리기 시작하고 흔들리기 시작한 우리들의 마음은 요동하여 현실의 문제와 고난이 강해집니다. 하나님께 집중해야 하는 것은 때와 시기가 따로 지정되어 있지 않습니다. 왜냐하면, 마귀가 하나님께 집중하지 않고 쉬는 틈을 타서 역사하려고 하기 때문입니다. 하나님께 집중할 때 우리들은 하나님의 보호하심으로 마귀의 공격으로부터 피할 수가 있습니다.

하나님께 집중할 때 우리들은 하나님에 대한 아는 지식이 생기고 하나님의 은혜로 하나님과 깊은 사귐의 시간을 갖게 됩니다. 하나님께 집중할 때 하나님을 더 사랑하게 되고 하나님을 그 어느 때보다 더 사모하게 됩니다. 하나님께 집중할 때 그 어느 때보다 영적인 에너지를 공급받고 공급받은 영적인 에너지를 통해 강력한 영적인 파워를 발휘할 수 있습니다.

하나님께 집중함으로써 하나님이 허락하신 지혜와 지식으로 우리들은 험난한 이 세상을 하나님의 인도하심을 따라 살아갈 수 있습니다. 하나님께 집중한다는 것은 단순히 주일날 교회에 나와 자리만을 채우는 것을 의미하는 것은 아닙니다. 하나님께 집중한다는 것은 우리들의 생각이나 마음이 하나님께 바로 세워져 있다는 것입니다. 하나님만이 인생의 소망과 꿈이 되신다는 것입니다.

22장 성도들의 현실 문제를 해결하는 교회

(신4:29)"그러나 네가 거기서 네 하나님 여호와를 찾게 되리니 만일 마음을 다하고 뜻을 다하여 그를 찾으면 만나리라"

목회자는 하나님께서 성도들의 현실 문제를 해결하여 주신다는 강한 믿음이 있어야 합니다. 그래야 문제를 가지고 찾아오는 성도들을 치유할 수가 있습니다. 교회는 문제있는 성도들을 치유하여 하나님의 나라가 되게 하는 곳입니다. 하나님은 성도들을 현실 문제를 통하여 하나님을 찾게 하십니다. 자꾸 하나님을 찾다가 보니까, 영적으로 바뀌기 때문입니다. 하나님은 성도들이 현실문제로 고통을 당해도 찾지 않으면 만나주지 않으십니다. 하나님은 찾아야 만나주십니다. 현실 문제를 통하여 하나님을 찾게 합니다. 크리스천이라도 현실 문제를 만나서 이리 뛰고 저리 뛰고 하면서 이 방법 저 방법 다 동원하여도 해결이 되지 않는 것입니다. 그때 영이신 하나님이 생각이 나는 것입니다. "하나님 이일을 어떻게 해야 해결이 됩니까?" 애타게 찾으며 하나님께 부르짖어 기도하니까, 영이신 하나님께서 들으시고 해결방법을 알려주시는 것입니다. 하나님께서 알려주시는 해결방법대로 순종하면 순간 문제가 해결이 되는 것입니다.

여러 해를 질병으로 고생하다가 치유 받은 집사의 간증입니다. 목사님! 저는 지난 토요일에 집중기도 치료를 받았던 ○○○ 집사입니다. 목사님이 어디서 왔냐고 질문하셔서 대전에서 왔다고 했는데 기억하실런지요. 그때 제가 기도가 막히고 축농증수술후유증으로 목에서 가래가 심하다고 증상을 적어 올려서 목사님께서 집중기도를 해주셨습니다. 제가 유아 때에 축농증 때문에 고생하다 어른 돼서 재발하는 바람에 수술도 3번이나 했고, 후유증 때문에 몹시 어렵고 고통을 많이 당했습니다. 좋다는 것다 먹어보고 고칠 수 있다는 한의원에 가서도 침 치료를 받았지만, 평생 가지고 가야 한다고 말했는데….

목사님의 기도로 깨끗이 완치되어 너무 기쁘고 감사해서 이렇게 메일 보내드립니다. 그날 가기 전에 철야기도도 했는데… 점점 기도가 힘들어지고 게다가 환경도 막혀 막막했는데… 아는 지인의 소개로 목사님을 알게 되어 바로 서점에 가서 목사님의 저서를 읽고 망설일 틈도 없이 바로 서울로 올라갔습니다. 가기 전까지도 마음이 힘들고 이런저런 어지러운 마음을 안고 갔는데… 대전에 내려올 때는 코와 목도 시원하게 치료받고 마음도 가볍고… 목사님의 말씀대로 기도도 해보니 전에 느끼지 못한 변화가 느껴집니다. 앞으로 저에게 하나님의 더 큰 은총이 부어주실 것을 기대하고 감사하며 그날 집중치유기도시간에 저 때문에 힘을 더 많이 쏟아주신 것 같아 너무 죄송하고 감사드립니다. 목사님교회에 다니시는 성도들이 정말 부럽습니다. 앞으로도 목사님의 저서들을 보면서 저도 좀 더 주님과 동행하는 열매맺는 성도로 거듭나길 소망하며 돈으로 따질 수 없는 값진 것을 받고 돌아온 기쁨으로 감사드립니다. 기회가 된다면 계속 메일로 인사드리고 싶습니다. 이렇게 하나님을 찾고 기도하여 하나님의 방법으로 해결하면 순간에 해결이 되는 것입니다.

이와 같이 사람은 사람을 잘 만나는 축복이 있어야 합니다. 앞에 간증한 집사님 같이 먼저 영적인 친구를 잘 만나야 합니다. 하나님은 사람을 통하여 현실 문제를 해결하도록 하시기 때문입니다. 윗 사람은 아랫사람을 잘 만나야하고, 아랫사람 역시 윗 사람을 잘 만나야 합니다. 여자는 남편을 잘 만나야 하고, 남자는 아내를 잘 만나야 합니다. 주님께도 좋은 제자들을 만나려고 새벽에 갈릴리 바닷가에 나가서서 찾으셨습니다. 이 책을 읽는 모든 크리스천은 언제나 사람을 잘 만나는 축복을 위해, 하나님의 방법으로 현실 문제를 해결하며 살아가기를 위해 기도 많이 하시기를 소원합니다.

존슨이라는 아이가 있었습니다. 존슨은 어려서 아버지를 잃었습니다. 가난 때문에 학교도 제대로 다니지 못했습니다. 존슨은 친구들이 초등학교를 졸업할 나이에 양복점에 취직하여 재봉일을 하다가 17세에 양복점을 냈습니다. 그 다음 해에 구두수선공의 딸과 결혼했습니다. 존슨과 결혼한 구두 수선공의 딸은 문맹자인 남편에게 매일 저녁 글을 가르쳐주기 시작했습니다. 사랑스런 아내가 가르쳐주는 공부는 신혼처럼 달콤했습니다. 드디어 공부에 취미를 붙인 존슨은 밤새워 책을 읽기 시작했습니다. 하나를 배우면 열을 깨우치는 지경에 이르게 되었습니다. 결국 그는 테네시 주지사를 거쳐 상원의원이 되었고 나중에 미국의 대통령까지 오르게 되었습니다.

존슨은 선거에서도 압도적인 지지로 미국 대통령에 당선되었고 미국이 전 세계 돈의 75%를 움직이는 데 결정적인 영향을 미친 알레스카를 소련으로부터 720만 달러에 사들이기도 했습니다. 이분이 바로 제17대 미국 대통령인 '엔드루 존슨'입니다. 존슨은 아내를 잘 만나 세계를 움직이는 대통령이 되었습니다. 아내 덕분에 대통령까지 된 것입니다.

하물며 전능하시고 복의 근원이 되시는 하나님을 만나면 어떻겠습니까? 하나님은 이사야를 만나서 부정한 입술을 가진 자를 가장 거룩하고 가치 있는 입술을 지닌 자로 만들어주셨습니다. 그리고 하나님의 뜻을 전하고 사람을 살리는 위대한 선지자로 사용하셨습니다. 이 시간 하나님을 만나시기 바랍니다. 하나님의 사람을 만나시기를 바랍니다. 그러므로 모자라고 어그러진 삶이 변화되고 새로와져서 이사야와 같은 큰 꿈을 이루기를 소원합니다. 이 하나님은 먼저 사람을 찾으시는 분이십니다. 인류의 시작부터 지금까지 하나님은 먼저 사람을 찾으셨습니다. 아담에게도 하나님은 먼저 찾아오셨습니다. 노아를 찾으셨고, 아브라함을 찾아오셨습니다. 모세도 불붙은 가시나무에서 먼저 찾으셨습니다. 주님도 당신의 제자들을 먼저 찾아가셨습니다.

성경 속에는 하나님을 찾아야 만나주시는 하나님이라고 여러 곳에서 소개하고 있습니다. 오늘 본문의 말씀도 "그러나 네가 거기서 네 하나님 여호와를 찾게 되리니 만일 마음을 다하고 뜻을 다하여 그를 찾으면 만나리라" 하나님은 언제 우리를 찾아오시고 만나주십니까?

첫째, 하나님을 간절히 찾아야 합니다. 우리가 누군가를 만나려면 먼저 그 사람에 대하여 알아야 하며, 어디에 가면 만날 수 있는지를 알아야만 합니다. 하나님을 만날 때에도 마찬가지입니다. 하나님께서는 어떠한 분이시며, 어디에 계신가를 알아야 합니다. 고린도전서 1:21-22을 보면 사람이 세상의 지혜로는 하나님을 알지 못하므로 하나님께서는 전도라는 방법을 통하여 믿는 자들을 구원하시기를 기뻐하셨는데, 유대인들은 표적을 구하고 헬라인들은 철학과 같은 지혜를 찾는 영적인 무지함이 있었기 때문에 하나님께서는 십자가에 못 박힌 예수를 전하게 하셨습니다.오늘날도 하나님을 믿으라고 하면 하나님이 보이지 않는다고 아예 하나님의 존재를 무시하는 사람도 있고, 하나님이 존재한다는 증거를 보여 달라고 하는 사람도 있습니다. 하나님의 존재에 대해 잠시 궁금히 여기다가 다시 망각한 채 살아가는 사람도 있습니다. 이렇게 하나님 만나기를 원치 아니하며 찾으려고 하지 않는 사람들은 하나님께서 얼마나 위대하시고 능력이 있으신 분인가를 전혀 모르는 사람들입니다.

전지전능하신 하나님에 대하여 참으로 안다면 어찌 만나기를 원하지 않겠으며, 하나님의 크신 사랑과 능력으로 불가능한 일이 없음을 믿는다면 어찌 하나님을 간절히 찾지 않겠습니까? 하나님께서는 천지만물을 지으신 창조주이시며 영원히 멸망으로 갈 수밖에 없는 인간을 구원하시기 위해 십자가의 사랑을 베푸신 구원의 하나님이십니다. 또한 시간과 공간을 초월하여 무소부재 하시므로 언제 어디서나 살아 역사하심을 나타내시는 능력의 하나님이시며, 구하고 찾고 두드리는 자에게 항상 응답으로 역사하시는 사랑의 하나님이십니다. 그러므로 하나님을 만나면 고통이 평안으로 변하고 절망 가운데서 소망을 얻으며, 불치의 질병 문제를 해결 받을 뿐 아니라, 죽음의 공포로부터 해방을 얻고, 참된 생명을 얻게 됩니다. 또한 모든 인생의 문제를 해결 받을 수 있습니다. 가정, 자녀, 건강, 물질 등의 갖가지 어려운 문제가 있다 해도 하나님께서는 해결 자가 되어 주십니다.

하나님께서는 잠언 8:17을 통하여 "나를 사랑하는 자들이 나의 사랑을 입으며 나를 간절히 찾는 자가 나를 만날 것이니라."고 말씀하시며 하나님을 만나는 방법을 알려 주셨습니다. 따라서 하나님의 존재를 의심치 아니하며 하나님의 무한하신 사랑과 능력을 믿음으로 하나님을 만나기를 원하고 간절히 찾는 자가 되어야 하겠습니다. 마태복음 5:3에 "심령이 가난한 자는 복이 있나니 천국이 저희 것임이요"라고 했습니다. 마음이 선하고 겸손한 사람은 하나님의 존재를 부인하거나 의심하지 아니하며 하나님을 알기 원하고 하나님을 찾음으로 만나게 된다는 것입니다.

만약 하나님의 존재를 부인하거나 의심하며 하나님을 보아야 믿겠다고 하는 사람이 있다면 이는 하나님을 만나기를 원하는 마음이 없기 때문이요, 그 마음이 부유하고 교만하여 하나님을 만날 수 있는 길로 나오지 않고 있기 때문임을 알아야 합니다. 마음이 교만하여 하나님을 찾지 아니하고 만나기를 원치 아니하던 사람도 시험과 환난이 임하여 건강이나 물질, 가정이나 자녀에 문제가 생기면 그때서야 마음이 갈급해져 하나님을 찾는 경우가 많습니다. 따라서 하나님을 만나려면 무엇보다도 먼저 심령이 가난한 자가 되어야 하며, 더 나아가서 하나님을 만나고자 하는 갈급하고 진실한 심령이 되어 하나님을 간절히 찾는 자가 되어야 합니다. 현실의 문제를 하나님만이 해결하신다는 절박함이 있어야 합니다. 그래야 하나님을 만나고 하나님을 사랑하며 하나님의 사랑을 입는 축복된 삶을 영위할 수 있습니다.

둘째, 현실 문제를 해결할 수 있는 분을 만나야 합니다. 사람의 문제를 해결할 수 있는 방법이 몇 가지 있습니다. 첫 번째는 인간의 힘으로 해결하는 방법입니다. 인간의 지식이나 지혜나 노력이나 힘으로 문제를 해결하는 것입니다. 두 번째는, 종교적인 방법입니다. 신에게 정성을 들여서 그의 도움을 받는 것입니다. 우리뿐만 아니라 세계 모든 족속들이 오늘날까지 이 방법을 가장 많이 사용해 오고 있습니다. 지금은 우리가 전도할 때 "교회 갑시다.", "예수 믿고 천국 갑시다."라고 말합니다.

그러나 초창기 복음이 우리나라에 들어 왔을 때에는 그렇게 하지 않았습니다. "여러 귀신에게 시달리지 말고 왕 귀신을 섬기시오. 큰 귀신을 믿으시오" 이렇게 전도했다는 것입니다. 예수님을 이해하지 못했기 때문입니다. 우리 조상들은 너무 많은 귀신을 섬겼습니다. 그래서 귀신에 대한 불안과 두려움 때문에 모든 자유를 잃어버렸습니다. 결혼하는 것도 점을 쳐야하고, 이사하는 것도 점을 쳐야합니다. 된장 고추장 담그는 날도 물어보아야 합니다. 벽에 못 하나 박는 것도 다 물어 보아야 합니다. 마음대로 할 수 있는 것은 아무것도 없었습니다. 귀신에게 일일이 물어서 다 도움을 받아야 했습니다. 조금만 잘못하면 귀신이 노합니다.

그러면 화를 풀어주어야 합니다. 이것을 푸닥거리라고 합니다.

사람들은 이 귀신 저 귀신을 섬기다가 그 많은 귀신의 지배로 오히려 평안을 잃어버리고 불안과 두려움으로 살아왔습니다. 귀신을 섬기고 귀신의 말대로 하는 사람은 평강이 없습니다. 항상 두려움 속에 살아가고 있습니다. 자녀를 위해서 남편을 위해서 우상을 섬기면서 도움을 청하였던 삶이 우리 조상들이 오늘날까지 살아온 발자취입니다. 그러나 기독교는 이런 방법을 쓰지 않습니다. 우리의 모든 문제는 전지전능하신 하나님께서 하나님의 방법으로 해결 하십니다. 하나님의 능력으로 우리를 위하여 친히 길을 열어 주시는 것이 하나님의 방법입니다. 그러므로 인간의 노력에 의해서, 인간의 지혜에 의해서 문제가 해결되는 것이 아닙니다. 성령의 권능으로 해결이 됩니다. 갈1장 1절에 "사람에게도 난 것도 아니요, 사람으로 말미암은 것도 아니요, 오직 예수 그리스도와 및 죽은 자 가운데서 그리스도를 살리신 하나님 아버지로 말미암아 사도된 바울은 이라"고 했습니다.

하나님께서 우리의 현실의 문제를 다 아시고 그의 아들을 보내주시고, 우리의 문제를 해결하기 위하여 그분이 죽으시고, 다시 살아나셔서 우리를 위하여 잔치를 예비해 놓으셨습니다. 누구든지 와서 이 잔치에 참여하면 은혜를 받는 것입니다. 모든 문제는 하나님의 은혜로 해결 되는 것입니다. 어떠한 문제든지 하나님께서 거저 주시는 은혜로 해결됩니다. 은혜란 말의 뜻은 하나님의 선물이라는 뜻입니다. 공짜란 뜻입니다. 이것이 바로 하나님께서 문제를 해결하시는 방법인 것입니다. 이 방법은 성령으로 기도하면 알려주십니다. 물건을 살 때에도 조금 싸게 사면 돈과 관계없이 얼마나 기분이 좋은지 모릅니다. 필자는 물건을 살 때 아무데서나 사지 않습니다. 시장 조사를 합니다. 야채는 어디가 싸고, 생선은 어디가 싸고, 무슨 요일에 싼지 조사를 합니다. 물건을 싸게 사가지고 올 때면 얼마나 기분이 좋은지 모릅니다. 백화점에는 바겐세일이 있습니다. 이럴 때 사람들이 많이 모여듭니다. 왜 그렇습니까? 싼 재미 때문입니다. 조금 싼 것이 사람들을 얼마나 흥분시키고 기쁘게 하는지 모릅니다.

기독교는 공짜입니다. 돈을 받지 않고 거저 주는 것입니다. 값을 치르지 않아도 사람의 모든 문제를 하나님께서 해결해 주신다는 것입니다. 단 하나님의 말씀(뜻)대로 순종해야 합니다. 인간의 문제는 너무 크고, 너무 많고, 너무 어렵기 때문에 인간의 돈으로는 해결 할 수가 없습니다. 우리의 문제를 하나님께서 그 크신 능력으로 직접 해결하여 주시는 것입니다. 우리는 은혜의 보좌 앞에 그냥 나오기만 하면 되는 것입니다. 문제를 가지고 주님 앞으로 나올 때 우리의 문제는 하나님의 은혜로 다 해결이 되는 것입니다. 이것이 하나님의 뜻이요, 하나님이 문제를 해결하시는 방법입니다. 그렇기 때문에 우리는 성령으로 충만하여 은혜의 보좌로 나아가야 합니다. 은혜의 보좌로 나아갈 때 우리의 문제는 해결 되는 것입니다. 은혜의 보좌는 예수님이십니다. 예수님 앞에 나오기만 하면 되는 것입니다. 예수님은 우리의 삶의 문제를 다 알고 계십니다. 모든 문제를 해결 하실 수 있는 능력이 있는 분이시요, 지혜가 있으신 분이십니다.

찬송가96장 에도 보면 "예수님은 누구신가 우는 자의 위로와 없는 자의 풍성이며 천한 자의 높음과 잡힌 자의 놓임 되고 우리 기쁨 되시네" 예수님은 약한 자에게 강함을 주고, 눈먼 자에게 빛을 주시고, 병든 자에게 치료가 되시며, 죽은 자의 부활이 되시며, 추한 자의 정함이 되시며, 멸망자의 구원이 되십니다.

예수님은 교회의 머리가 되시며, 만국인의 구세주가 되시며, 모든 왕의 왕이시며, 심판하실 심판주가 되시며, 우리의 영광이 되시는 분이십니다. 은혜의 보좌이신 예수님께 나아가 물어보시면 우리의 문제를 해결할 지혜를 주시고 순종하면 어떤 문제라도 해결해 주시는 분이십니다. "수고하고 무거운 짐진자들아 다 내게로 오라 내가 너희를 쉬게 하리라."

셋째, 하나님을 만날 수 있는 길이 있습니다. 하나님을 만나야 현실문제의 해결방법을 알아낼 수가 있습니다. 하나님의 영이시니 만나는 방법은 여러 가지가 있습니다.

첫째로, 성경에 기록된 하나님의 말씀 가운데서 만날 수 있습니다. 성경은 하나님의 말씀, 곧 영원히 변함이 없으며 일점일획도 틀림없는 진리가 기록되어 있는 거룩한 책입니다. 따라서 하나님의 뜻과 마음뿐만 아니라 하나님의 무한하신 능력과 크신 사랑을 깨달을 수 있는 귀한 내용이 기록된 성경을 알아야 하나님을 만날 수 있습니다.

둘째로, 영적인 호흡인 기도 가운데서 만날 수 있습니다. 하나님의 말씀을 아무리 보고 들어도 기도하지 않으면 하나님을 만날 수가 없습니다. 사람이 호흡을 해야 생명이 유지되듯이 기도를 통하여 영이신 하나님과의 교통이 이루어지며 하나님의 말씀을 깨닫게 되고 영적인 생명이 유지된다는 것입니다. 영이신 하나님은 성령으로 기도할 때 만날 수 있고 응답을 하십니다.

그러므로 예레미야 29:12-13에 "너희는 내게 부르짖으며 와서 내게 기도하면 내가 너희를 들을 것이요 너희가 전심으로 나를 찾고 찾으면 나를 만나리라"고 말씀했습니다. 또한 예레미야 33:3에 "너는 내게 부르짖으라 내가 네게 응답하겠고 네가 알지 못하는 크고 비밀한 일을 네게 보이리라"약속하셨습니다.

셋째로, 곡조 있는 기도인 찬양 가운데서 만날 수 있습니다. 하나님은 만물 위에 계셔 세세토록 찬양을 받으실 분입니다(로마서 9:5). 그러므로 기독교의 부흥과 함께 찬양을 통한 선교사역이 활발하게 이루어지고 있으며 찬양 가운데 하나님을 만나고 체험을 하는 사람이 늘어나고 있는데 이는 하나님께서 찬양을 기뻐 받으시기 때문입니다. 이스라엘의 위대한 다윗 왕은 어릴 때부터 하나님을 사랑하였기에 하나님을 찬양하기를 즐거워하였고 찬양을 기뻐 받으신 하나님께서는 다윗을 사랑해 주셨으며 크신 축복으로 함께하셨습니다.

넷째로, 영과 진리로 드리는 예배 가운데서 만날 수 있습니다. 구약시대에는 제사가 하나님 앞에 나아가서 하나님을 만날 수 있는 길이었는데 신약시대에는 그 길이 예배로 바뀌었습니다. 그래서 로마서 12:1에 "너희 몸을 하나님이 기뻐하시는 거룩한 산제사로 드리라 이는 너희의 드릴 영적 예배니라" 말씀하셨습니다. 아브라함은 가는 곳마다 여호와를 위하여 단을 쌓고 여호와의 이름을 부르며 (창세기 12:7-8, 13:4,18) 독자 이삭도 아끼지 아니하고 번제로 드릴 만큼 하나님을 경외함으로 믿음의 조상이 되는 축복을 받았습니다(창세기 22:17).

다섯째로, 계명을 지키는 사랑 가운데서 만날 수 있습니다. 유형교회에서 제일로 주의해야 할 것은 자신의 마음대로 하는 것입니다. 반드시 하나님의 말씀대로 순종해야 합니다. 요한일서 5:3에 "하나님을 사랑하는 것은 이것이니 우리가 그의 계명들을 지키는 것이라"고 하였으니, 고넬료의 행함을 보면 하나님을 사랑하는 자였음이 분명하며 그러기에 하나님의 크신 사랑을 입을 수 있었습니다.

넷째, 하나님을 만나면 현실 문제를 해결 받게 됩니다. 하나님은 말씀을 통하여 현실 문제를 해결하게 하십니다. 홍해를 가를 때에도 "여호와께서 모세에게 이르시되 너는 어찌하여 내게 부르짖느냐 이스라엘 자손에게 명령하여 앞으로 나아가게 하고, 지팡이를 들고 손을 바다 위로 내밀어 그것이 갈라지게 하라 이스라엘 자손이 바다 가운데서 마른 땅으로 행하리라(출 14:15-16)" 마라의 쓴물을 달게 하실 때도 "마라에 이르렀더니 그 곳의 물이 써서 마시지 못하겠으므로 그 이름을 마라라 하였더라. 백성이 모세에게 원망하여 이르되 우리가 무엇을 마실까 하매, 모세가 여호와께 부르짖었더니 여호와께서 그에게 한 나무를 가리키시니 그가 물에 던지니 물이 달게 되었더라(출 15:23-25)" 여리고 성을 함락시킬 때에도 "너희 모든 군사는 그 성을 둘러 성 주위를 매일 한 번씩 돌되 엿새 동안을 그리하라. 제사장 일곱은 일곱 양각 나팔을 잡고 언약궤 앞에서 나아갈 것이요 일곱째 날에는 그 성을 일곱 번 돌며 그 제사장들은 나팔을 불 것이며, 제사장들이 양각 나팔을 길게 불어 그 나팔 소리가 너희에게 들릴 때에는 백성은 다 큰 소리로 외쳐 부를 것이라 그리하면 그 성벽이 무너져 내리리니 백성은 각기 앞으로 올라갈지니라 하시매 (수6:3-6)" 이렇게 말씀으로 해결방법을 알려주십니다. 말씀대로 순종하면 성령께서 해결하시는 것입니다.

지금도 성령으로 인도하시면서 말씀(레마)를 주십니다. 현실 문제를 가지고 하나님께 성령으로 기도를 합니다. 기도하면 성령께서 감동을 하십니다. 어떤 책을 읽어라. 하시면 기독 서점에 가서 책을 사서 읽다가 보면 해결방법이 있습니다. 어디를 가라. 하십니다. 그러면 만사를 뒤로하고 가야합니다. 순종하고 현장에 가면 사람을 만나든지 다른 방법으로 해결하게 하십니다. 누구를 만나라. 하시면 가서 만나야 합니다. 혹시 그 사람 만나서 내가 잘못되지 않을까? 하는 노파심으로 순종하지 않으면 해결이 되지 않습니다. 부정적인 사람의 소리에 귀를 기우리지 말고, 하나님의 말씀(레마)대로 그 사람을 만나야 합니다. 만나서 문제가 해결이 될 때까지 인내하며 기다려야 합니다.

예를 든다면 부산에 사는 크리스천이 문제를 가지고 하나님께 기도하니 하나님께서 서울에 가서 아무개를 만나라, 하면 여러 가지 합리를 동원하여 따져볼 것이 아니고 순종해야 합니다. 순종하고 아무개를 만나면 순간 문제가 해결되기도 합니다. 하나님께서 알려주시는 방법대로 순종하면 3년 동안 해결되지 않던 문제도 순간해결이 되는 것이 보통입니다. 그러므로 크리스천이 현실 문제를 해결함에 있어서 하나님의 말씀(뜻)을 듣는 것이 너무나 중요합니다. 반드시 하나님과 같은 영적인 상태에서 음성(말씀)이 들리기 때문입니다. 하나님은 크리스천의 문제를 하나님의 방법으로 해결하여 주시기를 소원하고 계십니다.

결론적으로 하나님께서 현실 문제를 해결하시는 목적은 ① 현실 문제를 해결하기 위하여 하나님께 물어보며 문제를 해결하면서 하나님의 말씀에 온전하게 순종하는 사람으로 자라게 하기 위함입니다. ② 하나님과 같은 영적인 사람이 되어 대화하며 수족과 같이 움직이면서 살아가게 하기 위함입니다. ③ 하나님께 집중하며 세상에 하나님의 나라를 건설하는 일꾼으로 살아가게 하기 위함입니다. ④ 하나님의 방법으로 현실문제의 해결을 통하여 세상에 소망을 두지 않고 영원하신 하나님께 소망을 두는 사람으로 만들기 위함입니다. ⑤ 현실 문제를 해결하면서 하나님께서 주신 권능을 사용하므로 어디에서나 하나님의 음성을 듣고 주신 권능을 사용할 수 있는 군사로 만들기 위함입니다. ⑥ 예수를 믿어 성령으로 거듭난 크리스천이 현실 문제를 해결하면서 세상의 모든 방법은 영구적이지 못하고 임시방편에 불과 하다는 것을 스스로 깨닫게 하기 위함입니다. 오로지 하나님만이 영구적인 해결 자가 되신다는 것을 인정하여 모든 시선을 하나님께 향하도록 하기 위함입니다. 하나님만 바라보고 대화하며 살아가면서 하나님 한 분에게 만족을 하면서 살아가도록 하기 위하여 현실 문제를 이용하시는 것입니다.

23장 세상 삶에서 천국을 누리게 하는 교회

(요3:16)"하나님이 세상을 이처럼 사랑하사 독생자를 주셨
으니 이는 그를 믿는 자마다 멸망하지 않고 영생을 얻게 하려
하심이라"

하나님은 예수를 믿는 성도가 지금 천국과 아브라함의 복을 받
으며 군사로서 살다가 주님이 부르시면 영원한 천국에 입성하기
를 소원하십니다. 우리가 잘못이해하고 있는 것이 있습니다. 예
수를 믿으면 천국에 가는 것입니다. 그래서 불신자들에게 전도할
때 예수님 믿고 천국가세요! 합니다. 여기서 우리가 바르게 알아
야 할 것이 있습니다. 죽어서 천국 가는 예수님만 믿으면 안 된다
는 것입니다. 예수님은 지금 이 땅에 천국을 만드시려고 오셨습
니다. 하나님의 입장에서는 지금 이 땅에 하나님의 나라가 건설
되는 것이 중요합니다. 그렇기 때문에 예수를 믿는 우리가 지금
이 땅에서 천국을 누리면서 하나님의 나라를 건설하는 것을 하나
님은 원하신다는 것입니다. 한마디로 예수님을 누리면서 살아가
라는 것입니다. 예수님을 누리면서 예수님의 권능을 세상에 적용
하여 세상을 하나님의 나라를 만드는 것이 우리를 향한 하나님의
뜻입니다. 그래서 '예수축복' '불신불행'이 맞는 말입니다.

하나님의 사람창조의 본래 목표는 사람이 하나님의 생명을 얻
어 하나님처럼 사는 것입니다. 사람은 하나님을 담는 그릇이라
고 표현하는 것이 타당합니다. 하나님은 사람에게 삼대 요소(첫

째 충만, 둘째 정복, 셋째 치리권(다스리라))를 주는 동시에, 넷째 모든 열매를 식물로 준 것입니다. 하나님은 사람을 위하여 만물을 창조하신 것은 사람으로 하여금 이것을 바로 사용하여 다스리는 동시에 너는 나를 순종하며 공경하면 내가 너를 통하여 영광을 받고, 너는 내 영광을 길이 누리면서 영원히 아름다운 열매를 맺어서 나의 뜻(이 땅에 하나님의 나라건설)을 이루라는 것이 하나님이 사람에게 맡기신 사명입니다. 아담이 하나님의 뜻을 따라 생명나무의 열매를 먹었다면 하나님의 자녀가 되어 하나님처럼 살게 되었을 것입니다. 그러나 불행히도 선과 악을 알게 하는 나무의 열매를 먹고 그 영이 죽어 버리고, 혼을 따라 살게 되었습니다. 나중에는 더욱 더 타락하여 몸의 정욕을 따라 살게 되는 지경에 이르러 온갖 죄악을 범하게 되자, 하나님은 노아와 그 가족을 제외한 모든 인간들을 홍수로 모두 다 멸하셨습니다.

오늘날에도 육을 따라 사는 사람, 혼을 따라 사는 사람, 영을 따라 사는 사람이 있습니다. 이 범죄하고 타락하여 영이 죽고, 육이나 혼을 따라 사는 죄인이 된 인류는 거듭나서 새사람이 될 필요가 있습니다. 그래서 하나님의 구원은 먼저 죽은 영을 살리는 것입니다. "진실로 진실로 너희에게 이르노니 죽은 자들이 하나님의 아들의 음성을 들을 때가 오나니 곧 이 때라 듣는 자는 살아나리라"(요5:25). 하셨으며, 하나님의 음성을 듣고 나오는 것은 굉장하게 중요한 것입니다. 왜냐하면 구원이 예비 된 영혼들에게만 하나님의 음성이 들리기 때문입니다. 음성을 듣고 나오는 "허물과 죄로 죽었던 너희를 살리셨도다"(엡2:1). 말씀하고 계십니다. 예수를 믿고 영이 살아나니, 성령의 인도를 받으면서 혼(이성)을 변화시켜 구원에 이르게 하는 것입니다.

사람은 스스로 믿기로 작정하고 교회에 가서 이름을 등록하고, 교인이 되어 열심히 봉사함으로 그리스도인이 되는 것이 아니고, 위로부터 임하는 성령으로 다시 태어나야 하는 것입니다. 반드시 성령으로 세례를 받아 하나님과 같은 영적인 사람으로 바뀌어야 합니다. 교인이 되는 것은 사람이 임의로 할 수 있지만, 거듭나서 새 생명을 얻는 것은 사람의 뜻으로 되는 것이 아닙니다. 반드시 성령의 역사가 개입이 되어야 거듭나서 새 생명을 얻을 수가 있는 것입니다. 믿음도 사람이 스스로 믿는 믿음이 있고, 위로부터 주어진 믿음이 있습니다. 위로부터 주어지는 믿음은 성령으로 발원되는 것입니다. 본 성품(인성)이 변화되는 믿음은 성령으로 되는 것입니다. 그렇기 때문에 예수를 믿고 교회에 들어오면 성령으로 세례를 먼저 받아야 합니다.

첫째, 마음의 천국을 누리지 못하는 이유. 성도가 마음의 천국을 이루면서 살아가려면 하나님의 말씀을 전폭적으로 순종할 때 가능한 것입니다. 하나님의 말씀에 순종하면 하나님께서 자신을 통하여 일을 하심으로 힘이 들지 않아서 마음의 천국을 누릴 수가 있는 것입니다. 반대로 성도가 마음의 고통을 당하는 것은 자신의 욕심으로 일을 하기 때문입니다. 성도에게 고난이 찾아오는 것은 욕심 때문입니다. 절대로 하나님께서 지시하는 대로 순종하면 고통을 당하지 않습니다. 그런데 순종하지 못하고 욕심을 부리는 이유는 상처 때문입니다. 하나님은 성도가 이 땅에서도 마음의 천국을 누리기를 원하십니다.

그런데 왜 심령천국을 이루지 못하고 불안과 두려움으로 살아
갑니까? 자신의 심령에 상처 때문입니다. 심령의 상처로 말미암
아 하나님과 통로가 막혔기 때문입니다. 하나님의 축복을 방해
하는 세력은 남이 아니고 환경도 아닙니다. 오직 내 마음속에 있
는 돌, 가시, 상처입니다. 하나님의 은혜를 막는 나의 최대의 적
은 바로 나 자신입니다. 말씀과 성령으로 자신을 치유해야 하나
님이 원하시는 대로 마음 천국을 누릴 수가 있습니다.

내 속에 잠재되어 있는 악습, 습관으로 인하여 마음의 평안을
누리지 못하는 것입니다. 질병으로 묶이고, 물질로 묶이고, 인
간관계에 묶인 것 등으로 인하여 마음의천국을 누리지 못하는
것입니다. 믿음생활을 하면 할수록 점점 더 자유롭게 풀려야합
니다. 그러나 삶의 성장을 막고, 묶고 있고, 누르고 있는 것들로
인하여 예수를 믿으면서도 삶이 풀리지 않고 마음의 천국을 누
리지를 못하는 것입니다. 마귀는 묶고 방해하는 역사를 합니다.
질투, 분노, 염려, 불평 등은 우리를 묶는 것입니다. 이러한 것
들은 우리를 묶어 성장을 방해하는 마귀의 오랏줄입니다. 출애
굽한 유대인들은 비록 홍해를 건넘으로 바로라는 세상의 묶임으
로부터 자유하게 되었으나, 애굽에서 받은 상처로 인한 욕심, 분
노, 두려움, 옛 성품이라는 마귀의 묶임을 풀지 못함으로 진정한
자유를 누리는 일, 젖과 꿀이라는 풍성한 삶에 이르는 일에 실패
하였습니다. 상처로 인하여 가나안에 들어가지 못하고 "그러나
그들의 다수를 하나님이 기뻐하지 아니하셨으므로 그들이 광야

에서 멸망을 받았느니라."(고전10:5). 내면의 상처로 인하여 마음 천국을 누리지를 못하는 것입니다.

우리가 알아야 할 것은 예수를 영접하면 원죄가 사해집니다. 그러나 이성과 감정과 육체에 있는 자범죄는 사해지지 않습니다. 조상의 죄악과 자신의 죄과인 자범죄는 반드시 성령의 임재가운데 회개하고 그 때 들어온 귀신을 축귀해야 합니다. 상처는 성령의 임재가운데 용서하고 풀어야 이성과 감정과 육체가 성령의 지배를 받아 전인구원에 이르게 됩니다. 이렇게 되어야 하나님의 뜻대로 지금 마음의 천국을 이룰 수가 있는 것입니다.

둘째, 성령의 임재하에 회개해야한다. 하나님은 회개하고 돌아오라고 말씀하십니다. 회개는 반드시 성령의 임재가운데 해야 합니다. 상처는 죄와 긴밀한 관계가 있습니다. 그리고 회개는 치유를 위한 것입니다. 용서와 죄 사함은 예수를 믿음으로 이미 받은 것입니다. 회개가 철저하지 않더라도 예수를 믿음으로 이미 용서는 받고 구원은 얻은 것입니다. 그러므로 예수를 믿고 하는 회개는 십자가의 용서의 효과를 내게 적용하기 위한 것, 하나님과 같은 영적인 수준을 높이기 위한 것입니다. 용서를 받기 위해서 회개하는 것이 아닙니다.

하나님은 용서해주시는 분입니다. 회개가 필요한 것은 하나님의 용서를 위한 것이 아니라, 우리의 상처를 치유하기 위한 것입니다. 회개를 해야, 상처가 치유 받고, 성령님이 우리 속에서 활동하실 수가 있게 됩니다. 성령의 인도하심 속에서 하는 회개는 이성과 육체에 있는 상처를 치유하기 위한 것이요, 자신의 잘못을 인정하고 회개하는 곳에 치유의 역사가 나타나는 것입니다. 우리가 회개하는 만큼 우리 속에서 성령님이 역사 하십니다.

회개하지 않고 죄를 붙잡고 있는 만큼 우리는 마귀에게 활동영역을 보장하고 있는 것입니다. 성령의 임재 가운데 회개하십시오. 회개함으로 성령님에게 더 넓은 활동영역을 내어드리세요. 성령님에게 사로잡히세요. 회개하고 성령을 선물로 받으세요. 더 많이 받으세요. 더 많은 부분을 성령님에게 내어드리세요. 더 많은 부분에서 성령께서 역사 하시게 하십시오.

이러한 회개는 우리 마음대로 할 수 있는 것이 아닙니다. 이미 우리 속에 내재하신 성령님의 도우심으로만이 가능합니다. 성령의 임재 가운데 영의 차원에서 회개해야 합니다. 그러므로 우리는 늘 성령님의 도우심을 받아야 합니다. 성령님의 도우심으로 늘 회개를 해야 합니다. 성령의 도우심으로 하는 회개를 통해서 악한 마음, 분노하는 마음, 상처들을 치유하십시오. 그리고 이 모든 것들이 있던 이성과 육체에 성령님이 임하고 활동하게 하는 것이야말로 진정한 크리스천의 모습입니다.

회개는 내 영혼을 정결케 하는 것이요, 내 마음을 치유하는 것이고, 원석을 가지고 보석을 만드는 것입니다. 하나님은 거룩하시고, 정결하시며, 또 우리와 함께 하시기 위하여 우리에게도 정결하고 거룩할 것을 요구하십니다. 회개는 그릇을 닦아내듯 내 영혼을 닦는 것입니다. 회개는 부패한 것을 신선하게 만드는 것입니다. 회개할 때, 하나님의 치유 약이 우리에게 발라집니다. 성령의 임재가운데 영의 차원에서 회개하십시오.

셋째, 성령으로 세례를 받으라. 성령으로 세례를 받아야 심령이 정화되어 마음의 천국을 이룰 수가 있는 것입니다. 성령의 인도를 받아야 구원을 누릴 수가 있는 것입니다. 성령은 성도가 예수를 믿을 때 마음 안에 오십니다. 마음 안에 오신 성령은 성도가 성령으로 세례 받기를 고대하고 계십니다. 성령으로 세례를 받을 때 비로소 성령이 성도의 전인격을 장악하기 때문입니다. 그 성령이 전인격을 지속적으로 장악하고 통치하는 것이 성령의 충만 입니다. 이 성령이 성도의 마음 안에서 밖(육)으로 역사할 때 성령의 권세로 마귀는 정체를 드러내고 떠나가는 것입니다. 성령의 권능이 귀신을 밀어내는 것입니다.

그래서 성도가 성령으로 세례를 받아야 권능 있는 성도가 되는 것입니다. 그래서 예수님은 불과 성령으로 세례를 받으라고 하시는 것입니다. 그러나 성령이 예수를 믿게 했다고 성령으로 세례 받는 것은 아닙니다. 믿는 것과 세례를 받는 것은 다르며, 성령님이 내주하는 것과 성령의 세례를 받는 것도 다른 것입니다. 물세례를 받는 것이 적당히 넘어갈 수 있는 문제가 아니듯이 성령의 세례도 마찬가지입니다. 성경에서 성령과 관련하여 사용된 심오한 진리 중의 하나는 "성령으로 세례 받으라." 라는 것입니다. 성령 세례란 예수 그리스도께서 주시는 것입니다. 성령의 세례란 성령에 의해서가 아니라 주 예수에 의해 행해지는 그리스도의 사역입니다.

성령으로 세례를 받을 때 성령이 예수 그리스도의 이름으로 임하므로 성령으로 세례 받는 것은 체험으로 느낄 수 있습니다

(행 11:15-18). 성령으로 세례 받을 때 성령의 권능이 함께 임합니다. 권능은 하나님의 일을 행하는 데 능력 있는 사람으로 준비시킵니다. 성령으로 세례를 받을 때 전인격이 성령으로 장악됨으로 질병이 치유되기 시작하는 것입니다. 성령으로 세례 받음은 하나님의 영으로 사로잡히는 것입니다(행 9:17-20). 성령세례는 성도의 마음을 그리스도에 대한 이해와 사랑과 신뢰로 가득 차게 하며, 성령이 삶의 주관자가 되게 하며, 하나님의 자녀로서 하나님의 부름에 적합하도록 능력을 부여합니다. 하나님의 영으로 사로잡혀야 질병이 치유되고 영육에 역사하던 마귀가 물러가는 것입니다. 성령 세례를 체험하기를 바랍니다. 체험이라는 것은 내가 하나님의 역사하심을 몸으로 느끼고 눈으로 보았다는 것입니다. 성령의 사람이 되었다는 것입니다.

넷째, 내적상처를 치유하라. 마음의 상처가 마음 천국을 누리지 못하게 합니다. 그러므로 치유가 되어야 합니다. 외부의 상처는 쉽게 치유되나 마음 안에 받은 상처는 쉽게 치유되지 않습니다. 사라지지 않고 깊은 곳에 남아서 계속 나에게 영향을 줍니다. 나의 삶을 좋지 못한 쪽으로, 파괴적인 쪽으로 이끌어갑니다. 나이가 들어도 사라지는 것이 아니라, 오히려 절제력이 약해짐으로 더욱 강하게 나의 삶에 역사 합니다.

상처는 잠복기간이 지나면 꼬리를 들고일어납니다. 상처가 꼬리를 들고일어나는 시기는 취약한 시기로서 스트레스를 심하게 받을 때 여러 가지 영육의 문제로 나타납니다. 상처는 상처를 주는 상대방보다, 쉽게 상처를 받는 나에게 문제가 있는 것입니다. 이 사실을 인정해야 자신을 치유할 수 있습니다.

상처는 반드시 치유되어야 합니다. 상처를 치유하는 방법 중의 하나는 마음을 하나님 앞에 토설하는 것입니다. 상처를 하나님 앞에 토설하는 것은 마음을 수술하는 것과 같습니다. 상처는 치료가 되기 때문에 상처라고 합니다. 상처를 빨리 치료 받는 길은 하나님과 가까워지는 것입니다. 마음의상처를 담아 두지 말고 성령의 임재 하에 심정을 가감 없이 토설해 내기 시작할 때 하나님의 치료가 시작되는 것입니다. 내적치유에 관심이 있는 분은 "내적치유 쉽게 하는 법"과 "내적상처를 스스로 치유하는 기도문"을 읽어보시기를 바랍니다.

다섯째, 자아를 십자가에 매달아라. 마음의천국을 이루지 못하는 것에는 자아가 많은 영향을 미칩니다. 자아는 복음과 성령의 역사와 진리의 역사를 반감하게 하는 요소입니다. ① 자아 중에 제일 큰 것은 샤머니즘의 신앙의 잔재입니다. 많은 성도들이 말씀을 듣고 행하는 자가 되는 방법을 잘 모르는 것이 사실입니다. 왜냐하면 샤머니즘의 신앙의 잔재가 남아있기 때문입니다. 샤머니즘의 신앙이 신이 문제를 해결하여 주기를 기다리는 것이기 때문입니다. 예수를 믿고도 하나님께서 문제를 해결하여 주시기를 바랍니다. 기독교는 문제가 있을 때 하나님께 기도하여 하나님의 음성(레마)대로 순종해야 문제가 풀어지는 것입니다. 그래서 하나님은 말씀을 듣고 행하는 자가 천국에 들어간다고 말씀하시는 것입니다(마 7:21-24).

목회자들도 말씀을 듣고 행하는 것이 무엇인지 성도들에게 명확하게 알려주지 않기 때문입니다. 하나님은 성도들을 통하여 세상에 하나님의 나라를 건설하십니다. 그렇기 때문에 하나님의 말씀(레마)를 듣고 행하는 성도가 필요한 것입니다. 먼저 기도에 대한샤머니즘의 신앙의 잔재를 부수어야 합니다. 하나님은 문제를 해결하여 달라고 기도를 아무리 많이 해도 해결을 해주시지 않습니다. 반드시 하나님의 말씀(레마)를 듣고 행해야 문제가 해결되는 것입니다. ② 교회의 전통입니다. 교회에는 귀신이 역사하지 못한다는 것입니다. 성경에 교회에 귀신 역사가 없다는 말씀은 없습니다. 유형 교회에도 귀신역사가 있을 수 있습니다.

③ 성도들이 유형교회와 무형교회의 역할에 대하여 바르게 알지 못합니다. 보이는 유형 교회가 중요한 것으로 믿는 성도가 많다는 것입니다. 성도들이 보이는 교회에 치중을 함으로 자신 안에 임재하신 하나님과 관계를 열지 못하는 것입니다. 분명하게 유형교회는 성도들을 위해서 있는 곳입니다. 성도들의 신앙의 성장과 하나님께 예배를 드리기 위해서 유형교회가 존재하는 것입니다. 분명하게 유형교회는 성도들을 위해서 존재하고 있는 것입니다. 성도들이 유형교회에 와서 담임목사의 설교를 들으면서 영을 깨우고, 성령 충만한 예배를 통하여 성령으로 세례도 받고, 성령 충만도 받고, 영육의 치유도 받는 것입니다.

④ 예수를 믿을 때 성령으로 세례를 받았다는 자아입니다. 이렇게 자아가 고정되어 성령으로 세례를 받는 것에 관심을 두지 않으니 성령께서 혼(이성/감성/지성)과 육체를 장악하지 못하므로 하나님께서 원하시는 전인구원에 이르지 못하는 것입니다.

반드시 성령으로 세례를 받아야 합니다. 성령으로 세례를 받은 후부터 전인적인 치유가 일어나기 시작하는 것입니다.

⑤ 기도는 교회에서 해야 된다는 것입니다. 기도는 아무 곳에서나 할 수 있는 것입니다. 자신 안에 하나님이 임재 하여 계시기 때문입니다. 기도는 꼭 교회에 가서 해야 한다는 자아가 하나님과 깊은 관계를 유지하는데 큰 장애가 됩니다. 나아가 마음의 천국을 이루지 못하는 것입니다.

⑥ 성령을 받는다. 은사를 받는다는 것입니다. 성령은 처음은 받아야 하지만 후로는 자신의 마음 안에서 나타나야 하는 것입니다. 받는 다는 자아가 있어서 자신의 마음 안에 관심을 갖지 않고 밖에 능력 있는 사람에게만 관심을 가지니 마음의 천국을 이루지 못하는 것입니다. 성령은 마음 안에서 나타나야 합니다.

⑦ 예수만 믿으면 구원받고 새사람이 된다는 자아입니다. 하나님은 빌립보서 2장 12절에서 "그러므로 나의 사랑하는 자들아 너희가 나 있을 때뿐 아니라, 더욱 지금 나 없을 때에도 항상 복종하여 두렵고 떨림으로 너희 구원을 이루라"고 말씀하십니다. 그리고 데살로니가전서 5장 23절에서 "평강의 하나님이 친히 너희를 온전히 거룩하게 하시고, 또 너희의 온 영과 혼과 몸이 우리 주 예수 그리스도께서 강림하실 때에 흠 없게 보전되기를 원하노라" 말씀하십니다. 따라서 전인구원을 위하여 관심을 가져야 합니다. 영-혼-육이 성령의 지배를 받아야 합니다.

여섯째, 혈통에 역사하는 귀신을 몰아내라. 귀신은 두루 다니면서 삼킬 자를 찾고 있기 때문에 그렇습니다. 세대적인 악령은 그 가족 가운데에서 어느 한 사람을 선택해서 집중적으로 공격하고 마침내는 파멸로 몰아가는 것입니다. 그 선택은 오로지 악령의 뜻에 달렸다고 볼 수 있을 것입니다. 이에 대한 연구는 더 많이 진전되어야 할 것입니다. 우리는 부모 세대에 어떤 죄얼을 저질렀고 그 죄를 철저하게 회개하지 않았다면 그 죄를 틈타서 들어온 세대적인 악령으로부터 자녀가 공격을 받을 수 있는 개연성이 있다고 보아야 할 것입니다. 그러므로 부모 세대가 그 죄를 회개하지 아니하고 세상을 떠난 경우, 자녀들은 부모를 대신해서 죄를 회개해야 하며, 그리고 악령을 추방하는 절차를 반드시 해야 합니다. 예수를 믿었다고 세대에 역사하는 귀신이 스스로 떠나지 않습니다.

필자가 매주 토요일 날 개별 집중 치유를 하면서 성령으로 전 인격이 사로잡히니까, 나이가 어린 사람들도 손이 오그라들면서 중풍의 영이 정체를 폭로하는 것입니다. 이는 영은 구원이 되었으나 이성(혼)과 육은 성령께서 장악하지 못하여 이성(혼)과 육체에 역사하던 중풍의 영이 떠나가지 않았다는 것입니다. 성령께서 이성(혼)과 육을 장악하고, 진리의 말씀의 비밀을 깨닫는 만큼씩 이성(혼)과 육체에 역사하던 세상신이 떠나가는 것입니다. 혈통의 문제 치유에 대하여는 "가계의 고통을 끊고 축복받는 비결"과 "가계가 축복받는 선포기도문"을 읽어보시기를 바랍니다.

일곱째, 성령으로 기도해야 한다. 지금 마음의천국을 이루려면 성령으로 기도해야 합니다. 성령으로 기도하는 것은 성령의 임재가운데 성령 안에서 기도하는 것을 말합니다. 마음으로 기도하여 마음의 문이 열려야 영으로 기도하게 되는 것입니다. 영으로 기도하는 것이 성령으로 기도하는 것입니다. 그렇기 때문에 먼저 마음의 기도로 마음의 문을 열어야 영으로 기도할 수가 있는 것입니다. 영으로 기도가 되어야 마음의천국을 이룰 수가 있습니다. 성령으로 마음의 기도를 해야 마음의천국이 됩니다.

성령으로 하는 영의 기도에서 중요한 것은 깊이 들어가는 것입니다. 깊이 들어가야 맑은 생수가 나오게 됩니다. 전에는 조금만 파도 되었으나, 이제는 오염되었으므로 깊이 파야합니다. 깊이 파는 훈련을 게을리 하지 말아야 합니다. 문제는 지속적인 훈련입니다. 얼마나 계속하느냐 입니다. 이것이 바로 믿음입니다. 믿음으로 계속하는 것입니다.

마음에서 역사하시는 성령으로 깊은 영의기도를 계속하는 사이에 자신도 모르는 사이에 내적, 육체적 상처가 치유되며, 성품이 새로와지며, 삶의 소망과 기쁨이 넘치며, 영성이 발달되며 영감과 지혜가 발달되며, 신앙의 궁극적 목적인 하나님을 뜨겁게 사랑하게 됩니다. 마음에는 천국이 이뤄지게 됩니다.

특별히 성령으로 기도하여 성령의 임재가 깊어지면 토설기도를 통해 심령을 정화시키는 것입니다. 시142편은 다윗이 사울을 피해 굴에 숨어있을 때 지은 기도 시입니다. 다윗은 특별히 잘못하거나 죽을 만한 죄가 없었습니다. 그는 이스라엘을 골리앗의 손에서 구원했으며 사울의 충신이었으나 사울의 시기 때문에 도망을 다녀야 했습니다. 칭찬과 보상을 받아 마땅한 사람을 죽이려고 할 때 이보다 더 억울하고 원통한 일이 어디 있겠습니까? 그러나 다윗은 그렇게 원통한 일을 당하면서도 살길을 알았습니다. 그 원통함을 하나님께 기도로 토해낸 것입니다. 다윗은 "내가 내 원통함을 그 앞에 토하며 내 우환을 그 앞에 진술 하는 도다"(시142:2)라고 고백하고 있습니다.

사무엘상 1장에 보면 한나는 아이를 낳지 못한다는 이유로 브닌나에게 많은 고통을 받았습니다. 얼마나 고통을 받았는지 성경은 "그 대적 브닌나가 그를 심히 격동하여 번민케 하더라."(삼상 1:6)고 했습니다. 브닌나는 한 지붕 아래 사는 가족이었지만 한나를 공격하는 대적이었습니다. "브닌나가 그를 격동시키므로 그가 울고 먹지 아니하니"(삼상1:7) 브닌나의 공격 때문에 한나는 밥을 먹지 못했습니다. 그런데 한나에게 살길이 열렸습니다. 한나가 그 마음의 원통함을 하나님에게 기도하며 상한 마음을 토해냈기 때문입니다. "한나가 마음이 괴로워서 여호와께 기도하고 통곡하며 서원하여 가로되."(삼상1:10). 얼마나 심하게 통곡하며 마음을 토해냈는지 엘리 제사장은 한나가 술에 취한 줄 알고 포도주를 끊으라고 권면했습니다. 한나는 엘리 제사장에게 자신을 이렇게 설명합니다. "나의 주여! 그렇지 아니하니이다. 나는 마음이 슬픈 여자라 여호와 앞에 나의 심정을 통한 것뿐이오니 당신의 여종을 악한 여자로 보지 마소서. 내가 지금까지 말한 것은 나의 원통함과 격동됨이 많음을 인함이니이다." 원통함과 격동됨이 많은 심정을 솔직하게 하나님에게 통회 자복하는 것이 토설기도입니다. 이렇게 마음의 상처를 토설하며 기도하니 심령이 깨끗해집니다. 마음이 치유되니 심령이 천국이 됩니다. 영적인 상태가 되니 하나님의 응답을 받습니다(삼상 1:17).

24장 성도들의 마음을 성전 만드는 교회

(요 14:16-17)"내가 아버지께 구하겠으니 그가 또 다른 보
혜사를 너희에게 주사 영원토록 너희와 함께 있게 하리니"

목회자는 성도들의 심령교회가 하나님의 성전이 되도록 인도
해야 합니다. 어떻게 생각하면 유형교회는 하나님께 예배와 말
씀묵상을 통하여 성도들의 신앙의 성장과 영성훈련을 위하여 필
요하다고 보아도 과언은 아닙니다. 필자는 성도 각자 마음 안의
성전이 견고하게 되면 성도들의 삶은 천국이 된다고 생각합니
다. 요즈음 많은 교회들이 유형교회에 치중한 목회를 하다가 보
니 성도들의 심령교회에 그만큼 관심을 두지 못하는 것은 사실입
니다. 유형교회를 자신의 심령 교회가 잘되어 천국을 누리기 위
하여 나오도록 인도해야 합니다. 그래야 마음이 열려서 교회에
한번이라도 더 나올 수가 있다는 것입니다. 자신의 마음에 있는
교회가 잘되게 하기위하여 교회에는 꼭 나가서 예배드리고 성경
공부하고 기도하면서 성령체험을 해야 한다는 것이 어렸을 때부
터 습관이 되게 해야 합니다.

예수님은 세상 끝 날까지 너희와 항상 함께 하시겠다고 말씀
하셨습니다(마 28:20). 예수님을 믿고 성령으로 거듭난 성도는
성령으로 마음 안에 오신 예수님과 동행해야 합니다. 성령으로
세례 받고 성령으로 기도하여 성령이 충만한 상태가 되어야 영이
신 하나님과 동행할 수 있다는 것을 먼저 이해해야 합니다. 성도

가 예수님과 동행을 해야 하나님의 복을 받아 누릴 수가 있는 것입니다. 영이신 하나님과 교통하는 성도이기 때문입니다.

첫째, 마음을 청소하고 정리해야 한다. 집안을 다스리려면 마음 안에 계신 성령하나님께서 주인으로 좌정하고 계셔야 합니다. 세상에서도 집안을 다스리려면 집안을 청소하고 정리해야 되는 것처럼 마음을 성령으로 청소하고 하나님께서 다스려야 되는 것입니다. 말씀과 성령으로 정신적으로 미움, 분노, 시기, 질투, 교만, 탐욕 같은 쓰레기더미의 원인을 찾아내고 양심에 고통스런 죄책을 다 회개하고 성령의 역사로 씻어야 마음을 다스릴 수가 있는 것입니다. 마음에 세상과 스트레스로 들어온 쓰레기가 잔뜩 쌓여있고 마음이 안정되지 못하고 불완전하게 흩어져서 정신을 차릴 수 없는데 다스려집니까?

마가복음 7장 21절로 23절에 "속에서 곧 사람의 마음에서 나오는 것은 악한 생각 곧 음란과 도둑질과 살인과 간음과 탐욕과 악독과 속임과 음탕과 질투와 비방과 교만과 우매함이니 이 모든 악한 것이 다 속에서 나와서 사람을 더럽게 하느니라" 우리 속에는 세상을 살아오면서 들어온 쓰레기더미가 있습니다. 너나 할 것 없이 우리 가슴을 활짝 펴고 성령으로 충만한 가운데 자신 안을 들여다보면 쓰레기더미가 다 있어요. 남에게만 쓰레기더미가 있다고 손가락질하지 말 것은 내 속에 쓰레기더미가 있는 것입니다. 그러므로 이것을 찾아서 청산해야 돼요. 쓰레기더미를 어떻게 청산합니까? 우리가 성령께서 인도하시는 회개를 통해서 청산할 수 있는 것입니다. 그리고 그때 들어온 귀신들을 성령으로 예수이름으로 몰아내야 합니다.

마음 안에 있는 성전에 하나님을 주인으로 모시고, 성령으로 마음을 정리정돈 하고 여유가 생겨서 마음속이 행복하면 환경이 행복한 환경으로 변화되는 것입니다. 먼저 버려야 할 사소한 생각으로는, 불행하다는 마음과 마음의 고통, 슬픔, 상처 등 주로 부정적인 것들을 다 밀어내야 합니다. 화, 불안, 분노, 비난 등 부정적인 감정들도 지금 당장 버리고 망설이고, 걱정하고, 불신하고, 갈등하고, 조급증, 적대감 등의 행동을 과감하게 성령의 역사를 통하여 버려야 합니다. 마음이 세상 것으로부터 해방되면 행복하게 된다는 것입니다. 우리가 영혼의 만족을 누리면서 성공적이고 행복한 삶을 살기 위해서는 무엇보다 먼저 우리의 생각과 감정과 행동 가운데 부정적이고 소극적인 쓰레기더미를 예수님의 보혈과 성령의 역사로 씻어내고 우리 마음을 십자가 구속의 은혜로 채워야 하는 것입니다.

둘째, 새로운 하늘나라의 마음을 품고 살아야 한다. 하나님께서 마음 성전에 주인으로 계시니 우리는 천국의 삶을 사는 것입니다. 우리는 모두 다 영원한 천국의 꿈을 갖고 사는 것입니다. 꿈이 없는 백성은 망한다고 말한 것입니다. 적은 꿈, 큰 꿈, 살아 있는 사람은 다 마음에 꿈을 갖고 있는 것입니다. 그런데 희망찬 꿈을 갖고 살아야지 꿈이 언제나 비관적이고 절망적이면 절대 행복하지 않습니다. 비관적인 꿈을 가진 사람들이 요사이 자살을 많이 하지 않습니까? 대학생들도 대학교수도 자살을 하거든요. 그러면 희망찬 꿈을 어디에서 얻을 수 있느냐. 우리는 갈보리 십자가를 바라보고 희망찬 꿈을 얻을 수 있는 것입니다. 예수님이 우리의 모든 절망을 십자가에서 청산해 주었기 때문에 십자가를 바라보아야 희망찬 꿈을 얻을 수가 있는 것입니다. 세상 꿈은 왔다갔다, 왔다갔다, 변화무쌍 합니다. 큰돈을 벌겠다고 애를 써서 돈을 벌고 난 다음 대개 건강을 잃어버리고 환경이 어려워지면 순식간에 돈은 다 날아가 버리고 빈손을 들게 되는 것입니다. 그러나 절대로 우리가 실망하지 않는 것은 갈보리 십자가에서 몸 찢고 피흘려 돌아가신 예수 그리스도를 바라보면 그 예수 그리스도 안에서 얻는 꿈은 희망차고 없어지지 않습니다.

마음 안에 주인으로 계시는 예수님을 쳐다보고 용서와 의의 꿈을 언제나 꿀 수 있고 거룩하고 성령충만한 꿈을 꿀 수 있고 치료받고 건강한 꿈을 꿀 수가 있고 아브라함의 복과 형통을 얻을 꿈을 꿀 수 있고 부활 영생 천국의 꿈을 꿀 수가 있습니다. 꿈은 꿈이니까요. 그래서 내 영혼이 잘됨같이 범사에 잘되며 강건하고 생명을 얻되 넘치게 얻는 꿈을 꾸고 나아가면 그 꿈이 우리들을 그 세계로 이끌어 가는 것입니다. 자신이 꿈을 이루는 것이 아닙니다. 절대로 그것은 오해하지 마십시오. 꿈을 가슴에 품고 있으면 성령께서 꿈이 이끌어 가는 것입니다. 그렇기 때문에 꿈을 갖는다는 것은 그렇게 중요한 것입니다. 믿음의 주요 또 온전케 하시는 예수를 바라보라고 성경에 말한 것입니다. 예수를 바라보고 나아가면 그 꿈이 우리를 예수께로 이끌어 주는 것입니다. 그래서 "누구든지 그리스도 안에 있으면 새로운 피조물이라 이전 것은 지나갔으니 보라 새것이 되었도다." 이전의 죄악된 삶,

부패한 삶, 병든 삶, 패배와 실패, 낭패, 가난, 저주의 삶. 죽음의 고통의 삶이 다 사라지고 새로운 삶, 영혼이 잘됨같이 범사에 잘되며 강건하고 생명을 얻되 넘치게 얻는 삶으로 변화되는 것입니다. 그것은 내가 노력하고 힘쓰고 애써서 되는 것이 아니라, 꿈이 그 세계로 이끌어 가는 것입니다. 마음 안에 예수님을 주인으로 모시면 성령이 오셔서 그 꿈대로 변화시켜 주는 것입니다.

셋째, 우리는 믿음을 활용해야 한다. 마음 안에 계신 성령하나님의 권능으로 마음을 다스리기 위해서는 하나님을 주인으로 믿어야 되는 것입니다. 성경에는 하나님을 믿으라고 말했는데 세상 사람들은 믿을 데가 없잖아요. 지위, 명예, 권세, 돈 이런 것을 믿지, 하나님을 못 믿는 것은 하나님을 모르니까. 하나님이 보이지 않으니까! 그러나 극히 어려운 일을 당하면 하나님을 모르는 사람은 믿을 데가 없기 때문에 망하고 마는 것입니다. 이스라엘 백성이 애굽에서 나올 때 바로와 온 군대가 그들을 다 잡으러 나왔는데 홍해수가에 와서 올 데 갈 데가 없었습니다. 군대도 없고 무장도 안 되고 바로왕의 군대를 대항할 수도 없었습니다. 다 잡혀 죽을 수밖에 없었습니다. 그럴 때 이스라엘 백성은 무엇을 했습니까? 모세를 따라서 하나님을 바라보았었습니다. "너희는 오늘날 낙심하지 말고 하나님을 믿으라. 오늘 네가 본 애굽 군대를 다시는 보지 못하리라" 했는데 하나님께서 그들을 위해서 싸워서 홍해수가 갈라졌습니다. 상상할 수 없는 기적이 생겨난 것입니다. 우리가 하나님을 믿는다는 것은 상상할 수 없는 기적이 일어날 것을 기대하고 믿는 것입니다. 하나님을 믿는 것은 일반적인 상식적인 일이 일어날 것이면 하나님을 믿을 필요가 없어요. 우리 감각적으로나 경험 등으로나 이성적으로나 지적으로 가능한 것을 믿으면 그것은 믿음이 아니지요. 불가능한 것을 믿는 것입니다. 할 수 없는 것을 믿는 것입니다. 그렇기 때문에 내가 믿는다고 기도할 때는 반드시 기적이 일어날 것을 기대해야 되는 것입니다. 기적이 없는 믿음은 믿음이 아닙니다. 믿음은 기적이 일어나야 돼요. 내가 영적으로 믿으면 영적인 변화의 기적이 일어나야 되고, 육신적으로 믿으면 육신적인 치료가 기적적으로 일어나야 되고, 생활적으로 믿으면 생활에 사람이 상상할 수 없는 은총이 나타나야 되는 것입니다. 그러므로 하나님을 믿으라는 것은 기적이 일어날 것을 기대하는데 무엇을 믿을까요? 그렇게 말하는 사람이 많습니다. "믿음은 들음에서 나며 들음은 그리스도의 말씀으로 말미암는다고" 성경에 보면 하나님이 주신 약속이 얼마나 많은지 모릅니다. 백화점처럼 많아요. 그러므로 말씀을 읽고 그 말씀이 우리들에게 레마가 되어서 감동을 주면 그 자리에서 무릎을 꿇고 기도해야 역사가 이루어지는 것입니다.

잠언 4장 20절로 22절에 "내 아들아 내 말에 주의하며 내가 말하는 것에 네 귀를 기울이라 그것을 네 눈에서 떠나게 하지 말며 네 마음속에 지키라 그것은 얻는 자에게 생명이 되며 그의 온 육체의 건강이 됨이니라." 말씀이 마음속에 들어오면 그것이 생명이 되고 온 몸에 건강이 되는 것입니다. "네가 내 안에 내 말이 너희 안에 있으면 무엇이든지 원하는 대로 구하라 그러면 이루리라." 우리는 정말로 튼튼한 백을 가지고 있습니다. 이런 하나님이 어디에 계십니까? 그러므로 우리가 예수 이름으로 말씀이 우리 마음속에 믿어지면고 기도하면 하나님이 이루어주시는 것입니다. 그렇기 때문에 믿음이라는 것은 기적을 기대하고 없는 것을 있는 것같이 생각하고 바라보는 것입니다. 없는 것을 있는 것같이 눈에는 아무 증거 안보이고 귀에는 아무 소리 안 들리고 손에는 잡히는 것 없어도 내가 믿는다는 것은 없는 것을 있는 것같이 보고 생각하고 기대하는 것입니다. 그러므로 강하고 담대할 수가 있습니다.

창세기 13장 14절로 15절에 "롯이 아브람을 떠난 후에 여호와께서 아브람에게 이르시되 너는 눈을 들어 너 있는 곳에서 북쪽과 남쪽 그리고 동쪽과 서쪽을 바라보라 보이는 땅을 내가 너와 네 자손에게 주리니 영원히 이르리라" 지금 내 땅이 아닌데 바라보라는 것입니다. 바라봄의 법칙입니다. 바라보고 마음에 내 것이라고 믿고 선언하면 너에게 주겠다. 그런데 가나안 땅 동서남북의 땅을 아브라함과 그 자손에게 다 하나님이 다 주신 것입니다. 바라보라. 책을 읽는 당신은 지금 뭘 바라봅니까? 건강을 바라봅니까? 행복을 바라봅니까? 계속 바라보십시오. 그리고 믿으십시오. 기적이 일어날 것을 기대하십시오. 바라보고 믿고 기적이 일어날 것을 기대하고 입으로 하나님이 은혜를 주셨다고 시인하면 능력이 나타나게 되는 것입니다.

로마서 4장 18절에 "아브라함이 바랄 수 없는 중에 바라고 믿었으니 이는 네 후손이 이같으리라, 하신 말씀대로 많은 민족의 조상이 되게 하려 하심이라" 바랄 수 없는 중에 바라본다. 인간적으로 바랄 수 없는데 우리들은 바라고 믿어요. 하나님이 계시기 때문에…. 그러므로 내일은 오늘보다, 다음 달은 금번 달보다, 명년은 금년보다 나아질 수 있는 것은 마음속에 바라보는 법칙을 따라 바라보고 믿을 수 있기 때문인 것입니다. 마음에 바라보고 믿으면 운명과 환경이 믿음을 따라 변화되는 것입니다. 자꾸 '내 팔자가 나쁘다. 내 환경이 나쁘다. 시대가 나쁘다.' 그렇게 말하지 마십시오. 그 모든 것은 마음을 다스리면 자동적으로 다스릴 수 있습니다. 마음을 다스리고 난 다음에 다스린 마음으로 예수 이름으로 기도하고 명령하면 큰 변화의 역사가 환경에 다가오게 되는 것입니다.

마태복음 9장 20절로 22절에 "열두 해 동안이나 혈루증으로 앓는 여자가 예수의 뒤로 와서 그 겉옷 가를 만지니 이는 제 마음에 그 겉옷만 만져도 구원을 받겠다 함이라" 마음으로 바라봄의 법칙입니다. 아직 안 나았습니다. 혈루병으로 피를 철철 흘리며 고통스러웠습니다. 그런데 마음에 예수님의 옷 가에 손 만대면 낫는다고 바라보고 믿었는데 손을 대자마자 나아버렸습니다. "예수께서 딸아 안심하라 네 믿음이 너를 구원하였다" 보십시오. 먼저 믿음이 있고 그 다음 구원이 따라오는 것입니다. 우리는 그러므로 낙심하지 말아야 되는 것입니다. 용기를 내어서 담대하게 행하십시오. 용기를 잃어버리면 안 되는 것입니다. 행함이 없는 믿음은 죽은 믿음이기 때문에 바라보고 믿고 행하면 기적이 일어나게 되는 것입니다.

예수님께서 "볼지어다. 내가 세상 끝날까지 너와 항상 함께 한다"고 말한 것입니다. 주님께서 내가 하늘과 땅의 모든 권세를 다 가지고 있다고 말하셨습니다. 그분이 우리들과 같이 계시므로 마음속에 예수님을 바라보고 강하고 담대하고 두려워하지 말고 놀라지 말아야 되는 것입니다. 제일 나쁜 것이 두려움인 것입니다. 두려워하고 무서워하고 놀라면 주님은 도와줄 수 없고 사탄이 들어오는 것입니다. 왜냐하면 두려움과 놀라움은 사탄을 청하는 분위기를 만드는 것입니다. 욥이 패가망신하고 온 전신이 동양성 문둥병에 걸려서 기왓장으로 긁으면서 뭐라고 했습니까? 내 무서워하는 것이 내 몸에 왔고 내 두려워하는 것이 내 몸에 미쳤구나. 욥이 잘 나갈 때 마음속에 잘못된 것을 바라보았다는 말입니다. 마음속에 자기가 패가망신하고 문둥병이 걸릴 것을 꿈꾸었다는 말입니다. 그것이 두려움과 공포가 되어 있었는데 그대로 이루어졌어요. 긍정적으로 바라보면 긍정적인 일이 생기고, 부정적으로 바라보면 부정적인 것이 생기기 때문에 부정적인 것은 당장 회개하고 쫓아내 버리고, 긍정적인 것은 예수님의 말씀을 통해서 마음에 꿈꾸고 믿고 시인하십시오. 그러면 그것이 이루어지는 것입니다. 히브리서 10장 35절에 "너희 담대함을 버리지 말라 이것이 큰 상을 얻게 하느니라"

네 번째, 말로써 마음을 다스려야 한다. 말이 제일 중요한 것은 말을 통해서 생각하고 말을 통해서 바라보고 말을 통해서 믿고 말을 통해서 행동하게 되는 것입니다. 사람은 말에 대해서 깊이 생각 안하는데 말이 자신을 붙잡고서 좌우하는 것입니다. 믿었다고 해도 말하지 않으면 믿음이 아니지 않습니까? 하나님께서 하실 줄 믿습니다. 말로 하면 믿음이 나타나는 것입니다. 꿈도 마음속에 가만히 혼자서 어떻게 꿈꿉니까? 나는 꿈을 꾸고 있습니다. 무슨 꿈을 꾸느냐. 영혼이 잘됨같이 범사에 잘되며 강건한 꿈을 꾸고 있습니다. 말을 하면 그 꿈이 선명해진다는 말입니다. 마음에서 올라오는 말을 해보십시오. 그 꿈이 마음에 아주 확실하게 되잖아요. 그렇기 때문에 자꾸 말로써 '나는 행복합니다. 나는 기쁘고 즐겁습니다.' 하면 마음속에 행복한 꿈과 즐거운 꿈이 마음속에 그려져요. 그런데 말을 안 하면 안 됩니다. 말을 할 때 영혼 속의 하나님의 권능이 나타나는 것입니다. 영혼의 권능은 말을 통해서 나타나는 것입니다.

잠언서 18장 21절에 "죽고 사는 것이 혀의 힘에 달렸나니" 힘이 있지요. 혀가 힘이 있습니다. "죽고 사는 것이 혀의 힘에 달렸나니 혀를 쓰기 좋아하는 자는 혀의 열매를 먹으리라" 영혼 속에서 입을 통하여 선포한 말이 공중분해 되는 것이 아니고, 말한 그대로 열매를 맺어서 먹도록 만들어 주는 것입니다. 야고보서 3장 2절에 "우리가 다 실수가 많으니 만일 말에 실수가 없는 자라면 곧 온전한 사람이라 능히 온 몸도 굴레 씌우리라" 말이 온 몸을 굴레 씌우는 것입니다. 그러므로 말이라는 자체가 얼마나 힘이 있는지 모릅니다. 말을 통해서 믿음의 분위기를 만들어야 됩니다.

왜냐하면 마음속에 긍정적인 생각과 긍정적인 꿈과 긍정적인 믿음과 긍정적인 말을 해서 긍정적인 분위기를 만들어 놓으면 성령이 임재하십니다. 분위기가 얼마나 중요한지 몰라요. 음식물 쓰레기가 들어있는 쓰레기통을 갖다 놓으면 쥐가 옵니다. 쥐가 오지 말라고 해도 쓰레기통을 갖다 놓으면 쥐가 오고 벌레들이 오는 것입니다. 그러나 꽃을 갖다 놓으면 나비와 벌들이 옵니다. 마음 안에 있는 영혼에 어떠한 분위기를 만드느냐에 따라서 환경이 달라지는 것입니다. 그러므로 마음 안에 예수 그리스도의 보혈로 말미암아 영혼이 잘되고 범사에 잘되며 강건한 분위기를 만들어 놓으면 좋은 일이 한없이 생겨나는 것입니다. 이 마음의 분위기를 잘 만드는데 가장 공로를 세우는 것이 말입니다. 로마서 10장 8절로 10절에 "말씀이 네게 가까워 네 입에 있으며 네 마음에 있다 하였으니 곧 우리가 전파하는 믿음의 말씀이라 네가 만일 네 입으로 예수를 주로 시인하며 또 하나님께서 그를 죽은 자 가운데서 살리신 것을 네 마음에 믿으면 구원을 받으리라 사람이 마음으로 믿어 의에 이르고 입으로 시인하여 구원에 이르느니라"

아무리 마음에 믿어도 말을 하지 않으면 구원에 이르지 않습니다. 처음 믿는 사람 일어나서 기도를 따라하는 이유가 거기에 있는 것입니다. 믿음으로 일어났지요. 그러나 내 말을 따라 해야 구원을 받는 것입니다. 말이 그렇게 중요해요. 마음의 긍정적인 분위기 속에 하나님께 집중적으로 성령으로 기도하면 기도가 응답이 되는 것입니다. 마음에 긍정적인 분위기가 되어서 "예수 안에서 할 수 있다. 하면 된다. 해 보자. 주님이 살아계신다. 하나님께서 나와함께 하신다." 레마의 말씀을 선포하면 주님이 이루어 주실 것을 믿고 말을 하면 믿음을 보시고 기적을 일으켜주십니다. 마음의 분위기가 만들어졌으니까. 환경이 만들어졌으니까, 기도가 마음 하늘에 능력 있게 상달되는 것입니다.

"아무 것도 염려하지 말고 다만 모든 일에 기도와 간구로, 너희 구할 것을 감사함으로 하나님께 아뢰라 그리하면 모든 지각에 뛰어난 하나님의 평강이 그리스도 예수 안에서 너희 마음과 생각을 지키시리라"(빌 4:6~7). 우리가 마음의 생각이 평강으로 꽉 들어차서 기도하면 모든 일이 다 이루어진다고 말씀해 주고 있는 것입니다. 마음 안에 있는 영혼에서 올라오는 기도는 하나님의 말씀이므로 말한 대로 이루어지는 것입니다.

다섯째, 마음의 성전을 가꾸어야 한다. 마음의 성전을 가꾸어야 영혼의 만족으로 행복합니다. 크리스천의 모든 권능은 마음 안에 있는 성전에서 흘러나오는 것입니다. 우리는 늘 깨어서 마음 안에 있는 성전에 세상 것들이 들어와 집을 짓지 못하도록 말씀을 묵상하고 성령으로 기도하면서 마음 성전을 정화시켜야 합니다. 아하스가 죽은 후, 그의 아들 히스기야가 왕이 되었습니다. 히스기야는 지난 세월 교만했던 이스라엘과 유다 왕들과는 달리 다윗이 한 모든 것을 그대로 본받아 행한 올바른 왕이었습니다. 그는 25세의 젊은 나이에 왕이 되었지만 하나님의 마음을 알았기 때문에 하나님 보시기에 옳게 행함으로 닫혀있던 성전 문을 열고 수리했습니다. 그리고 제사장들과 레위 사람들을 모으고 자신을 성결케 하고 성전을 성결케 하여 더러운 것을 없애도록 지시했습니다. 이것이 바로 성전 정화 사건입니다. 신약에서 예수님도 성전을 정화하셨습니다. 사람들의 부패하고 그릇된 신앙의 척도를 바로잡기 위해 히스기야와 예수님은 성전을 정화한 것입니다.

필자도 하나님 앞에 무릎 꿇고 기도할 때마다 내 마음의 성전에 예수님이 주인으로 들어 오셔서 순결한 자녀라고 여겨주실지 생각하면서 성령으로 기도합니다. 내 안에는 열등감, 비교의식, 경쟁의식, 실패감이 깊게 자리 잡혀 있습니다. 어떤 상황 속에서는 이러한 의식이 수면위로 드러나면서 내 자신이 하나님 앞에서 순결해지는 것을 방해하고 공격적으로 만듭니다. 예수님은 이러한 의식들을 버리라고 말씀하십니다. 이러한 어둠에 속한 의식들을 내어버리고, 빛 가운데서 자유하며 살라고 말씀하고 계신 것입니다. 왜냐하면 내가 성결하게 되지 않고는 세상에 영향력을 줄 수 없기 때문입니다. 내가 성결하게 되는 것은 내 안의 마음의 성전에서 하나님의 권능이 흘러나와야 할 수 있기 때문입니다. 말씀을 묵상하고 성령으로 영의기도를 하면서 오늘 하루 내 자신을 성결하게하고 열등감과 비교의식, 경쟁의식을 버립니다. 그때마다 하나님은 내게 아버지의 마음을 느낄 수 있게 해주시고, 평안을 느끼게 하시고, 마치 다윗이 고백한 것처럼 "실로 내가 내 영혼으로 고요하고 평온하게 하기를 젖 뗀 아이가 그의 어머니 품에 있음 같게 하였나니 내 영혼이 엄마품에 있는 젖 뗀 아이와 같도다."(시 131:2). 항상 하나님의 얼굴을 구하면서 마음의 성전을 가꾸고 살아야 합니다. 하나님은 우리들에게 천국의 마음을 품고 사는 은혜를 허락하실 것입니다.

분명하게 보이는 건물이 성전이 아닙니다. 예수 믿는 내가 성전입니다. 마음 안에 하나님께서 좌정하고 계시는 성전이 있기 때문입니다. 자신은 걸어 다니는 성전입니다. 성전은 하나님을 만나는 곳이고 하나님의 기쁨이 되는 곳이기 때문입니다. 그러니 내가 교회에 오면 교회가 성전입니다. 내가 가정에 가면 가정이 성전입니다. 우리가 일터에 나가면 그곳이 성전입니다. 자신 안에 성전이 있기 때문입니다. 거기서 주님과 동행하며 주님의 기쁨이 되어야 하기 때문입니다. 그런데 그 성전이 인간의 욕망으로, 돈 때문에 타락하고 말았습니다. 예수님은 그 성전에 들어가셔서 모든 것을 뒤집어 엎으셨습니다. 예수님이 성전이시기 때문입니다. 돈이 기준이고 인간의 욕망이 기준인 곳은 이미 성전이 아니기 때문입니다. 주일은 영과 진리로 예배를 드리며 우리의 마음의 성전을 청소하는 날입니다. 우리의 마음의 성전, 주님이 우리 심령에 거하실만하실까? 우리의 마음은 깨끗할까? 그렇지 못하면 성령의 임재 가운데 주님의 보혈에 의지하며 고백하며 청소해야합니다, 그리고 말씀과 성령으로 충만하게 채워야 합니다. 그래야 다시 주님과 통할 수 있습니다. 우리 기도하십시다.

"예수님! 부족하고 연약한 저를 성전 삼아 주시니 감사합니다. 오늘도 성전 된 우리의 심령을 성령의 임재 가운데 주님의 보혈과 생명의 말씀으로 청소하여 주옵소서. 그래서 걸어 다니는 성전으로 살게 하소서. 우리가 가는 곳이 성전이 되게 하소서. 가정이 일터가 운전하는 차 안이 우리의 입이, 우리의 눈과 귀가, 우리의 손과 발이 주님의 성전이 되게 하소서. 주님의 기쁨이 되게 하소서. 때때로 흔들리고 넘어지지만 다시금 일으켜 세우시고 회복시키실 줄로 믿습니다. 우리의 기도를 좋아하시는 예수님의 이름으로 기도합니다. 아멘."

25장 예수님이 하신 일을 하는 교회

(행 10:38)"하나님이 나사렛 예수에게 성령과 능력을 기름 붓듯 하셨으매 그가 두루 다니시며 선한 일을 행하시고 마귀에게 눌린 모든 사람을 고치셨으니 이는 하나님이 함께 하셨음이라"

예수님께서 세례요한에게 세례를 받으신 후에 하늘 문이 열리고 하늘에서 성령이 비둘기 같이 그 위에 임하시고 하나님이 이는 내 사랑하는 자요, 내 기뻐하는 아들이라는 음성으로 보장을 해주셨습니다. 그리고 예수님께서 자기가 태어난 동네에 내려가서 안식일에 회당에 들어가니까 예수님에게 성경책을 갖다 주었습니다. 성경책에 예수님은 누가복음 4장 16절로 21절에 있는 말씀을 펼쳐서 그들에게 읽어주셨습니다. 예수님은 교회가 그냥 막연하게 사람들이 오다가다 모인 곳이 아니라 예수님의 몸 된 교회요. 성령이 오순절 날에 임한 성령의 집인 것입니다. 그러므로 교회에 참석한 우리들은 예수님을 만나러 교회에 오는 것이고 성령님의 역사를 체험하기 위해서 교회에 오는 것입니다.

우리가 그냥 텅 빈 공간에 서로 교제하기 위해서 모였다가 헤어지는 곳이 교회가 아닙니다. 유형교회는 성도 한사람, 한사람의 심령교회에 계시는 성령님이 역사하시는 곳입니다. 성령의 전입니다. 성령께서 성전에 가득하게 와계십니다. 교회는 엄청난 하나님의 문제 해결의 역사가 이루어지는 곳이 교회인 것입니다.

첫째, 가난한 자에게 복음을 전하기 위하여 기름 부으심을 주셨다. 주님께서 교회에 임하셔서 행하실 일을 스스로 말씀했는데 교회는 가난한 자에게 복음을 전하기 위하여 예수님께 기름을 부으시고, 교회에 예수님이 계셔서 복을 내려주시는 곳이 교회라는 것입니다. 여기에 가난한 자라는 것은 물질적으로 가난한 자라 말하는 것이 아닙니다. 심령에 하나님의 영(말씀)이 충만하지 못한 사람을 말하는 것입니다. 아담과 하와가 에덴동산에서 쫓겨난 이후로 땅은 저주를 받아 가시와 엉겅퀴를 내었고 물질적으로 늘 가난하고 헐벗고 굶주렸습니다. 굶주린 사람들에게 하나님의 은혜를 전하러 오셨습니다. 좋은 소식을 가난한 자에게 주는데, 가난한 사람에게 좋은 소식이 뭡니까? 가난을 면하는 것이 좋은 소식 아닙니까? 예수님은 교회에 오시는 이유가 "종교적인 의식이나 형식을 취하기 위해서 오시는 것이 아니라, 현재 배고프고 헐벗고 굶주리고, 병들어 영적으로 갈급함으로 고통당하는 사람들에게 좋은 소식을 전하려고 왔다." 그러므로 오늘 이 자리에 와 계신 예수님은 우리에게 속삭이십니다. "나는 너에게 좋은 소식을 전하기 위해서 왔다. 가난하고 헐벗고 굶주림에서 너를 벗어나게 해주고, 헐벗고 굶주리고 고난당한 자를 오히려 도와줄 수 있도록 축복하기 위해서 내가 네게 왔다." 그러므로 우리는 교회에 나옴으로 예수님이 우리를 부요케 하신다는 것을 알아야 되는 것입니다. 우리 마음이 언제든지 "나는 가난하다. 나는 못산다. 잘 안 된다." 그런 마음을 품고 있으면 안돼요. 예수님께서 우리를 축복해주셔서 부요하게 살게 하려고 교회에 오셨다는 것입니다. 그러므로 우리의 마음이 풍요로운 생각으로 가득 차 있어야 되는 것입니다. "나는 축복받았다. 나는 주님께서 일용할 양식을 늘 공급해주신다. 나는 하나님의 영광을 위해서 부자가 된다." 우리가 부끄럼 없이 그렇게 말할 수 있는 것입니다.

왜냐하면 이스라엘 백성이 애굽을 나와서 광야에 들어왔을 때에 대략 숫자가 한 300만이 되었습니다. 한 300만 되는 이스라엘 백성에게 매일 같이 먹을 양식을 주셨습니다. 광야에서 농사도 지을 수 없고, 모래벌판, 민둥산 밖에 없는 그런 광야에서 하나님은 40년 동안 300만에게 하루 삼시 세 때 먹게 해주셨습니다. 만나를 주셨어요. 농사를 사람들이 짓지도 않았는데 아주 가난하고 헐벗고 굶주리고 못 먹고 영양실조가 되어 죽어야 될 곳인데 거기에 하나님께서 만나를 내려 주셔서 40년 동안 먹었습니다. 그러므로 하나님이 우리 교회에 와서 복을 주신다고 말하면 하나님이 교회에 와서 어떻게 복을 주시느냐? 주님께서 사업장을 주시느냐? 농토를 주시느냐? 어떻게? 아, 이스라엘 백성에게는 아무 것도 없는 곳에서 40년 동안에 만나를 주셨는데 하나님이 변화되나요? 어제나 오늘이나 동일하신 하나님이십니다.

예수님께서 갈릴리 호숫가 광야에서 남자만 오천 명, 부녀자가 기만명이 왔을 때, 오병이어로 오천 명을 먹이고 열두 바구니가 남게 했습니다. 그 이후에 다시 한 번 사천 명에게 배불리 먹게 한 적이 있습니다. 주님께서는 전능하신 하나님이기 때문에 꼭 심고 거두어야 되는 줄 알지만은 주님이 원하시는(대로) 축복하시면 그 축복이 우리 눈앞에 나타나게 되는 것입니다. 아브라함이 갈대아

우르에서 하나님의 부름을 받아서 가나안 땅에 들어왔을 때, 주님이 말씀으로 축복을 주셨습니다. "너는 네 고향과 친척과 아버지의 집을 떠나 내가 네게 보여준 땅으로 가라. 내가 그 곳에서 큰 민족을 이루어 주고 크게 축복해 주리니 너는 복이라." 복의 자체 복덩어리라는 것입니다. "사람이 너에게 저주하면 내가 그를 저주할 것이요. 네게 복을 빌면 그에게 복을 내려 줄지니 온 세상이 너로 말미암아 복을 받을 것이라." 75살 먹는 노인에게 새 인생을 출발하라고 하시고 난 다음에 말씀으로 복을 주셨습니다.

하나님의 말씀으로 복을 받으면 그 말씀이 가는 곳마다 복을 가지고 오는 것입니다. 우리가 예수를 믿으면 주님께서 가난한 자에게 복된 소식을 전하러 오신 주님이기 때문에 주님이 축복을 해주시는 것입니다. 고린도후서 8장 9절에 보면, "우리 주 예수 그리스도의 은혜를 너희가 알거니와 부요하신 이로서 너희를 위하여 가난하게 되심은 그의 가난함으로 말미암아 너희를 부요하게 하려 하심이라" 야~ 참 놀라운 말씀 아닙니까? 부요하신 자로서. 예수님이 천지와 만물을 지으셨으니 말할 수 없이 부요하지요. 부요하신 예수님이 너희를 위해서 가난하게 되셨다. 집도 없고, 거할 곳도 없는 노숙생활을 하면서 그가 3년 반 동안 목회를 하시고 십자가에서 돌아가셨는데, 그 부요하신 예수님이 가난하게 되신 것은 그의 가난함을 인하여 우리를 부요케 하려 하셨다. 주님께서 우리들의 귀에 대놓고 말씀하는 것입니다.

"걱정하지 마라. 내가 너를 부요케 하기 위해서 너희 가난을 걸머지고 십자가에서 죽는다. 내가 다 이루었다." 빌립보서 4장

19절에 "나의 하나님이 그리스도 예수 안에서 영광 가운데 그 풍성한 대로 너희 모든 쓸 것을 채우시리라" 우리가 이런 말씀을 읽을 때 우리 마음의변화가 와야 되고 생활에 변화가 와야 되는 것입니다. 우리를 위해서 예수님이 가난하게 되셨는데 예수님이 우리를 부요하게 하기 위해서 축복을 해주셨고 그 다음에는 우리의 생활에 필요한 것을 다 채워 주시는데 이 말씀을 듣고 난 다음에 우리 마음속에 꿈이 달라져야 되는 것입니다. 가난하고 헐벗고 굶주린 꿈이 아니라 주께서 우리에게 축복을 해주셨음으로 만나도 임하고 오병이어의 기적도 나타나고 우리가 가난을 벗어나서 오히려 우리 이웃의 가난한 사람에게 도움을 베푸는 처지에 있게 되는 우리 자신을 바라본 꿈이 생겨나야 되는 것입니다.

스스로를 꿈꾸어 볼 때 자화상이 축복받은 자화상을 가지고 있으면 생활 자체가 달라지는 것입니다. 오늘 우리 주님께서는 예수 그리스도를 통해서 가난한 자에게 복된 소식을 주어서 복되게 하는 것이 하나님의 뜻 이라고 하는 것을 보여주는 것입니다. '내가 잘 사는 것이 하나님 뜻이 아니다. 가난하고 헐벗고 굶주려서 고난을 받아야 그것이 하나님 뜻이다.' 사람들은 그렇게 자꾸 하나님 말씀의 뜻을 자기중심으로 생각하는데 하나님이 성경에는 가난한 것이 하나님 뜻이라고 말하지 않습니다. 하나님의 뜻은 지금 이땅에서 마음의천국을 이루고 아브라함의 복을 받아 누리며 하나님의 나라 건설의 군사로 살다가 천국에 들어가는 것입니다. 스스로 자신을 비하하지 말기를 바랍니다.

둘째, 포로 된 자가 교회에 오면 자유를 얻는다. 모든 사람들이 다 죄의 포로가 되어있는 것입니다. 아담과 하와의 자손 치고 죄의 포로가 되지 않은 사람은 없습니다. 죄악에서 포로 된 사람이 자기 힘으로 아무리 해방이 되려고 해도 해방이 되지 못합니다. 우리의 일생의 죄를 예수님의 십자가 피로써 씻음을 받은 것처럼, 모든 허물도 예수 그리스도의 십자가의 보혈로 씻음을 받지 않고는 허물의 사함을 받을 수가 없습니다. 우리가 죄만 용서받는 것이 아니라, 나쁜 습관도 십자가의 보혈로 해방을 얻을 수가 있는 것입니다. 우리 예수 믿는 사람들이 알아야 될 것은 크고 작은 모든 것이 예수님의 보혈을 믿음으로 말미암아 해방될 수 있다는 것입니다. 인간의 행위로 되는 것이 아니라, 믿음으로 죄 사함을 받고 믿음으로 허물을 벗어버리고 믿음으로 영혼이 잘되고 범사에 잘되며 강건하며 생명을 얻되 풍성히 얻고 믿음으로 주의 품에 안겨서 갈 수 있는 것입니다.

로마서 8절 1절로 2절에 "그러므로 이제 그리스도 예수 안에 있는 자에게는 결코 정죄함이 없나니 이는 그리스도 예수 안에 있는 생명의 성령의 법이 죄와 사망의 법에서 너를 해방하였음이라" 해방 받은 우리가 여기 앉아있는 것입니다. 우리가 일본사람 치하에서 36년 동안 나라를 잃어버리고 정말 인간 이하의 대접을 받았고 식민지의 종으로 살았습니다. 그러나 해방이 다가오자 우리 국가와 민족이 자주독립을 얻게 된 것처럼, 예수 그리스도의 십자가 보혈과 생명과 성령의 역사로 말미암아 죄와 불의와 모든 나쁜 습관을 깨끗이 씻음을 받을 수 있는 것입니다. 갈라디아서 5장 1절에 "그리스도께서 우리를 자유롭게 하려고 자유를 주셨으니 그러므로 굳건하게 서서 다시는 종의 멍에를 메지 말라" 그러므로 십자가에 못 박히신 예수 그리스도의 은혜와 보혈의 권세를 깊이 믿어야 되는 것입니다. 말이 영이요, 생명이라 했으니 믿음의 말, 축복의 말을 하시기를 바랍니다.

우리 예수 믿는 사람의 가장 위대한 은혜는 믿는 것입니다. 믿음 이외에 우리가 뭐 "선한 행위를 함으로 말미암아 하나님께 불쌍히 여김을 받아서 구원을 받는다."고 생각하는 것은 얼토당토한 일인 것입니다. 우리는 죄를 짓고 불의하고 추악하고 버림을 받아야 마땅함에도 불구하고 예수님의 십자가 보혈로 깨끗이 씻음을 받았다. 의롭다 함을 입되 평생에 죄를 한 번도 안 지은 사람같이 의롭다 함을 입고 그리스도를 통해서 천국에 갈 수 있게 되었으니 얼마나 감사한 일입니까? 마귀는 우리를 여러 가지 나쁜 습관으로 포로를 삼습니다. 우리 인류의 문명은 날이 갈수록 발전을 거듭하지만은 인간은 여전히 죄의 포로가 되어 살아가고 있는 것입니다. 유형교회에 나와서 성령 충만 받으면서 우리를 묶는 악한 영들을 몰아내는 것입니다.

셋째, 눈먼 자를 다시 보게 한다. 우리 주 예수 그리스도께서 계신 교회에 우리가 왜 나오느냐? 눈을 다시 떠서 보게 하기 위해서 우리가 나옵니다. 아담과 하와는 하나님의 형상과 모양을 본따 지음 받아 그 영성이 살아있기 때문에 하나님을 보고 하나님과 서로 대화할 수 있습니다. 그러나 타락하고 난 다음에 영이 죽으므로 영안도 죽고 말은 것입니다. 육신의 눈은 있으나 영적인 눈은 죽어 버렸었습니다. 그런데 교회에 와서 예수 그리스도를 믿음으로 말미암아 영적으로 새로 태어나면 영안이 열려서 교회가 예수 그리스도의 몸 된 것이 교회요, 성령이 이곳에 임재하여 계시고, 예수 그리스도와 성령이 구하는 우리들을 축복해 주신다는 것을 깨달아 알 수 있게 만들어 주시는 것입니다.

우리의 영안이 열려서 하나님 세계를 볼 수 있게 된다는 것은 얼마나 놀라운 일입니까. 에베소서 1장 17절로 19절에 "우리 주 예수 그리스도의 하나님, 영광의 아버지께서 지혜와 계시의 영을 너희에게 주사 하나님을 알게 하시고, 너희 마음의 눈을 밝히사, 그의 부르심의 소망이 무엇이며, 성도 안에서 그 기업의 영광의 풍성함이 무엇이며, 그의 힘의 위력으로 역사하심을 따라 믿는 우리에게 베푸신 능력의 지극히 크심이 어떠한 것을 너희로 알게 하시기를 구하노라" 엄청난 하나님의 은혜를 우리가 영안을 가지고서 깨닫고 알게 되고, 믿게 되고, 구하게 되고, 그리고 우리의 생활은 교회를 통해서 천국 생활을 할 수 있게 된다는 것입니다. 우리 눈을 다시 떠서 하나님이 우리를 위해서 예비해 놓으신 영광을 소유해야 되겠습니다.

넷째, 눌린 자를 자유하게 하는 역사를 베풀어 주시는 것. 질병은 삶의 자유를 빼앗아 갑니다. 성령께서 교회에 참석한 성도들을 자유하게 하십니다. 마귀가 억압하여 병이 들게 하므로 마귀를 쫓아내고 병을 고치셨습니다. 그런 역사를 하나님이 베푸시는 것입니다. 하나님은 병을 굉장히 미워하십니다. 예수 그리스도께서 3년 반 동안 이 땅에서 목회하셨는데, 병든 자의 병을 안 고쳐준 적이 없습니다. 먼 곳에서 병을 고쳐달라고 하면 출장을 가서 병을 고쳐주셨습니다. 제자들에게도 회개하라 천국이 가까이 왔다 하고 가는 곳마다 병든 자를 고쳐주고 귀신을 쫓아내라고 한 것입니다. 기독교는 병을 고치는 종교인 것입니다. 교회는 병든 자들이 와서 기도하고 치료를 받는 장소가 교회인 것입니다.

오늘날 의사 선생님이 열심히 해서 많은 병을 고쳐주신 것을 감사하게 생각합니다. 그러나 인간의 힘으로 안 될 때, 성령의 권능이 역사하는 교회에 와서 우리가 기도하면 하나님의 기적이 나타나는 것입니다. 어떠한 사람은 우리가 의학적인 도움을 받아서 치료하면 하나님이 진노하셔서 기도를 안 들어 준다고 그렇게 오해를 하는데 그렇지 않습니다. 하나님이 원하시는 것은 치료에 있지 '병원에 가서 치료를 받아서 나았느냐, 주님이 안수기도를 해서 나았느냐' 그것을 따지지 않습니다. 크리스천이 치료해서 건강해지기를 하나님이 원하시는 것입니다. 그러므로 질병이 있을 때 하나님께 기도하면 병원에 보내서 병원의 도움을 받게 하기도 하시고, 그렇지 않으면 주님이 주님의 일꾼을 통해서 직접 안수해서 고쳐주기도 하시는 것입니다.

그러므로 방법에 대해선 걱정하지 말고, 구원의 치료를 받는다는 그 목적을 주님께서 관심을 가지고 계시다는 것을 잊지 마시기 바랍니다. 사도행전 10장 38절에 보면 "하나님이 나사렛 예수에게 성령과 능력을 기름 붓듯 하셨으매 그가 두루 다니시며 선한 일을 행하시고 마귀에게 눌린 모든 사람을 고치셨으니 이는 하나님이 함께 하셨음이라" 모든 사람을 고쳤다. 특별한 사람만 고친 것이 아닙니다.

하나님께서 예수님을 보내시매 그가 두루 다니시며 모든 사람을 고쳐주셨다. 크리스천 한사람 한 사람이 예수님의 몸이니깐, 유형교회 와서 기도를 통해서 예수 그리스도의 음성을 듣고 순종하면 불치병도 낫는 것입니다. 교회에 나와 예배를 통하여 예수님을 만나면 그 만남으로 은혜 속에서 주님이 고쳐주시는 것입니다. 고치는 것이 하나님의 뜻이요, 안 고치는 것은 마귀의 뜻인 것입니다. "도적이 오는 것은 도적질하고 죽이고 멸망시키는 것뿐이요 인자가 오는 것은 양으로 생명을 얻게 하되 더 풍성히 얻게 하려고 오노라" 죽이는 사망의 역사는 마귀가 가져오고 생명의 역사는 하나님의 아들이 가지고 오시는 것입니다. 축복을 받는 것은 하나님 아들이 주시는 것이요, 패망케 하는 것은 원수마귀가 하는 것입니다.

이 병은 스트레스에 의해서 온다고 성경은 가르쳐주고 있는 것입니다. 스트레스에 걸리면 온갖 병이 다 나타나는 것입니다. 눌림을 당하면 병이 됩니다. 마음이 눌리면 마음이 병들고, 육신이 눌리면 몸이 병드는 것입니다. 눌리는 것을 스트레스라 하는데 우리 국민의 일상생활의 스트레스와 직장인의 업무 스트레스가 OECD국가들 중 최고 수준이라는 것입니다. 스트레스를 우리 한국 사람들이 제일 많이 받고 있다는 것입니다. 우리 사회는 경쟁이 심하기 때문에, 일생동안 스트레스를 경험하는데, 청소년에게는 과도한 입시 경쟁 때문에 입시 스트레스가 굉장히 괴롭게 하는 것입니다. 청년은 취업난 때문에 스트레스를 받고, 장년은 가계 및 빚이 너무 많으므로 업무상 스트레스를 받고, 어쩌면 해고 되어 직장을 잃지 않을까하는 불안 때문에 스트레스와 고난을 받고 있습니다. 노년기에는 질병과 빈곤으로 스트레스에 시달리고 있는 것입니다. 우리 한국 사람은 말할 수 없는 스트레스를 당하고 있는 것입니다. 이 스트레스를 처리하는 곳이 교회입니다.

그런데 유형교회에 나와서 성령으로 충만 받으면 성령의 역사가 심령에 쌓인 스트레스를 몰아냅니다. 성령의 역사로 스트레스에서 해방과 자유를 얻게 되고, 치료받게 되는 것입니다. 봄철에 길거리를 걸어가다가 돌 밑에서 노랗게 떠 있는 풀을 보고 돌을 치워주고, 얼마 안 있으면 새파랗게 그 풀이 살아서 일어나는 것입니다. 풀이 돌에 눌리면 노랗게 되고 죽습니다. 마귀가 일으키는 스트레스에 눌리면 마음도 노랗게 되고, 몸도 노랗게 되고, 생활이 노랗게 되는 것입니다. 사람의 힘으로 스트레스를 벗어나지 못하지 않습니까? 그런데 교회 와서 예배드리며 성령으로 기도하여 성령으로 충만을 받으면 성령께서 스트레스를 다 몰아내고, 치워버리는 것입니다. 그리고 믿음, 소망, 사랑, 의, 평강을 통해서 새로운 힘을 얻어 일어나게 만들어 주시는 것입니다. 하나님은 유형교회를 통하여 마음의 상처와 스트레스와 질병을 치유하여 자유하게 하시는 것입니다.

다섯째, 하나님의 은혜의 해를 전한다. 하나님께 나오는 궁극적인 목적은 구원을 얻어 지금 마음의 천국을 이루고 아브라함의 복을 받아 누리며 하나님의 군사로서 사명을 감당하다가 천국에 들어가는 것입니다. 세상 사람들은 우리가 구원을 얻기 위해서 의로운 삶을 살아야 하고, 행위를 정직하게 해야 한다고 하나 행위로 구원받을 사람은 한 사람도 없습니다. 그래서 예수님이 오셔서 인간을 대신하여 고난을 받으시고 믿음으로 '하나님의 은혜로 구원을 받는 것'을 선포하는 것입니다. 인간은 이 땅에 태어나서 천진난만한 시대에 아담과 하와가 살았으나 죄를 짓고 난 다음에는 양심시대가 되어 양심대로 살다가, 그 다음엔 율법을 주셔서 율법시대가 다가왔고 지금은 예수님을 통해서 은혜의 시대에 살고 있는 것입니다. 천진난만한 시대의 사람은 천진난만하게 살았습니다.

그러나 양심시대가 왔는데 양심대로 살지 못했고, 율법시대가 왔는데 율법을 다 어기고…. 어떻게 해야 하나님 앞에 인정을 받고 살겠습니까? 예수 그리스도의 십자가 보혈을 통해서 이젠 믿음으로 은혜를 받아서 구원 받는 은혜의 시대에 우리가 살고 있습니다. 우리들은 지구상에 살아있는, 살아 온 사람들 중에 가장 문명이 좋은 시대에 살고 있는 것입니다. 갈라디아서 2장 16절에 보면 "사람이 의롭게 되는 것은 율법의 행위로 말미암이 아니요" 좋은 일을 한다고 구원받는 것이 아닙니다. "율법의 행위로 말미암는 것이 아니요, 오직 예수 그리스도를 믿음으로 말미암는 줄 알므로 우리도 그리스도 예수를 믿나니, 이는 우리가 율법의 행위로써가 아니고, 그리스도를 믿음으로 의롭다 함을 얻으려 함이라. 율법의 행위로써 의롭다 함을 얻을 육체가 없느니라"

유형교회에서 가장 위험한 것이 행위로 열심히하고 판단하는 것입니다. 아! 나는 너보다 열심히 봉사한다. 아! 나는 너보다 더 성경을 많이 않다. 아! 나는 너보다 기도를 많이 한다. 거짓말을 너보다 좀 적게 하고, 탐욕도 너보다 적고, 그래도 덜 교만하다. 너보다 낫다. 하나님은 오늘날 더 낫다, 더 못하다 계산하지 않습니다. 좌우지간에 죄는 조그마한 것도 죄요, 많은 것도 죕니다. 죄의 값은 사망이요, 하나님의 은혜는 보혈을 통하여서 영생인 것입니다. 그러므로 자랑할 것이 없습니다. 에베소서 2장 8절처럼 "너희는 그 은혜에 의하여 믿음으로 말미암아 구원을 받았으니 이것은 너희에게서 난 것이 아니요 하나님의 선물이라" 선물에는 조건이 붙어 있지 않습니다. 무조건하고 공짜로 주는 것입니다.

하나님은 예수 그리스도의 생명을 대속으로 내어놓고 난 다음 그 은혜로 우리를 구하는 것이기 때문에 믿기만 하면 되는 것입니다. 하나님께 감사하고 믿고! 너무너무 감사하지 않습니까? "그 은혜를 인하여 믿음으로 말미암아 구원을 얻었으니 이것은 우리에게서 난 것이 아니요 하나님의 선물이라" 행위에 말미암는 것이 아니니 그러므로 자랑할 것이 없느니라! 주님만 믿기만 하면 구원이 다가오는 것입니다. 고린도후서 6장 2절에 "이르시되 내가 은혜 베풀 때에 너에게 듣고 구원의 날에 너를 도왔다 하였으니 보라 지금은 은혜 받을 만한 때요 지금은 구원의 날이라" 오늘날 우리가 살아있는 지금이 은혜와 구원을 받는 때인 것입니다. "교회는 무엇을 하는 곳이며, 왜 와야 되는가"를 예수님께서 분명히 설명하셨습니다. 교회는 그냥 텅 빈 모임을 위한 공간이 아니라, 예수님의 이름을 붙인 성령님의 전인 것입니다. 교회 오는 사람들이 반드시 알아야 할 사항은 성령께서 교회를 세우셨고, 예수님은 어제나 오늘이나 영원토록 동일하시고, 우리와 함께 임재 하여 계심으로 우리는 교회의 살아있는 역사 속에 예배드려야 되는 것입니다. 목회자의 신앙지도를 받으면서 믿음이 자라게 해야 합니다. 거기다가 성령의 역사로 문제를 해결 받고, 상처를 치유하며, 병을 고치고, 스트레스를 성령의 역사로 몰아내는 것입니다. 예수 그리스도는 어제나 오늘이나 영원토록 동일하시고, 성령도 동일하시니 교회에 나와서 예수님을 만나고 성령 충만해지고 죄 사함을 받고, 마귀를 쫓아내고, 저주에서 해방되어 축복을 받고, 은혜를 받아 천국을 선물로 가슴에 품고 매일매일 성령의 도우심을 받아 죄악을 씻고 주님 나라를 앙망하는 그곳이 교회인 것입니다.

충만한 교회에서는 매주 화-수-목 성령치유 집회를 11:00-16:30까지 진행을 합니다. 무료집회입니다. 단 교재를 매주 구입을 해야 입장이 가능합니다. 매주 다른 과목을 가지고 집회를 인도합니다. 우리 교회 집회는 "성령의 불세례, 내적치유, 귀신축사, 신유, 성령의 은사 전이, 깊은 영의기도"는 기본으로 깔아놓고 집회를 인도합니다. 어느 집회에 오시더라도 "성령의 불세례, 내적치유, 귀신축사, 신유, 성령의 은사 전이, 깊은 영의기도훈련"을 받을 수 있다는 말입니다. 병원이나 세상 방법으로 해결하지 못하는 15가지 질병과 문제도 해결 받겠다는 믿음과 의지를 가지고 참석하면 모두 해결 받습니다. 단 성령께서 자신을 장악해야 치유가 되기 때문에 성령이 장악하는 기간이 사람마다 다릅니다. 그래서 무슨 문제이든지 믿음을 가지고 오시면 해결이 된다는 것입니다. 오셔서 모두 치유와 능력을 받으시기를 바랍니다.

이 책을 통해 예수님이 땅끝까지 전파 되기를 소원합니다.
(출판으로 인한 이익금은 문서선교와 개척교회 선교에 사용합니다.)

교회개척 이렇게 자립해요.

발 행 일 | 2016. 05.02초판 1쇄 발행

지 은 이 | 강요셉

펴 낸 이 | 강무신

편집담당 | 강무신

디 자 인 | 강요셉

교정담당 | 원영자

펴 낸 곳 | 도서출판 성령

신고번호 | 제22-3134호(2007.5.25)

등록번호 | 114-90-70539

주   소 | 서울 서초구 방배천로 4안길 20(방배동)

전   화 | 02)3474-0675/ 3472-0191

E-mail | kangms113@hanmail.net

유   통 | 하늘유통. 031)947-7777

ISBN | 978-89-97999-43-9 부가기호 | 03230

가   격 | 16,000원